高效信息管理术

π 少数派 著
吕江涛 主编

26天打造你的信息管理系统

电子工业出版社
Publishing House of Electronics Industry
北京·BEIJING

内 容 简 介

有没有感觉信息太多已经超出我们能处理的极限了？有没有努力了很久依然找不到自己想要的信息？有没有发现自己看了很多资料、记了很多笔记，依然无法构建自己的知识系统……

试着读一下本书吧。这是一本教你打造信息管理系统的书，全书共 6 章，详细介绍了信息从收集、处理、内化到检索、输出的全过程，让你经过 26 天的刻意练习打造自己的信息管理系统，从容应对汹涌的信息"洪流"。

本书内容全面、系统，涵盖了信息管理的方方面面，不仅介绍了管理学、心理学等学科的科学理论，还介绍了如何用合适的工具高效落地。本书不仅介绍了笔记工具（印象笔记、Notion）、思维导图工具（XMind）、大纲工具（OmniOutliner）、记忆工具（Anki）、写作工具（Ulysses）等常见工具的特性与操作方式，还提供了作者精心总结的技巧，让你从容应对学习、工作、生活中的信息问题，帮你精准检索、高效记忆、快速总结，从而构建自己的知识体系。

此外，作为互联网时代的图书，本书不仅提供了随书资源，还特别搭建了读者交流群，除了帮助读者交流学习，还会安排作者不定期地答疑解惑，分享自己的最新研究成果，努力成为读者身边的信息管理"参谋"。

未经许可，不得以任何方式复制或抄袭本书之部分或全部内容。
版权所有，侵权必究。

图书在版编目（CIP）数据

高效信息管理术：26 天打造你的信息管理系统 / 少数派著；吕江涛主编. —北京：电子工业出版社，2021.10
ISBN 978-7-121-42125-9

Ⅰ.①高… Ⅱ.①少… ②吕… Ⅲ.①管理信息系统 Ⅳ.①C931.6

中国版本图书馆 CIP 数据核字（2021）第 198494 号

责任编辑：张春雨
印　　刷：三河市双峰印刷装订有限公司
装　　订：三河市双峰印刷装订有限公司
出版发行：电子工业出版社
　　　　　北京市海淀区万寿路 173 信箱　邮编：100036
开　　本：720×1000　1/16　印张：16　字数：332.8 千字
版　　次：2021 年 10 月第 1 版
印　　次：2021 年 10 月第 1 次印刷
定　　价：85.00 元

凡所购买电子工业出版社图书有缺损问题，请向购买书店调换。若书店售缺，请与本社发行部联系，联系及邮购电话：（010）88254588，88258888。
质量投诉请发邮件至 zlts@phei.com.cn，盗版侵权举报请发邮件至 dbqq@phei.com.cn。
本书咨询联系方式：010-51260888-819，faq@phei.com.cn。

推荐序

计算机和互联网带着我们进入了信息时代，在过去的几十年里，从电子邮件到即时通信，从图文信息到流媒体视频，信息传播的速度越来越快，容量越来越大，我们却越来越迷茫，因为互联网让信息变得碎片化和凌乱，想获取真正需要的知识越来越难。

比如你大概率遇到过以下痛点。

互联网信息源太多，该如何甄别？如何分类？如何检索自己最需要的信息？

面对海量信息，该用什么数字工具去搜集和整理？有哪些优秀的方法？

如何将整理好的信息转化成系统化的知识，建成自己的学习成长体系？

在职业发展的关键节点，如何将这些知识通过写作和分享应用到实际工作当中？

……

因为信息时代来得太快，所以信息管理并不像任务管理那样，有很多前辈总结的理论能够帮助大家建立知识体系，只能靠我们不断在使用工具的过程中去实践、总结，找到最佳的方式和方法。本书正是作者历经五年时间反复实践、总结得到的优质输出。

第一次认识本书的作者吕江涛（Louiscard）的时候，他只是一名笔记工具的资深爱好者，积累了大量的使用笔记产品的技巧，在少数派上发表的文章获得了大量资深用户的好评和认可。作为一名优秀的笔记工具研究者和学习者，江涛通过少数派、在行等平台，与线上线下不同的人群交流使用笔记的方法，分享信息管理的心得，逐渐形成了这套"高效信息管理术"，在少数派上线付费栏目后，获得了五千多位用户的购买和好评。

我搜集整理了一些真实的用户反馈。

文曼：非常感谢作者，看了简直如获至宝。自己长久以来跌跌撞撞探索的成果都被作者以清晰的语言表达出来，还有很多更深层次的补充。

Jared_sun：收获挺大的一门课程，可操作性一流。

唐三笑：收获很大，我貌似一直无意识地做信息数据库，却没有像作者这样系统地整理，如获至宝。

Elizen：你这套教程让我愿意捡起 Notion 再用一下了。

24INSIDE：去年看了一遍，今年再看的时候，还是有很大的收获。感谢。

西瓜下草莓：啊，这套教程对我帮助太大了，我对写作的定义让我非常痛苦，以至于即使产生了某些感悟，非常有表达的欲望，一想到要写出来、要输出，就一下子没了士气，而这套教程让我不再畏惧写作这件事。

也谈钱：感谢作者，这套教程是我读到的关于标签的最系统的解读。我之前就一直苦恼于标签的自由度过高，一度放弃了对标签的使用，这套教程让我重新认识了标签，并享受标签带给我的便利。

……

因为这套教程，我和江涛也成了朋友，有机会经常见面交流。在过去的几年里，我看着他从党政机关进入创业公司，再到互联网大厂，从一名生产力工具的重度用户，参与到工具的设计和研发中。可以说，他本人就是这套方法的最佳实践者。经过两年的沉淀和优化，少数派配合江涛整理出了这本书，希望能引导更多人在数字时代建立自己的信息管理体系，并将其更好地应用到工作和生活当中。

  我也非常高兴在少数派平台涌现出江涛这样的优秀作者，深耕一个垂直领域，坚持内化和输出。我们可以预见，互联网信息将继续碎片化和分散化，而鉴别、筛选和整理信息的能力将成为当代人必备的技能之一。

少数派创始人 老麦

Efficient Information Management

高效信息管理术：
26天打造你的信息管理系统

自序
信息过载时代的必修课

互联网时代，快速发展的技术给我们的工作、学习和生活带来巨大便利，但也给我们带来了很多未曾遇到、尚未解决的新问题：

获取信息的成本越来越低，但处理信息的效率却没发生多少变化。

信息的类型、数量越来越多，但管理信息的方式却没有什么改进。

浏览资讯、观看视频的体验越来越好，但人们不知不觉陷入了"屏幕成瘾"。

遇到问题随时随地上网搜索，但越来越不重视知识的沉淀。

……

常见的解题思路

面对问题，每个人都有自己的应对办法。

有些人大刀阔斧地"断舍离"，取消关注、不再订阅、卸载、屏蔽，将无法驾驭的信息尽数消灭。

有些爱折腾的"工具派"，在纸笔、印象笔记、Bear、有道云笔记、Notion

等工具之间徘徊。

有些人干脆"佛系"处理，放弃管理，不再挣扎，接纳无穷无尽的信息，拥抱所有的混乱和无序。

每一种选择各有利弊，不同的信息管理方式有不同的优势和代价，我在约见前来咨询的学员时发现：很多朋友最后的选择并不是为了解决问题而是为了逃避问题，并寄希望于"随着时间的推移，问题可能会自然消失"。

然而，问题通常不会自己消失，而是一直存在，只是和大多数重要但不紧急的事情一样，可以被无限搁置。这条被最多人选择的道路被选择的原因只是：走起来最轻松罢了。

我特别喜欢一个词：比特素养。"用户体验"概念的提出者、畅销书作家赫斯特（Mark Hurst）将其称为"信息过载时代的生产力"。他在书里有一段经典的表述："人们更愿意将个人的失败归咎于外因，而爆炸的信息和日新月异的技术则成为方便的借口。只有剥去'借口'的外衣，让信息和技术回归工具的身份，才能充分发挥它们的威力，为人所用。"简单来说，信息焦虑这事的残酷真相是：它并不仅仅是技术、工具和互联网的问题，而是个人信息管理能力的不足。

信息的媒介和服务商不停变化，在从阅读《青年文摘》《读者》的少年，变成知乎、哔哩哔哩的用户的过程中，你是成了一名技术越来越纯熟的信息管理高手，还是被一个又一个产品裹挟着前行，用一成不变的方法被越来越多的App蚕食着越来越珍贵的时间，深陷信息的泥潭中？

如果是后者，你有没有想过寻找一套行之有效的方法帮助自己管理好信息，不仅让信息井然有序，还能将其转化为自己的养料，提升自己的核心竞争力呢？本书也许可以给你答案。

本书要解决什么问题

本书想要交付给你一套解决方案，为你介绍一条"少有人走的"信息管理之路。

需要说明的是，很多人觉得什么东西一旦用上"管理"这个词就显得很严肃，认为只有领导、高管才会涉及，于是不少人看到这个主题就有些抵触。其实，经过多年的工作，我逐渐发现大到几千万元的项目，小到每天怎么查阅邮件，要想做好都得制定规则、积累经验、优化流程，总结出一套适合自己的方法。

当然，我们不必从头"造轮子"，应对每种信息往往都有一套成熟的管理模式，这背后是无数人踩过的"坑"，这些前人总结的办法有些成了标准，有些成了模板，很多甚至固化为专业的工具。本书就是对这些成功经验和相关工具、方法的一次系统介绍。

本书的特点

1. 全面系统。本书共分为 6 大部分，详细介绍了信息从收集、处理、内化到检索、输出的全过程，涉及整个信息管理系统的每个流程。我们会探讨如何获取高质量的信息，如何提升处理信息的速度，如何快速检索、定位想要的信息等几十个在日常工作、学习中常见的典型问题。

2. 工具落地。除了具体的方法，本书提供了与之配套的工具以帮助你从 0 到 1 地构建自己的信息管理系统。这些工具包括笔记工具印象笔记、思维导图工具 XMind、大纲工具 OmniOutliner、记忆工具 Anki、写作工具 Ulysses 等。这些大多都是我本人使用多年，且有不错口碑的生产力应用。

3. 理论支持。信息管理涉及方方面面，仅仅靠几款工具和少数人的实践总结是远远不够的，要想做好信息管理，我们还需要横向学习各个行业的先进经验，纵向了解相关领域的理论学说，理论结合实践以及跨学科的思维方式也是本书的特点之一。

4. 持续更新。随着工具本身的升级、我们对相关问题理解的深入，以及消化每位读者的反馈，我们还会发现更多问题，也努力寻找更优秀的解决方案，并在读者群等平台及时补充、升级内容。

小结

Slack 的创始人写过一篇文章，其中的一段描述了他希望 Slack 的用户能够成为怎样的人。我翻译并稍微改写了这段话，在这里分享给大家，也就此表达希望本书能帮助读者成为怎样的人。

> 我希望他们成为一位轻松、高效的知识工作者，做信息的主人而不是奴隶，不轻易陷入信息的泥沼。
>
> 我希望他们从信息管理系统的日益完善中不断受益并为此感到激动。
>
> 由于缺少知识和经验导致系统崩溃时，希望他们不会感到沮丧，并愿意重新开始。
>
> 我希望他们对自己的未来更有信心，知道每一次信息的输入、整理、输出都能带来真实有效的成长。

最后，需要特别提醒你，如果决定开始阅读本书，需要做好准备，迎接一段并不轻松的旅程。解决信息管理问题绝不是知道几个技巧、学会几个工具就万事大吉，它需要构建系统、完成部署、遇到问题解决问题，通过一次又一次地调整，提高自己管理信息的能力，获得稳健的持续成长。

希望每一位读者都能成为了不起的知识工作者。

吕江涛

（Louiscard）

Efficient Information Management

高效信息管理术：
26天打造你的信息管理系统

目录

第1章 收集信息 1

1.1 提升敏感度，做会收集信息的有心人 1
收集信息就像"开枪打靶" 1
方法1：突破固有的输入场景 2
方法2：确定核心主题 4
方法3：创立正在进行的项目 5
小结 7

1.2 使用工具提高收集信息的效率 7
收集信息的基本标准 7
收集信息的基本技巧 8
信息收集工具的推荐 16
小结 17

1.3 打造专属的信息源清单 18
极度开放，建立信息优势 18
"心狠手辣，痛快取关" 19
根据需求调整信息的压缩比 22
小结 25

1.4 用数字健康消除屏幕成瘾 26
"干掉"推送，终结无意识的信息获取状态 27

　　　　用屏幕时间功能"锁定时间预算" 31
　　　　控制屏幕使用时间的"大杀器"：强制性 32
　　　　自律给人自由 35
　　　　数字健康的真相 36
　　　　小结 38

第2章 处理信息 39

2.1 如何构建信息处理秩序 39
　　　　第1步：信息捕获 41
　　　　第2步：预处理 42
　　　　第3步：深度阅读 46
　　　　小结 47

2.2 如何确保信息处理质量 47
　　　　高亮显示文本（Highlight） 48
　　　　添加评论（Comment） 49
　　　　总结（Sum-up） 50
　　　　设置标签（Tag） 51
　　　　移动到笔记本（Move） 52
　　　　小结 53

2.3 如何"抢夺"信息处理时间 53
　　　　为什么养成习惯这么难 53
　　　　用"if…Then…"模型重构我们的底层编码 54
　　　　小结 59

2.4 如何提高信息处理速度 60
　　　　在阅读前用固定仪式提升注意力 61
　　　　在更大的意群间跳跃 62
　　　　"3-2-1"训练法 64
　　　　实现"快速阅读"的策略 64
　　　　提升信息处理速度的底层逻辑 66
　　　　小结 68

2.5 如何战胜信息过载焦虑..68
　　那些可能会遇见的"坑"..69
　　改变对待信息的态度..69
　　用看板思维给信息排期..70
　　防崩溃系统..73
　　小结..76

第3章 内化信息..78

3.1 分类、编码信息..78
　　收件箱——巧用GTD工具..79
　　归档——活用项目管理工具..80
　　其他——借助法律法规中的分类方法............................81
　　分类——参考管理咨询领域的经验................................82
　　编码体系——来自图书馆的工具....................................83
　　使用英语编码——来自摄影师的窍门............................87
　　小结..88

3.2 用标签丰富分类的维度..89
　　标签的独特价值..89
　　设置标签..90
　　使用标签的注意事项..95
　　小结..100

3.3 用链接建立信息通路..100
　　给笔记添加链接..101
　　在应用内部打开链接..102
　　添加网页链接..104
　　添加本地文件的链接..107
　　段落链接..109
　　小结..110

3.4 用大纲构建知识体系..110
　　为什么要用大纲构建知识体系....................................112

创建大纲的方法 112
　　　小结 119
3.5 　创建你的信息数据库 119
　　　知识管理的困境 120
　　　信息管理的 API 120
　　　构建自己的信息数据库 123
　　　信息数据库的类型及其与笔记工具、大纲工具的关系 128
　　　小结 133

第 4 章　检索信息 134

4.1 　笔记工具的高级搜索功能 134
　　　搜索功能的基础用法 134
　　　搜索功能的进阶用法 140
　　　高级搜索语法表 144
　　　小结 145
4.2 　搜索引擎的高级搜索功能 145
　　　选择合适的搜索引擎 145
　　　优化搜索关键词 146
　　　善用高级搜索语法 148
　　　搜索引擎的更多功能 152
　　　小结 156
4.3 　本地文件的高级搜索 156
　　　系统内置的搜索功能和智能文件夹（Smart Folder） 156
　　　专业的搜索工具 158
　　　小结 163

第 5 章　输出信息 164

5.1 　定义"信息输出"，减少写作痛苦 164
　　　告别中学时代的写作 164
　　　不要"憋大招"，要随时随地写作 165

永远在一个长期的写作项目中 165
　　　尝试更丰富的输出形式 168
　　　调整自己的写作节奏 172
　　　小结 173
5.2　卡片式写作的工作流 174
　　　第1步：确定主题 174
　　　第2步：撰写卡片 175
　　　第3步：搜集资料 180
　　　第4步：撰写初稿 183
　　　第5步：修改 183
　　　第6步：排版、校对 184
　　　小结 186
5.3　如何在写作中用好思维导图 186
　　　空间表征和发散思维 187
　　　研究你的写作主题 189
　　　梳理写作框架 190
　　　不要滥用思维导图 192
　　　小结 193
5.4　像专业媒体一样管理选题 194
　　　如何搭建选题数据库 195
　　　如何找选题 201
　　　小结 203
5.5　学点排版技巧，提升输出品质 204
　　　方法1：简单可依赖 205
　　　方法2：提前设置文本的格式 205
　　　方法3：善用层级结构 210
　　　方法4：编码系统 212
　　　方法5：善用表格 214
　　　方法6：持续打磨 215
　　　小结 217

第 6 章　应对信息"洪流"的技巧..................218

6.1　必要难度理论和 3 个配套方法..................218
方法 1：建立复述意识..................219
方法 2：间隔学习..................221
方法 3：多样化练习..................223
小结..................223

6.2　巧用费曼技巧，学习如何学以致用..................224
"学渣"的自我剖析..................224
为什么应该学会"费曼技巧"..................225
使用费曼技巧的注意事项..................227
费曼技巧的学以致用..................229
小结..................230

6.3　记忆大师的"黑魔法"——"记忆宫殿"..................230
方法 1：提升你的"成像"能力..................231
方法 2：调取更多的感官参与..................232
方法 3：用联想解除记忆的"封印"..................234
方法 4：在记忆宫殿里讲故事..................235
小结..................237

读者服务

微信扫码回复：42125

- 加入本书读者交流群，与作者互动
- 获取【百场业界大咖直播合集】（持续更新），仅需 1 元

高效信息管理术：
26天打造你的信息管理系统

第1章
收集信息

1.1 提升敏感度，做会收集信息的有心人

你好，我是Louiscard，欢迎来到高效信息管理术，这是你打造信息管理系统的第1天，今天我来跟你聊聊"收集信息"。

在我们周围"漂浮"着海量信息，如地铁里的海报、售票员的吆喝、咖啡馆中的闲谈。虽然大多这样的信息很快就会被我们忘得一干二净，然而，那些有价值的信息也藏在其中，被一些人错过，却被另一些人捕获。

收集信息就像"开枪打靶"

如果你稍加留心，会发现身边有这样一类人，他们听讲座、开例会、看电影、看美剧，不管干什么总能眼睛一亮，发现点"好东西"，顺手记下来。所谓"功夫在平时"，不知不觉间，和大多数同事相比，这些职场有心人的优势越来越大。

有一个形象的比喻："重要的信息就像是一个个'靶子'，有些近在咫尺、位置固定，不用瞄准就能命中。另外一些则离你很远，转瞬即逝，大多数人甚至根本意识不到它们的存在。"

那些"近在咫尺"的信息一般比较重要，如公司董事长亲自布置的任务，你肯定不会错过。但对藏在同事间闲聊、电影台词、短视频开场词中的信息，你可能就视而不见了。而上面提到的有心人无论在什么情境中，总能敏锐觉察出有价值的信息，"一枪命中"。

一个信息敏感度高的人，会觉得"世间万事皆学问"，从平常处总能发现可以借鉴、学习的知识。相反，信息敏感度低的人对身边各种信息都漠不关心，熟视无睹。

虽然影响获取"关键信息"的因素有很多，但"收集信息的敏感度"无疑是其中最基础和最重要的。在这部分，我会分享几条心得，帮你"支起天线，启动开关"，成为收集信息的有心人。

方法1：突破固有的输入场景

在找我咨询的学员中，有一个相当普遍的错误观点：获取有价值信息的场景往往只有读书、听课等严肃场景，预先屏蔽了除严肃学习外的绝大多数潜在的获取信息的场景。

鉴于此，本书要分享的第一个方法是：**打破局限，任何场景都是收集信息的场景。**

先举一个例子。后面的章节将会讲到给笔记本命名的方法，其中一个技巧是在名称的序号和标题中间添加一个带空格的连字符（-），如"010-Workspace | 工作台"（参见图1-1）。这样的命名方式不仅让笔记本排列得更加美观，查找起来也会容易不少。

```
▸ 📓 Inbox | 归一  2 个笔记本

▸ 010 - Workspace | 工作台  9 个笔记本

▾ 110 - Reading | 阅读相关  5 个笔记本
    📓 111 - Reading Methodology | 如何读书  10        11月11日
    📓 112 - Book Reading | 读书清单  2               11月18日
    📓 113 - Book Notes | 读书摘要  59               9月19日
    📓 114 - Book Shelf | 全文书库  3                2016/11/30
    📓 115 - Bookstore | 一个书店  3                 2017/2/8

▸ 120 - Writing | 写作相关  6 个笔记本

▸ 130 - English | 英语学习相关  7 个笔记本

▸ 140 - Applications | 软件利器  9 个笔记本
```

图 1-1

后来我才知道，不少大型 IT 企业、顶级律师事务所和咨询公司也遵循类似的命名标准，我拜访知乎时发现其也有类似的要求。我是怎么知道这个方法的呢？你可能以为是通过参加培训、阅读文章，事实上，这个方法是我在电影院看《美国队长》时的意外收获。

如果你也看过这部电影，可能还会记得其中一个情节是美国队长在废弃的秘密基地中发现了藏有美国联邦调查局机密的计算机，其中有几秒的画面是对文件的特写，所有文件的命名方式都是序号加连字符（-），且所有归档的文件前面都加了"archive"和归档日期，如"archive - 20190109 - Ted × 策展方案"（参见图 1-2）。

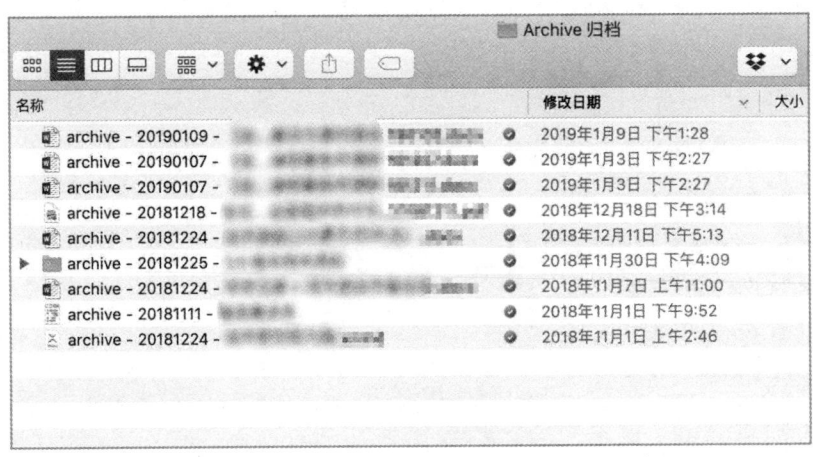

图 1-2

尽管正沉浸在紧张的氛围中,但是当看到这个画面时,我还是立刻意识到这是一条有价值的信息,于是快速做了标记,到家第一件事就是把自己的文件以电影中的标准进行了修改。回过头来看,这个耗时不到 5 秒钟获得的小技巧比那个月看的大多数文章给我的帮助还要大。

所以,并非只有在阅读、听课的时候才能收集信息,只要你对信息有足够的敏感度,任何场景都是发现重要信息的场景。

方法 2:确定核心主题

提升敏感度、打破信息输入场景的限制,除了有意识,还有一个前提:知道哪些主题的信息是应该被收集的。

我们要提升对信息的敏感度,但不应该提升对所有信息的敏感度。聚焦主题,有所取舍,信息管理系统才能像磁铁一样,把与核心主题相关的信息"吸引"过来,信息聚合得越多,它的引力越大。

比如,我一直对"信息管理"很感兴趣,几年前就将其确定为重点关心的主题,因此,除了阅读书籍、查看新闻和订阅公众号,我还通过"在行"开设相关话题接受咨询。近几年,找我咨询的学员遍布各个行业,有医生、律师、记者、程序员、航空公司工程师等。由于整个交流围绕我提前设定的主题（信息管理），因此，能听到不少其他行业的信息管理经验，如管理学术文献的工具、《华尔街日报》策划选题的方法、互联网产品的敏捷开发流程、航空公司的设备检修编码等。

在这些看起来跟我没有任何关系的信息背后，藏着某个行业对信息管理相关问题的认识和成功实践。

如果没有提前确定主题，构建起对信息管理相关内容的敏感度，那么，这样的交流对我而言充其量只是有趣但无用的聊天而已，过不了多久便忘记大部分内容，收获也非常有限。

我特别喜欢巴菲特的那句话："人生就像滚雪球，你只要找到湿的雪和很长的坡道，雪球就会越滚越大。"这里面的关键是尽快捏起第一个"雪球"，然后让它滚起来。

方法 3：创立正在进行的项目

如果只是确定了核心主题，很容易陷入一种抵御焦虑的信息收集状态，类似于"我也不知道具体有什么用，但这是我感兴趣的内容，不妨先记下来"。

这其实是一种极为低效的信息管理策略，从收集信息到使用信息的路径过于漫长，反馈也会延迟，导致我们最终变成了"为了信息管理而信息管理"。所以，应该始终有一个和主题相关的、正在进行的项目，这个项目能够确保你所收集的信息可以快速实现价值，给你持续行动的反馈和动力。

图 1-3 是@谷大白话 在微博分享的关于《黑镜：潘达斯奈基》的剧情分支流程图。

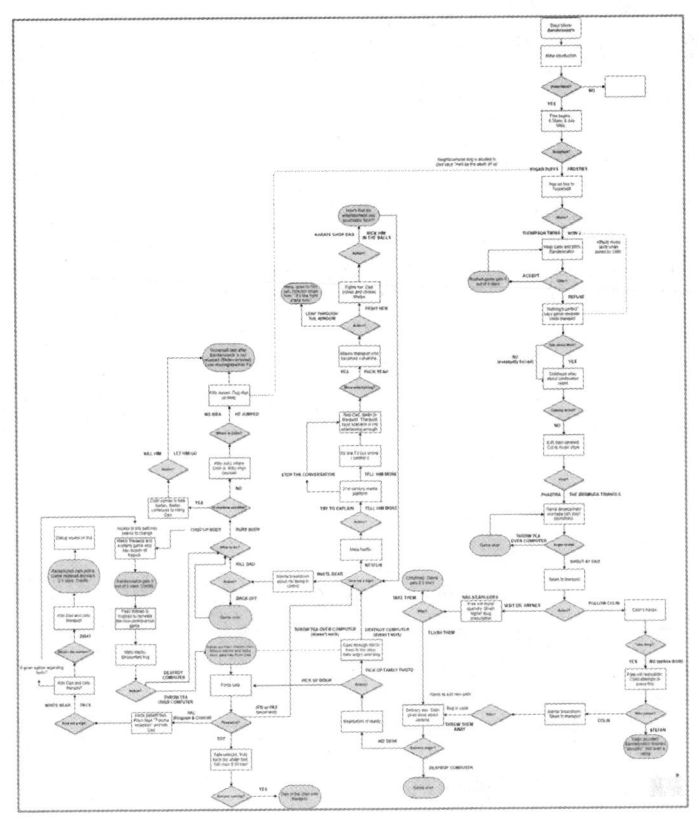

图 1-3

这张图字不大,大多数人只是快速浏览,我看到之后却非常开心,因为在本书后面有介绍信息处理流程的内容,为了让表达更清楚,我决定画一张流程图,但尝试了好多次依然不满意,也不知道问题出在哪里。看了这张图以后,我如获至宝,照猫画虎,十几分钟就把信息处理的流程图画好了。

从收集到使用信息,中间的成本几乎为零,以后再遇到类似的任务时,还可以找出这张图来借鉴、参考,到那时候,这条微博对我的价值也翻了好几倍。

这样的例子还有很多,我们平时总是强调学习能力如何重要,在我看来,"收集信息"作为学习能力中"性价比"最高的模块之一,不仅能解决工作中的难题,还是构建知识体系和核心竞争力的关键要素,它的价值被大大低估了。

小结

最后，我想用豌豆公主的故事总结这部分内容。《豌豆公主》的主角连藏在 20 层床垫下的一粒豌豆都能感觉到，因此证明了自己的公主身份。现实世界中的"豌豆公主"也不罕见，他们仅仅因为朋友的一句闲谈、微博中的一条评论、新闻中的一个坐标而抓住时代红利的故事广为流传。

例如，直播带货的头部主播李佳琦曾提到，自己在 2018 年看了《快乐大本营》的涂口红比赛以后，产生了挑战吉尼斯世界纪录的想法，于是坚持努力，终于成了"口红王子"，进而站在时代的风口浪尖，被世人所熟知。我认为这是关于"信息敏感度非常有价值"的生动阐释和最佳实例。

提升信息敏感度费时费力，一两次信息收集大概率也不能让你获得成功，但日积月累带来的信息优势往往被大大低估。这个充满信息的世界同样充满了机会，要努力成为一名信息的淘金者，支起"天线"，在遇到射程范围内的重要信息时，迅速"扣动扳机，击中靶子"。

1.2　使用工具提高收集信息的效率

你好，我是 Louiscard，欢迎来到高效信息管理术，这是你打造信息管理系统的第 2 天，今天我来跟你聊聊收集不同类型的信息的方式。

我们每天都会接触各种类型的信息，如文章、图片、音频、视频等，但是，当你识别出这是一条有价值的信息之后，你能否做到：无论它的形式、载体如何，都能迅速、准确地收集、捕获？

下面聊聊收集信息的方法和配套的工具。

收集信息的基本标准

不妨先想想失败的收集过程是什么样子的。我在很长一段时间内看到不错的文章、视频时的处理方式是：习惯性地收藏或转发，然后产生一种"我已经拥有"的美好错觉。然而，经过一段时间的坚持以后，我发现这些通过收藏、标记所拥有的信息，仅仅满足了我的"囤积欲"和"获得感"。对我而言，它们和分布在互联网世界的海量信息相比没有太大的区别。信息收集一定不只是收藏、点赞、转发，我认为一次有效的信息收集至少需要满足以下几条标准。

第 1 条：信息聚合。不管信息的原始位置在哪儿，都可以通过收集将其聚合到一起，并通过设置标签等方式对其进行分类、整理，以便后续检索、调取。

第 2 条：格式友好。不管信息的原始类型如何，收集之后应转为可编辑的状态，允许添加、删减、标记或精简格式。

第 3 条：为后续流程提供支持。相关信息进入预设流程后，收集的动作要为后续的阅读、整理、内化、输出等环节提供有力的支持。

信息收集看似简单，没什么技术含量，但能满足以上条件实非易事，信息收集的完成度也直接决定了后续环节的效果，是整个信息管理系统的基础前提。

收集信息的基本技巧

明确了收集的标准，下面聊聊怎么做才能达到上述标准。

降低收集成本

收集是信息处理流程中对成本最敏感的阶段，很多人正是因为忽略了这个阶段，低估了信息收集的重要程度，才导致了很多问题。

我在线下分享的时候经常问大家一个问题：如果在微信里看到一篇非常好的文章，想把它保存下来，该如何操作？

我得到的最多的答案是下面这样。

- 在微信中发送给"文件传输助手"。
- 在 PC 端微信中打开链接。
- 复制内容。
- 新建 Word 文档。
- 粘贴内容。
- 保存并重命名。

顺利的话,整个过程大概需要半分钟左右的时间,如果保存以后格式混乱或图片丢失,需要的时间还会更长。

但是,如果使用类似印象笔记、OneNote、有道云笔记、DEVONthink 等主流笔记工具,可以在几秒钟以内完成上述操作。如果是浏览器中的文章,安装剪藏插件以后甚至可以在 1 秒之内完成收集。图 1-4 是印象笔记剪藏插件的介绍页面。

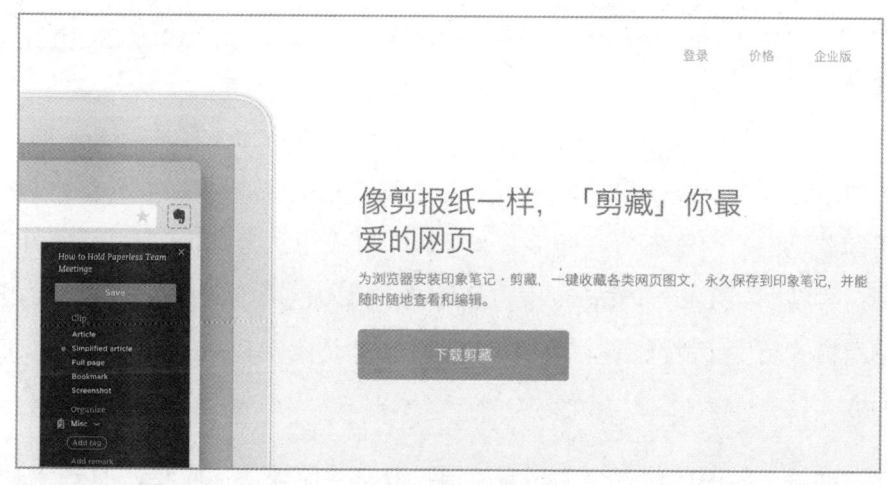

图 1-4

虽然现场演示的效果极好,但这件事本身的价值有多大呢?我们简单算一笔账:假设你平均每天收集 10 篇文章,每次节省 10 秒钟,这种方法只能为你省出 100 秒，即 1 分 40 秒而已。事实上，大多数人每天还收集不了这么多篇文章。费了半天劲，每年比别人多花几百元钱购买工具，到头来一天就节省了不到两分钟，有这个必要吗？

单独看，两分钟真的不算什么，但如果是在信息收集阶段，特别是在很多零散的信息收集会打断你手头的工作时，时间成本差一秒钟就会导致最后的结果千差万别。

事实上，绝大多数的信息收集都属于"不做也行，做了更好"的性质，因此，如果没把收集成本压到非常低，相当一部分有价值的信息就会因为"有点麻烦"而被放弃。

所以，你不节约两分钟所导致的结果不是浪费掉两分钟，而是**很多原本应该被收集的信息因为你觉得麻烦而被尽数错过**。所以，如果注意观察就会发现，大多数信息管理工具，都为信息收集操作提供了浏览器插件及全面、系统的快捷键支持，目的就是尽可能帮你节省时间、降低成本。如印象笔记、DEVONthink、OneNote 都提供了成熟的浏览器剪藏插件，只需要按一次快捷键就能把网页内容保存下来。

很多文章，特别是一些付费文章，比如得到 App、极客时间 App 的专栏中的文章，如果直接使用 DEVONthink 的插件进行保存会失败，这时候建议调用印象笔记的浏览器剪藏插件，调整软件模式为"无广告"，先全选内容，复制后再粘贴到 DEVONthink 中，最后把字体颜色调整为白色（因为我用的是暗黑模式），之后就能专心地整理笔记了，这是我发现的体验最好的保存网页的方式。

移动端产品中的信息也大多支持通过分享功能被快速收集，如图 1-5 所示为在 iPhone 中共享。

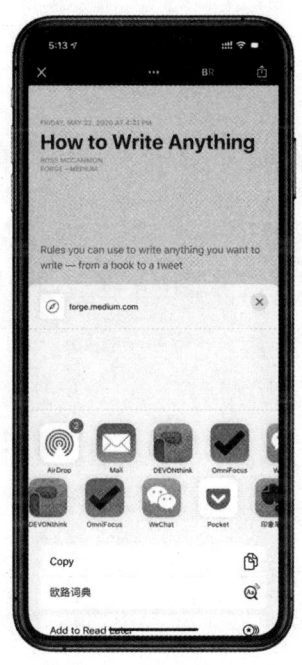

图 1-5

为了进一步减少收集信息的初始成本，我把绝大多数收集零散信息的工作都通过任务管理工具来完成，如在播客中听到主播推荐了一款设计工具 Figma 时，顺手记录"研究 Figma"，这时只需要简单记录就好，因为后面可能还会注册账户、观看教学视频、将软件添加到设计清单等，所以，当下必须把成本控制在最低，快速完成记录。

如果你对信息收集的速度有更高的追求，Drafts 一定会让你喜爱，在 macOS 中设定快捷键后，使用 Drafts 记录一些非任务内容的速度极快，体验也非常卓越，我经常用它快速捕获灵感（Drafts 和 OmniFocus 的区别是前者通常更适用于先快速记录、后续再继续优化的小段文字），我的微博、微头条中的内容都是用 Drafts 完成写作的。

确保收集的质量

降低收集成本的代价往往是牺牲收集的质量，这似乎不可避免。然而，二者并非完全不可兼得，关键看我们如何理解"更高的质量"。

记在笔记本上、拍一张照片、录一段视频、在手机备忘录录入几个关键词，哪一种效果更好、质量更高，还真不一定。

虽然每个人都有自己偏好的记录方式，但收集的信息的质量是存在一个相对统一的标准的，这个标准主要取决于在后期调取和处理这些信息的难度。就像盖房子，从泥土到砖再到一栋高楼，这是一个完成度不断提升的过程。信息从最原始的状态到能够为你所用，也会经历类似的过程，信息收集的完成度决定了使用信息时需要付出的编辑、加工成本。

举个例子，你听了一场非常精彩的讲座之后，把1小时的录音保存在手机中，这个过程比听讲座时记文字笔记或用语音转文字服务处理要省时、省力得多。但如果这么做，以后想找到这个讲座中的某个观点时，很难通过搜索关键词快速定位需要的内容，步骤要麻烦许多。要分享给朋友时也只能发送给他一个音频文件，并附带一句"在录音快结束的时候有一个关于内心边界的观点，你可以听一听"，这种调取信息的方式体验差、效率低。

所以，虽然初期看起来节省了时间，但等到需要再次使用这些信息时，会发现成本巨大，信息带来的价值非常有限。

因此，任何收集信息的方法都应当充分考虑"收集质量"，你应该在第一步就尽可能完成对信息的预处理。需要特别说明的是，这个优化收集质量的过程并不一定增加额外的成本，往往更节省时间。

我们先举几个例子。比如，当把照片、扫描文档得到的图片保存到印象笔记中时，印象笔记会自动识别图片上的文字，使其可被检索，如图1-6所示。整个过程是全自动完成的。

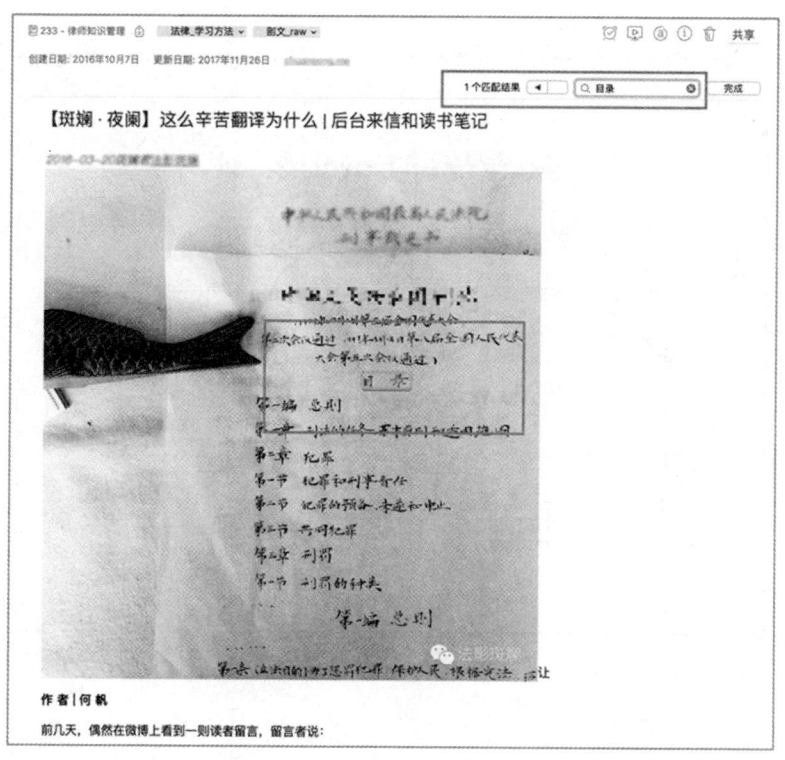

图 1-6

注意： Google 相册支持搜索图片上的文字，DEVONthink 支持自动识别所有图片、PDF 文件，并会将其转换为可以被搜索的格式。

主打课堂笔记功能的 Notability 能将录音和笔记自动对应，如图 1-7 所示。如果你一边听课一边记笔记，相当于给老师讲课的音频做了标记。在复习时，单击笔记内容就可以自动播放老师的讲解，大幅提升信息提取效率。

信息收集最典型的一个例子是照片管理，谷歌公司和苹果公司的照片管理服务都提供了令人惊艳的体验。几乎不需要用户手动整理，系统会自动识别照片的拍摄时间、地理位置、摄影参数、颜色风格等信息，通过人工智能技术还能整理出同一个人的全部照片（哪怕他的年龄、发型、身材、穿着完全不同），以及宝宝、宠物、滑滑梯等相同主题的照片，如图 1-8 所示。

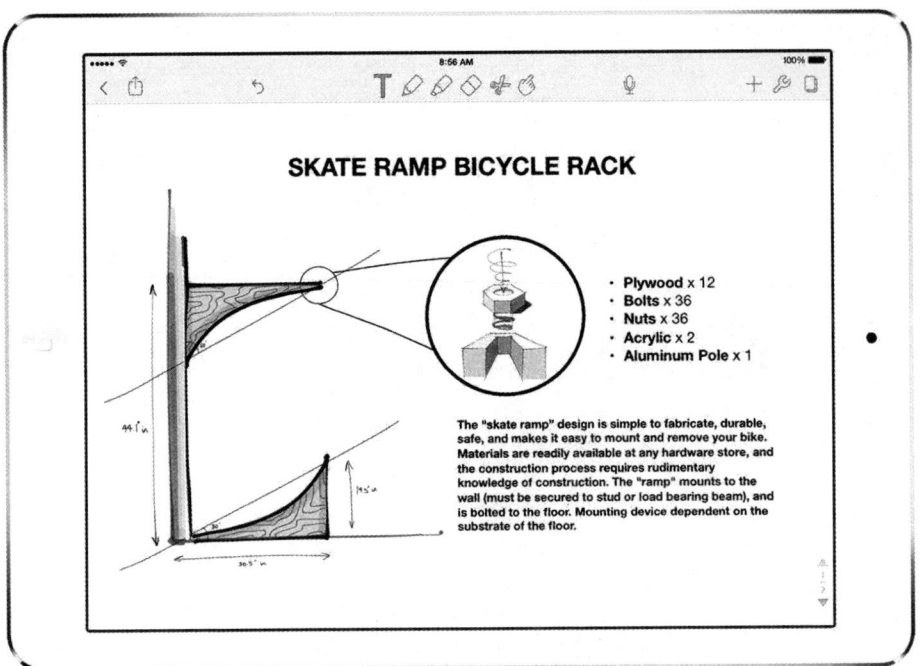

图 1-7

图 1-8

随着技术的发展，发现所需信息的过程越来越便捷。比如，今天的印象笔记会自动识别图片上的文字并允许用户搜索，YouTube 会对所有上传到平台中的视频自动识别语音并生成字幕，如图 1-9 所示。相信在不远的将来，我们收集、保存一段视频后，文件包含的可能不仅仅是图像和声音，视频的分类、标签、字幕甚至情绪等都可能会被嵌入其中，并允许用户搜索，而这一切都是由系统自动完成的。

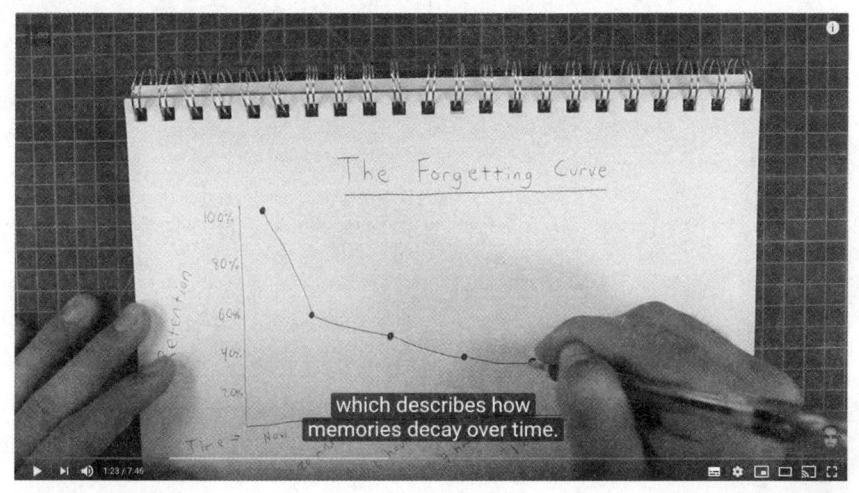

图 1-9

所以，善用工具能帮我们在信息收集环节节省大量时间，我们也能因此占有更多信息，形成信息优势。那么，究竟该选择哪些收集信息的工具呢？

控制信息的颗粒度

能够识别并管理更小颗粒度的信息是一个不容忽视的重大升级。信息管理新手普遍更关注"较大颗粒度"的信息，比如一篇文章、一集播客、一部视频，看不上或还没有能力去收集管理更小颗粒度的信息，比如一句话、一个题目、一个概念。

前文曾经讲到，我们也许能够培养看到地铁海报中的金句就记录下来的能力，但其实更困难、更有价值的能力是在完整的内容中提取、压缩、记录更小颗粒度的信息，而不仅仅是采取简单的"全文保存"。

当然，这个过程不必一步到位，这里以听播客为例。大多数播客的持续时间都在 30 分钟到 1 小时之间，就算信息密度不高，整体的信息量也不小，此时，"全文保存"既不现实也没必要，更合理的流程也许是下面这样。

- 通勤时在小宇宙 App 听一个介绍日本文学作品的播客，遇到有意思的观点、方法时，在手机上用 Drafts 简单记录。
- 听完所有内容后把笔记发送到 DEVONthink 进行备份。
- 阅读笔记内容，高亮重要内容并整理到 Notion 或 Ulysses 的作品素材库中。

当然，也可以用系统自带的备忘录和其他笔记工具完成整个过程，但完全不必用一款工具一次性完成整个流程，更不必全文保存。

越是针对自己熟悉的领域，我们整理的笔记往往越是只言片语，只需要把对自己而言是新增的信息挑选出来即可，其实这一步已经在加工、处理信息了。

在信息收集和内容创作上，我都建议大家信奉"长期主义"，缓慢完成大多数目标。比如，如果打算建立一个视频背景音乐曲库，除了随机地收集，可以坚持每周从无版权音乐中选几首整理到自己本地的曲库中，用不了多久，你就能构建起自己的曲库了。

信息收集工具的推荐

信息收集很难，因为你每天接触的信息的主题、内容、形式、篇幅各不相同，除了理解基础的信息收集标准和方法，找到匹配的工具也非常重要。

最后，我把自己整理的工具清单分享给你，这也是我针对每一种场景、每一种信息逐一确定的解决方案，应该能帮你节省不少时间。

- 纸书：涂书笔记（iOS）、萝卜书摘（Android）。
- Kindle：Kindle for Mac/PC。
- 电子书：calibre、Apple Book。
- 网页、资讯：DEVONthink（macOS、iOS）、印象笔记、OneNote。
- 日记：Day One（macOS、iOS）。
- 密码：1Password。
- 文件：Dropbox、坚果云、飞书云空间。
- 图片：Eagle。
- 照片：Google 相册、Moments（群晖 NAS）。
- 人脉：微信标签、Notion。
- 数据：群晖 NAS。

很多工具本身就是专门为某一种相关信息量身定制的，带有强大的收集信息的能力，本书读者群会对这个清单进行持续补充，具体工具的使用方法可以在少数派搜索、学习。

小结

虽然在上面的针对信息收集的工具清单里推荐了十几款工具，但各位读者不必一股脑儿全都安装使用，循序渐进地尝试也许更能体会到每款工具带给你的惊喜，当然，想要先从 Notion、印象笔记这样的一站式工具入手也完全没有问题。

随着技术的发展，相信还会出现更高效的信息收集方式，如手机的智能助手可以让你用语音记录信息，可穿戴设备让信息收集变得更加实时，人机接口技术也许能让收集更加全面。

技术让信息收集变得越来越简单、便捷，我也会持续关注，将各种收集信息的好方法第一时间在读者群中推荐给各位读者。

1.3 打造专属的信息源清单

你好，我是 Louiscard，这是你打造信息管理系统的第 3 天，今天我来跟你聊聊如何建立动态筛选机制，形成专属于你的信息源。

前面提到，通过提升对信息的敏感度，配合称手的好工具，不管是对电梯海报中的经典广告语还是 Kindle 电子书中的金句，遇到有价值的信息时，我们都能轻松捕获。然而，想要持续、稳定地获得自己需要的高质量信息，这还远远不够，你需要建立专属的信息源。

这部分就来聊聊如何选定"信息供应商"。

极度开放，建立信息优势

信息创造价值的同时也存在时差，如果你只盯着几个输出无价值内容的订阅号，不仅享受不到任何"信息红利"，甚至还会徒增焦虑，收获非常有限。信息的质量越高，流动的速度越快，带给你的相对优势就越明显。因此，首先要做到的是：**保持开放心态，持续吸收优质信息。**

截至 2020 年，除了微信，还有很多优质信息的聚合平台，我建议各位读者对下面的信息平台保持关注。

- Newsletter（如 Medium Weekly Digest）。
- 社交工具（如微博/即刻）。
- 严肃媒体（如经济学人、财新网）。
- 付费社区（如知识星球）。
- 课程平台（如 Coursera、得到 App）。
- 问答平台（如知乎、Quora）。
- 社群论坛（如 Reddit、V2EX）。

- 播客（如小宇宙、Apple Podcasts）。
- 视频平台（如 YouTube、B 站、抖音）。
- 内容推荐（如今日头条、Google 信息流）。

关注这些内容平台之后，再进一步找到每个平台上最优质、最有趣的信息创作者，通过定时浏览和按需搜索的方式持续获取有价值的信息。这个世界有几十亿人，有趣、厉害的人非常多，千万别把自己局限在舒适的小圈子里。

需要注意的是，即便是在一个平台内，信息的筛选、分发方式也有区分。比如，在微信中获取信息的方式就包含以下几种。

- 订阅号/服务号。
- 看一看（朋友在看、精选）。
- 群组。
- 朋友圈。
- 视频号。
- 小程序。

除此之外，使用 Inoreader、Feedly、RSSHub 等服务可以将喜爱的内容以 RSS 订阅源的方式定期推送给自己。与 RSS 类似，快知 App 和早期的即刻 App 作为新型的信息聚合平台，支持用户在一个地方订阅或关注微信、微博、知乎、少数派等主流内容分享平台更新的内容，体验非常不错。刚开始的时候不妨多花些时间，以找到自己最习惯的信息获取方式。

不要故步自封，要敢于尝试新的平台，舍得花时间了解不同的优质内容创作者，能做到这些，个人信息管理系统的供给侧才会具备扎实的基础。

"心狠手辣，痛快取关"

了解了主流平台，关注、订阅的优质内容生产者的数量逐渐增多后，就要开始做减法了。

太多的资讯和太少的资讯一样，都会对理解力构成伤害。每个人的专业、兴趣、所处的人生阶段不同，要想建立高效的信息筛选系统，拥有高水平的信息组织能力，除了使用正确的方法，更需要投入大量时间去动态调整，以便将获取信息的状态调整到理想状态。

但是，我发现身边的很多朋友，下载了很多 App、关注了很多博主、买了很多课程，一个都舍不得丢掉，以至于陷入无尽的信息流中，无法跳脱。

这种不理智的行为实际上是陷入了"沉没成本谬误"：因为损失厌恶，所以强迫自己花时间浏览完低价值信息。这是不正确的，针对这类问题的解决方案特别简单：**但凡是沉没成本，任它沉没就好**。关于这个概念有个非常著名的看电影的例子。用户付钱后发现电影不好看时，通常有两种选择。

（1）忍着难受强迫自己看完。

（2）退场去做其他事情。

很多人会选择第一种方式，觉得"票都买了，来都来了"，但经济学家往往建议选择第二种方式，以便腾出时间做其他有意义的事情。

相信通过上面的例子，各位读者大概明白了：应该做好随时取消关注、退订、屏蔽的准备，有意识地调整信息源，发现不靠谱的信息源，务必做到"心狠手辣"。

这里以朋友圈为例来说明。有些人用在朋友圈点赞、评论来联络感情，有些人则把朋友圈当作获取信息的重要途径之一。不过，一旦好友数量达到一定规模后，朋友圈的内容质量往往会下滑，无法获取有效信息。有一段时间，我打开朋友圈以后看到的动态全部都是抱怨、广告、产品链接等，我意识到不能再这样下去了，于是我当时便确立了一个苛刻的标准：每次浏览朋友圈时，只要发现那些对我而言无价值的信息，不再顺手划过，而是单击用户的头像，浏览他最近的动态，如果全是跟我毫无关系的内容，便毫不犹豫地直接屏蔽，注意，是屏蔽而不是删除好友。很多人可能不知道：微信隐藏了一个长按用户头像可以激活针对该用户的快捷操作功能。

建立了这个机制后，当再打开朋友圈时，时间线上的内容将都是你筛选过的好友提供的高质量信息。我身边的一些朋友在近两年已经不再专门阅读公众号、付费专栏中的内容，除了读书，定期浏览朋友圈，就能发现最应该了解的信息。

可以用同样的方法对 RSS 阅读器、微博、知乎、YouTube 等平台建立类似的"淘汰"机制，**你要像保护身体一样保护自己的信息时间线，一旦看到垃圾短信、垃圾邮件、低质量文章、不感兴趣的信息，不要只是划过和忍受，而是直接解决**，否则它们会像蛀虫一样蚕食你的时间，永无尽头。

值得一提的是，微信在 7.0 版本中推出了"在看"功能，稍后读工具 Pocket 也可以通过关注好友获得文章推荐，这都是想要通过真实好友的过滤实现对信息的筛选和推荐。注意：在使用在看功能之前，请先同步你在朋友圈"拉黑"的那些低价值信息制造者。

其实，在互联网世界中，几乎所有的信息服务产品都发挥着"信息筛选者"的作用，无论是搜索引擎、新闻客户端，还是推荐系统、知识付费产品等，它们的本质都是类似的，只是实现路径不同。相比于微信和微博更注重依靠"具体的人"实现筛选，今日头条、抖音等基于算法推荐信息的方式也越来越常见。

不得不说，随着 AI 技术的成熟，对于大多数用户来说，智能推荐也许是一种更友好、高效的信息筛选系统。毕竟组织信息是一件辛苦的事情，很多人数年也未能将投资回报率（ROI）提升到 1 以上，如果有一个强大的 AI 引擎能够辅助你完成这件辛苦的工作，何乐而不为呢？

虽然推荐系统的模型、算法非常复杂，对我们而言像是"黑箱"，但它并非像很多人所说的那样单纯依靠信息"饲养"，它也提供了相当人性化的信息源优化机制，如图 1-10 所示。

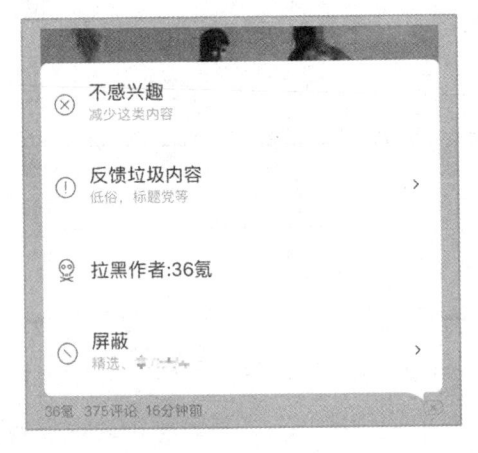

图 1-10

特别需要强调的一点是：**管理信息源是需要成本的，信息源不会自然而然地优化**。你不能关注了一大堆关于明星的账号，每天观看的都是搞笑视频，然后抱怨网上推送的信息太没营养。即便使用智能推荐引擎，用户也应该有意识地关注、点赞、标记"不感兴趣"，把智能算法当作筛选信息的伙伴而不是敌人。

只要你耐着性子调整一段时间，今日头条完全具备成为获取信息的主要渠道的潜质。

根据需求调整信息的压缩比

先举一个非常夸张的例子让大家了解一下压缩比。托尔斯泰的《战争与和平》中文版一共 100 多万字，电影可以用 120 分钟讲完故事情节，一篇概要可以在 1000 字内介绍其主要内容，极度精练的话，甚至一句话也能概括其大意。

任何信息都可能有完全不同的压缩比及相对应的信息承载方式。在这个时代，很多领域知识的产生速度已经不允许我们按照传统的方去缓慢地整合、吸收了。从另外一个角度来讲，对于大多数信息，本来也没必要基于原始形态去获取信息。比如，要学习怎样写一条幽默段子、避免尬聊、像程序员一样思考时，有必要去买一本《论戏剧》，看三百多页的《语言逻辑学》或零基础学习一门编程语言吗？

以上方法虽然可行，但大可不必，因为相关技能不属于我们的核心竞争力，只要不是核心竞争力范畴内的信息，就没必要完整走一遍压缩、解压信息的全过程，性价比更高的方式是直接享用现成的、经过编辑的知识成果。

很多时候，通过听专家解读、行家分享、牛人拆书比自己逐字逐句阅读原文的效果要更好一些。我在跟身边一些朋友交流时发现大家都有类似的感觉，明明自己看过某本书，但是听完行家解读才发现自己压根就没发现那些精华，多亏听了解读，要不然还洋洋得意，根本不知道自己不知道。

所以，**我们应该劝自己接受甚至适度追求相当一部分内容是被压缩（甚至是高比例压缩）的，在考虑投入产出比的基础上，接受一定程度的信息损耗是必要且明智的。**

正如迈克尔·西蒙斯（Michael Simmons）所说："现在已经有很多浓缩知识的方式出现，比如对于一本书，它的作者可能在社交媒体上发表文章来概括说明，图书介绍网站可能会有书摘，作者也可能参加 TED 演讲和播客来传播他的观点等，这些都是对书中知识的浓缩。"

我们当然知道经过了反复修改、编辑的书籍更完整，然而，它并不一定是投资回报率最高的信息获取方式，不要过度迷信书的价值。

除了有意识地提高信息的压缩比，也不要忽略了时间本身对信息的压缩效果。关于这个问题，《反脆弱》里面有一段非常经典的描述："你越频繁地寻找数据，找到噪声的可能性就越高，因为大部分波动仅仅是随机现象。如果每年观察一次数据,噪声和信息比是一比一,如果每日观察一次则会得到超过 99% 的噪声与不足 1% 的信息,噪声的比例将是信号的 99 倍以上——这就是为什么每天听新闻(除了有非常重要的事情发生)的人离愚蠢也就只有一步之遥了。"

理论听起来有点复杂,但应用起来非常简单,如先把信息获取频率从每天调整到每周,如图 1-11 所示。

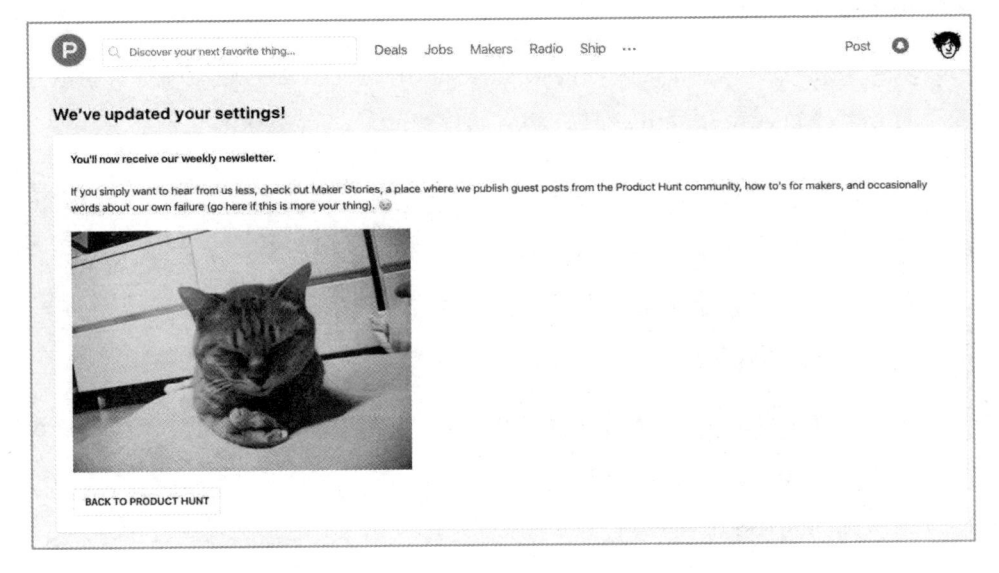

图 1-11

对一些质量一般但又不想完全屏蔽的信息源,可以先关注它们的社交媒体账号,确保后面还有机会收到它发布的信息,然后再取消关注,如图 1-12 所示。

```
This email was sent to █████@gmail.com.
You are receiving this email because you are subscribed to MindManager
product news and special offers.
You can unsubscribe or update your email preferences here.

www.mindjet.com | Resources | Contact support

Corel Corporation, 1600 Carling Ave., Ottawa, K1Z, 8R7, Canada
Mindjet, a division of Corel
www.mindjet.com

© 2020 Corel | Trademarks | Privacy Statement
```

图 1-12

随着时代的发展，会有越来越多的"知识服务商"，如很多 AI 产品及得到的"每天听本书"等产品都在为我们筛选、压缩信息。

总之，我们不要被传统理念缚住手脚，针对自己核心领域的信息要回到信息的源头，坚持阅读"一手资料"；针对非核心领域的信息，要学会尽情享受高质量的信息服务，接受音频、视频、解读、速览等各种信息传播方式，**让自己在专业领域更深入，让自己的知识更渊博。**

小结

你可能会问，不就是阅读个线上资讯嘛，有必要这么折腾吗？财新网的王烁在一篇文章中提到过一个有趣的观点：一个人在同一时刻只能处理 7 个单位的信息，而注意力切换的最小间隔是 1/18 秒，以总年龄为 70 岁、每天清醒状态为 16 小时计算，人一生处理的信息总量大约是 185GB。这 185GB 就是我们一生处理的信息的总和，数据量还不到一块主流硬盘的容量，所以要把时间用在刀刃上。

人生的信息处理量只有 185GB，我们每天能处理的信息就更加有限。所以，进行信息收集从严格意义上来说是一次有限资源的合理分配，要努力实现"一个萝卜一个坑",这不仅仅是因为低质量信息会浪费时间(如图 1-13 所示),更重要的是低质量信息会使人失去阅读有价值的内容的机会。

图 1-13

所以,不要不舍得,要从现在开始树立一个基本意识:**随时随地取关、删除、退订、屏蔽,打造专属于你的高质量信息源。**

除了上面提到的方法,我们会在后面的章节介绍什么时间处理信息、如何处理信息、处理的顺序等问题。

1.4 用数字健康消除屏幕成瘾

你好,我是 Louiscard,这是你打造信息管理系统的第 4 天,我来跟你聊聊如何防止屏幕成瘾。

我们可以时刻都在关注信息的收集、捕获,但有时候这份"高度重视"会让我们在不经意间"跌入信息的深渊"。在一些科技公司中,一群世界上最聪明的产品经理、工程师、市场人员、运营人员在想方设法地让用户爱上他们的产品,每天在自家的产品中多停留一些时间,这无可避免地会利用人性的特点。

消除屏幕成瘾和消除酒瘾、烟瘾类似，属于世界性难题，不过，已经有人开始有所动作了。2018 年，谷歌公司提出了"数字健康"理念，同年，苹果公司也推出了"屏幕时间"功能，为用户提供了一些消除屏幕成瘾问题的方案。

下面，我分享两个消除屏幕成瘾的方法，希望对你能有所启发。

"干掉"推送，终结无意识的信息获取状态

结合我自己的经历和在数百次咨询中发现的现象，我得到一个结论：**你不是没时间阅读，而是没时间主动阅读。**

在"看什么信息"这件事情上，很多人会不自觉地选择被动接受。因为安装应用时，应用一般都会要求"允许推送信息"，社交、视频、资讯类应用尤其如此。

如果你毫无警觉，获取信息的状态可能就变成了下面这样。

- 群里转发了一篇《某公司没有梦想》的文章，忍不住打开看了 5 分钟。
- 社交软件弹出通知《某公司员工送别 CEO》，打开点了个赞。
- 某短视频应用推送了一条视频，打开双击一下。
- 某视频网站推送了影片，打开从头看到了尾。

……

这些厂商都希望用户多点击，多贡献流量，但如果认真想一想，这些推送的信息对你的价值很大吗？几天之后，你还会记得多少？即便价值真的很大，有必要马上打开应用浏览吗？

这种无意识的信息获取状态将你的时间一点点消耗殆尽。

对此，我们应该怎么办呢？解决办法非常简单：关闭所有社交、阅读、资讯类应用的推送开关，如图 1-14 所示。

图 1-14

这乍听起来有些极端,但当你尝试停止接收无穷无尽的推送后,会发现即使不能及时获取这些信息,也没有任何损失,反而能避免被频繁打断,保留注意力资源。

你要时刻提醒自己:这些信息源只是众多信息提供商之一,只有你自己才是自己信息获取活动的"总指挥官",不要成为随时随地判断信息价值、处理每一条信息的"流水线工人"。

你可以在手机的通知设置选项中把所有相关的通知都关闭,或者"守株待兔",等这些应用推送新的消息时再处理。

除了完全关闭通知，iPhone 和各个 App 提供了越来越个性化的接收通知的方式，如图 1-15 所示，可以帮助你获取不同类型的信息。

图 1-15

在 iOS 系统中有下面几种接收信息的方式。

全开：接收所有类型的通知，包括所有类型的提醒、声音和标记等，需要给这种权限的应用不应该太多，我只给微信、信息、电话、日历、飞书等即时通信工具、协作工具及一些纯粹的生产力工具这样的权限，以确保自己不会错过重要信息。

隐式推送：iOS 12 及之后的版本还提供了"隐式推送"方式，如图 1-16 所示。这种方式其实就是关闭所有额外提醒，只保留在通知中心展示的信息，这也是一个不错的选择。

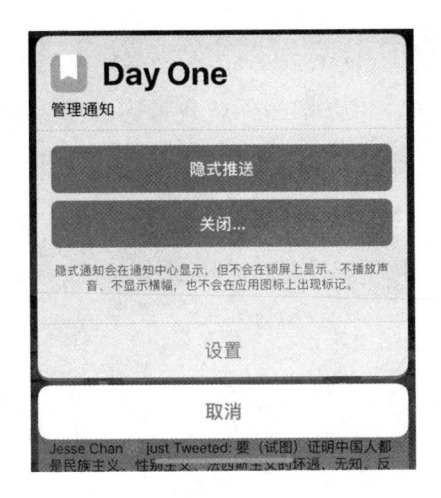

图 1-16

收到后不需要立即处理的信息（如知识星球、即刻等推送的消息）都可以采用隐式推送的方式接收，它们特别适合"没事看一看"的场景，比如我每天起床之后点亮手机基本上就会看到通知中心里即刻推送的"一觉醒来世界发生了什么"，不用打开详情页就能快速一览昨夜和今晨的要闻，如图 1-17 所示，体验非常棒。

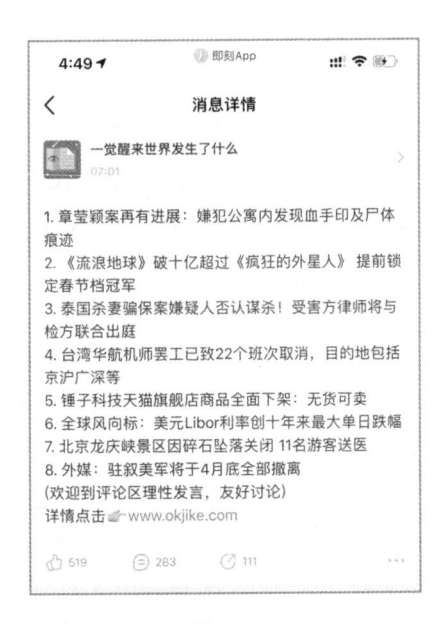

图 1-17

有意思的是，隐式推送连角标提醒都默认关闭了，大概苹果公司也觉得角标提醒是引起人们信息焦虑的主要原因之一吧。

完全关闭：关闭所有的通知方式，没有声音提醒，没有展示提醒，也没有角标提醒。我认为大多数应用的提醒都应该被完全关闭，比如新闻资讯类、社区类、音乐类、短视频类等类别的应用。不得不说，微信在这一点上是所有平台的榜样，微信的订阅号默认就不提供推送通知的能力，可以说非常克制了。

除了设置系统层面的通知方案，越来越多优秀的应用也支持在应用内设置更细致的推送策略，给用户更多个性化的选择，如允许推送提醒但不会在角标中显示。

用屏幕时间功能"锁定时间预算"

近些年，包括苹果、微软、谷歌、Facebook、腾讯在内的互联网巨头都先后发布工具，帮助用户控制在应用程序上花费的时间。

特别是 iOS 12 带来的"屏幕时间"（ScreenTime）功能，被不少 iPhone 用户视为消除"手机成瘾"的希望。然而，一段时间过去了，无论是我身边的朋友还是看网上的文章，大家普遍表示："屏幕时间"功能对防止沉迷效果微弱。

作为苹果的"防沉迷系统"，"屏幕时间"功能似乎对大多数人都失灵了，如图 1-18 所示。

我在一开始也辛辛苦苦地设置了各种时间限额。起初，当限额用尽时，我还会有意识地放下手机，可过了几天以后，情况变成了：当玩游戏、看视频、读文章遇到限额用尽时，习惯性地单击"忽略限额"选项。**这种无力的提醒很快被我适应，进而无视**，"意识到浪费了这么多时间"所产生的压力反而让我自暴自弃，沉迷于手机之中。

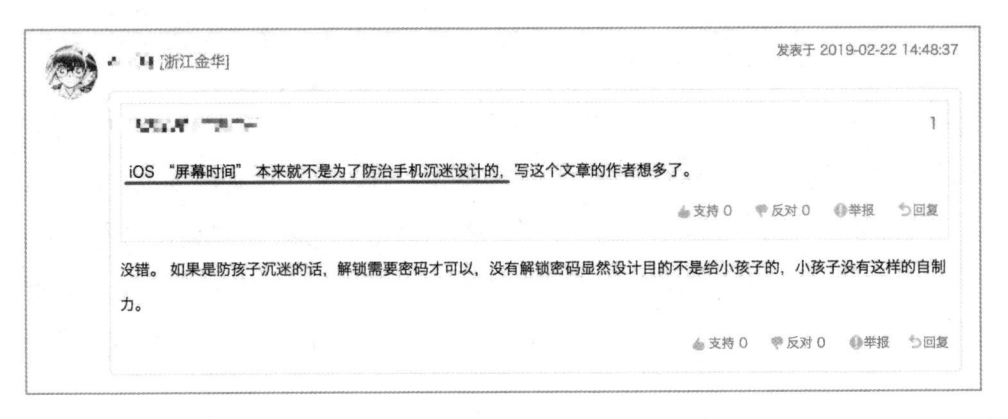

> [浙江金华]
> 发表于 2019-02-22 14:48:37
>
> iOS "屏幕时间" 本来就不是为了防治手机沉迷设计的，写这个文章的作者想多了。
>
> 👍支持 0 👎反对 0 🚩举报 ↩回复
>
> 没错。如果是防孩子沉迷的话，解锁需要密码才可以，没有解锁密码显然设计目的不是给小孩子的，小孩子没有这样的自制力。
>
> 👍支持 0 👎反对 0 🚩举报 ↩回复

图 1-18

有一种观点认为，科技公司并非真的想让用户放下手机，他们只是通过"授权"让用户产生"自己能控制花费在屏幕上的时间"的错觉。科技公司并不担心用户会因此减少使用屏幕的时间，因为实验证明人们发现自己在社交媒体上花费的时间后，并不会大幅减少使用手机的时长。

这款被寄予厚望的"防沉迷系统"真的就只能如此了吗？

控制屏幕使用时间的"大杀器"：强制性

能挣脱的束缚根本就没想限制你。

我认为大多数人可能完全没有意识到"防沉迷系统"有效的关键前提是强制性。

下面我来介绍自己是如何使用"密码+限额"将"屏幕时间"功能打造成戒除"屏幕成瘾"、有效控制浏览短视频的时间的"大杀器"。

方法非常简单，具体有以下几个步骤。

首先，设置要限制的应用。可以把同类应用放到同一组中，比如我就把抖音、快手放到一起，并给它们设置一个整体的时间限额，也可以针对某个应用设置具体的限额。设置时间限额的过程不用着急，可以用 1 到 2 周的时间逐步调整到理想状态。

其次,限额确定以后,自行设置一个密码。设置完成以后进入"应用限额"选项,逐一进入每个分组,打开"达到限额时阻止使用应用"开关,如图 1-19 所示。

图 1-19

最后一步是让你的屏幕时间拥有"强制性"最关键的步骤。你需要请家人、同事或朋友在不告知你的情况下帮你重置密码。如果你觉得一个人不够,那就请 2 个人甚至 4 个人,用一人输入一个数字的方式设置密码。

因为设定了每天只有 20 分钟可以使用抖音,在到达限额之后只能输入密码才能继续使用,而我自己并不知道密码,所以我成功依靠强制性控制了自己的使用时间,并逐步养成了习惯。毕竟,除了极特殊情况,相信绝大多数人不会为了浏览短视频而求别人帮自己解锁。

不过,这个机制还存在一个严重的漏洞,如果在 0:00 以后还没睡觉,那么新一天的时间限额将会补充进来,于是我在相当长的一段时间内经常在

0:00 以后把时间用完以后才去睡觉。针对这个问题，可以通过设置"停用时间"给予解决。我设置了 0:00 到 4:00 点为"停用时间"，同时把微信、飞书、Ulysses 等一些工具放到"始终允许"的名单中。这样，就顺利堵上了之前的漏洞。macOS 在 Catalina 之后的版本中会同步相关的屏幕时间设置，这样，到了 0:00 以后，计算机、手机中的应用及网站在限定时间内都无法被打开，真正意义上的"防止沉迷系统"终于设置完成。

在绝对的强制性面前，用户不再需要消耗意志力，事情变得格外简单。

如果你使用的是安卓手机，也可以搜索系统自带的屏幕时间功能。华为、小米等品牌的手机都已具备相关功能。Windows 系统也支持通过设置子账户实现类似的效果。我相信后面会有越来越多的第三方工具帮用户做好数字健康这件事。如果你有兴趣，Timely、RescueTime、SelfControl 等都是值得一试的好产品，图 1-20 是 Timely 的官网、图 1-21 是 RescueTime 的官网。

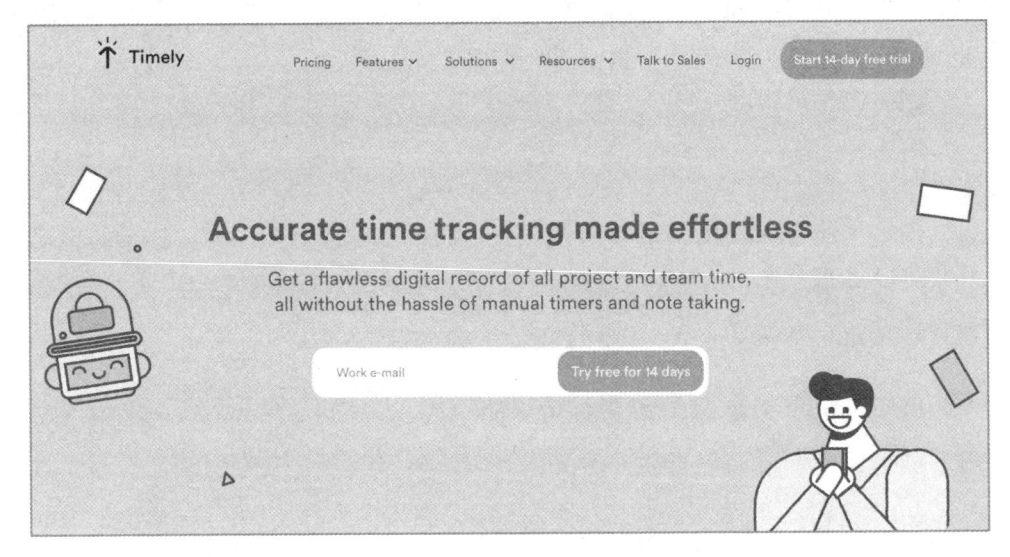

图 1-20

图 1-21

自律给人自由

我给抖音、微博、B 站、YouTube、即刻等应用设置的使用时间大多在 10 到 15 分钟之间。

让我意外的是，这种毫不留情的"限制"竟让我和这些应用重新建立起了"亲密关系"。我在使用这些应用的时候，因为可用时间不多，反而会格外珍惜。因为每天只能使用十多分钟，所以使用起来便不再有任何负罪感且完全不担心沉迷，我反而有了更多的收获。

在抖音上我点赞过不少摄影技巧类、演讲类、脱口秀类、育儿知识类的内容，发现有价值的信息还会保存下来。一段时间过后，我积攒了不少"好东西"，如图 1-22 所示。相比很多不敢安装、一看起来就连续浏览五六小时的朋友，我要游刃有余不少。

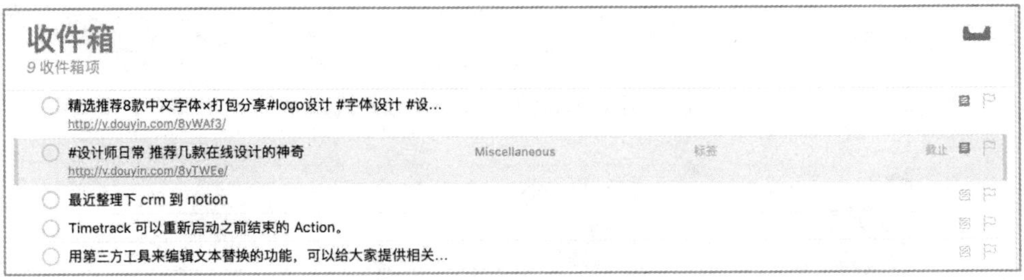

图 1-22

数字健康的真相

我发现，目前互联网中绝大多数关于"屏幕时间"功能的内容都没有提到"强制性"，苹果公司官方对"屏幕使用时间密码"功能的定位也是帮助父母限制子女使用屏幕的时间，如图 1-23 所示。

图 1-23

大家默认了一个共识：只有缺乏自制力的孩子才需要被强制限制使用屏幕的时间，成年人并不需要强制性，他们依靠"自制力"就可以自律地工作、学习、生活。

但是，事实并非如此，不然，世界就没有"剁手党""低头族"等人群了。在当下的互联网环境中，成年人和青少年的处境并没有什么差别，没有作业负担、升学压力且具备更高支付能力的成年人的处境甚至比青少年的处境更"恶劣"。

所以，我们应该认清现实，意识到在手机面前我们其实和小朋友一样，都需要受到强有力的控制，区别只是小孩子受到的控制更多的是来自父母，

成年人受到的控制更多的是来自自己。

最后分享一个来自《奥德赛》的故事。

奥德修斯为了抵挡海妖塞壬的歌声的诱惑,避免触礁身亡的命运,让同伴把自己绑缚在桅杆上,并且用蜡封住耳朵,如图 1-24 所示。即便这样,奥德修斯在隐约听到海妖天籁般的歌声时,仍然把持不住自己,身体不停地颤抖,力图挣脱绳索,奔向那未知的诱惑。按照事先的约定,船员们把他绑得更加结实,并奋力划桨。结果,他们离歌声越来越远,离海岸越来越近,躲过了诱惑背后的凶险。

图 1-24

所以,即使是英雄,有时也无法完全依赖内心的信仰与操守,而是要借助外在的力量来控制自己,普通人就更应该学会用外力帮助自己抵制诱惑了。

在我看来,"屏幕时间"功能就像是绑缚奥德修斯的"绳子",用户可以通过它建立一种有效的防御机制;而使用"屏幕时间"就像奥德修斯让同伴用绳子把自己绑缚在桅杆上,戴上枷锁才能得到自由,设置限制才能最终战胜手机里的"海妖塞壬"。

小结

这一节先阐释了屏幕成瘾的概念，介绍了如何通过设置推送的通知来减少我们被信息干扰的机会；接着介绍了我通过各种方式消除屏幕成瘾的方法和经历。希望各位读者能得到启发，控制自己的时间。

第 2 章 处理信息

2.1 如何构建信息处理秩序

你好，我是 Louiscard，这是你打造信息管理系统的第 5 天，我来跟你聊聊如何构建信息处理的基本秩序。

信息处理能分成多个阶段，在真正阅读之前要做不少准备，比如，当看到一条信息时，需要思考以下问题：

- 要不要现在就读？
- 如果读，在哪个平台读？
- 如果暂时不读，要推迟到什么时候读？
- 暂时保存到哪里？
- 需要设置提醒吗？

……

这些问题背后的不确定性让信息处理过程混乱无序，让用户耗神、费力，从而产生无尽的压力。

怎样消除这些不确定性，构建信息处理的基本秩序呢？

答案就是：**设定信息处理流程**。需要说明的是，下面要介绍的流程并非原创，它的底层框架是被数百万人验证有效的 GTD（Getting Things Done，把事情处理完）系统，如图 2-1 所示。

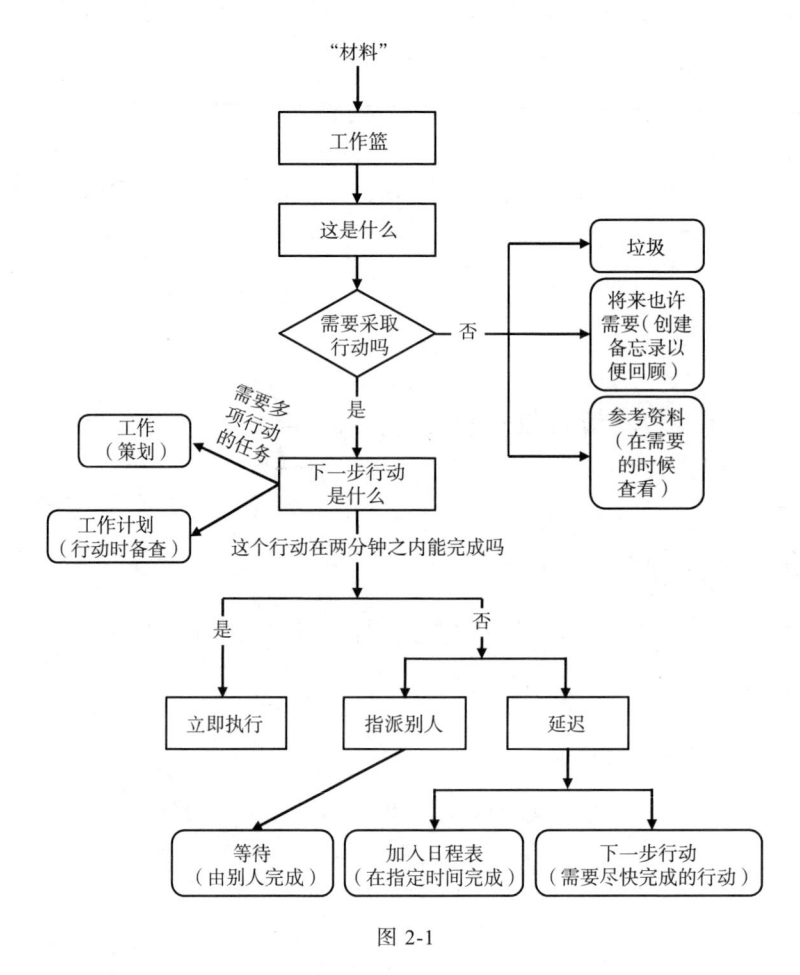

图 2-1

图 2-1 展示的就是 GTD 的流程图，人们通常用它来管理任务、安排日程。作为一个践行 GTD 理念十多年的忠实用户，我针对信息处理的特性，对流程做了适当调整，为了便于说明，我绘制了一张信息处理的流程图，如图 2-2 所示，我们暂且称它为 GID（Get Infomation Done，把信息处理完）。下面详解介绍 GID 的具体流程。

图 2-2

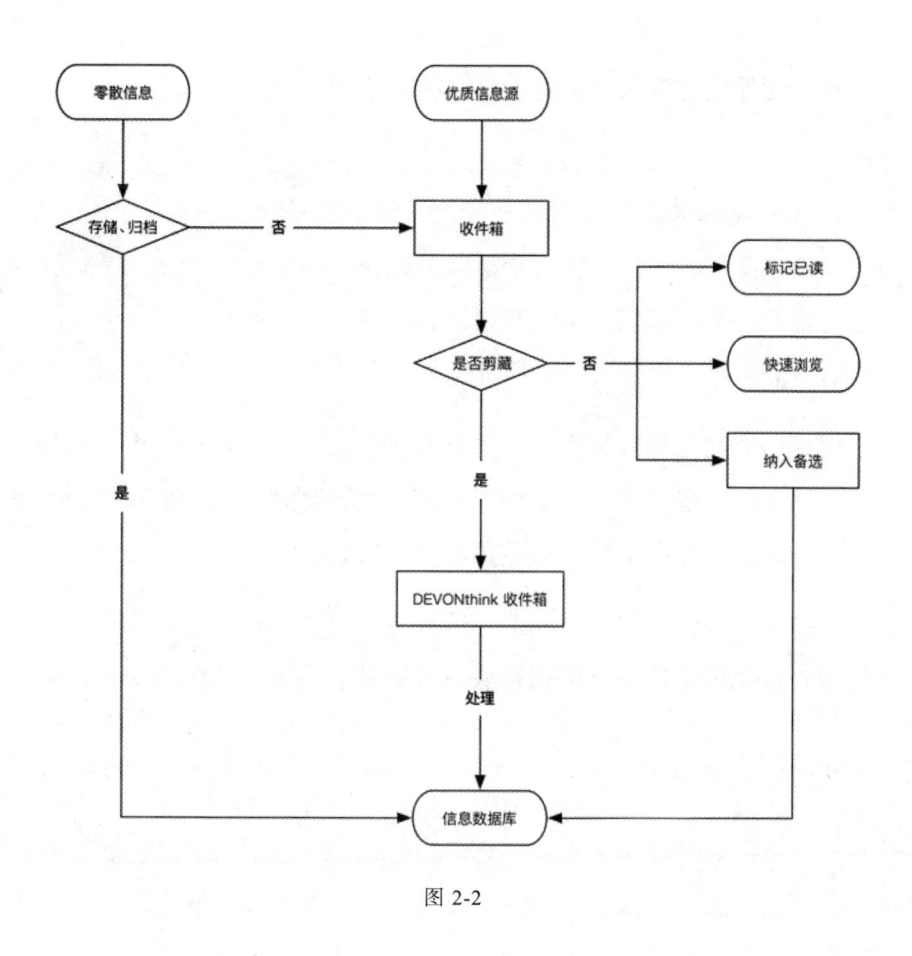

第 1 步：信息捕获

有了筛选机制和收集工具，我们就能比较轻松地把信息收集到信息管理系统了。

如图 2-2 所示，很多信息收集后直接归档即可。如将客户电话号码保存到客户管理系统（CRM），将出游照片保存到手机，将登录密码保存到密码管理工具（如 1Password、苹果设备的钥匙串、LastPass、Bitwarden 等）。

当然，用户需要花时间阅读、理解信息，才能让信息真正属于自己。此外，可以把来自固定信息源的信息归类放在一起，构成专属于你的"信息收件箱"。

以我的收件箱为例来看，它主要包括以下分类。

- RSS（RSS 订阅列表）。
- 邮箱（Newsletter）。
- 音频（播客、得到、喜马拉雅等）。
- 社交工具（微信、微博、即刻、Twitter）。
- 信息流推荐（今日头条、抖音）。

最理想的情况是所有渠道的信息能自动汇总到一个收件箱中，以便被集中处理。不过，现阶段这个需求还无法被满足，因此，我只能在不同的平台之间跳转、浏览，好在平台数量不多，尚能应付。

在这一步，我们只需要定期清空收件箱，过一段时间有新内容进来的时候再处理，**整个信息处理流程就在清空、刷新、再清空的循环中运转起来。**

第 2 步：预处理

这一步只需要做好以下事情：首先通过标题和有选择性地阅读来判断"收件箱"中每条信息的价值，然后按照预先设定的规则快速分流，如图 2-3 所示。这有点类似于报纸杂志的编辑，每天浏览上百篇投稿，有些直接拒绝，有些退给作者重写，有些小幅修改后接受，有些直接发表。

在信息处理的流程里，针对不同情况，也需要采用不同的处理方式。

- 标记为已读。
- 纳入备选。
- 快速浏览。
- 剪藏全文。

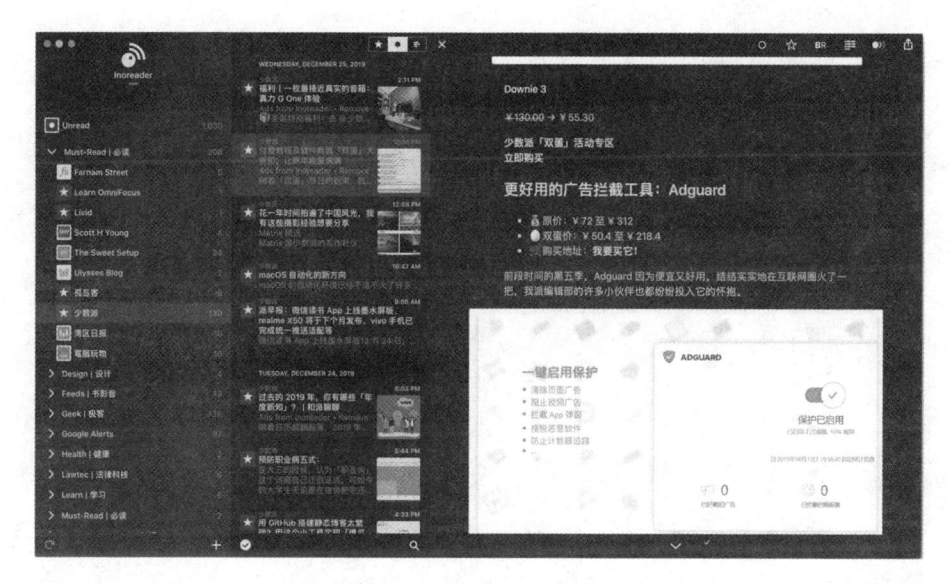

图 2-3

下面介绍使用不同策略的条件和后续的具体操作。

标记为已读

收件箱中有很多内容仅仅通过标题和摘要就可以直接忽略，其中主要有两种内容。

一种是不感兴趣的信息。如我的生产力设备是苹果公司的产品，此时，我对针对 Windows 系统和 Android 系统的内容没有兴趣，遇到相关文章就会直接跳过。

第二种是曾经读过的文章。这包括一些单纯换了标题或只是重排段落的老文章，对这些信息，发现后直接标记为已读并跳过即可。

纳入备选

这里借鉴 GTD 中 "Someday/Maybe" 的概念。很多信息可能对我们有价值，我们也很感兴趣，但信息的优先级不高，被立即阅读、处理的必要性不强，这类信息更适合暂时记录、保存，等待时机成熟后再调用。

具体来说，这类信息主要有以下几种。

（1）**好物推荐、资源清单**。比如北京最地道的30家火锅店、必看的300部经典科幻电影、日本文学类书籍排行榜等。针对这类信息，只需要大致判断内容的品质，而不用逐字阅读，判断完成后贴上标签、归档即可。以后约朋友吃火锅、在家里看电影、制订新一年的读书计划的时候再搜索关键词，即查即用，用完即走。

（2）**存在关联的项目**。如果相关内容能够和正在进行的项目关联，可以直接将其转换为项目中的一项任务，及时同步项目进展，在合适的时机处理内容，如图2-4所示。比如，当我在少数派看到一篇获奖征文《装修出梦想中家的样子》时，认为它质量颇高，可是我的家在三年内都不会装修，自己也不是房屋设计师，此时，大可不必现在就花时间阅读全文，而是先保存起来，等装修项目启动之后再看也不迟，如图2-4所示。

○ 购买配置 Google home 相关的各种家具	装修 2.0	淘宝		
○ 阅读：《把自己当作公司来经营》	书籍阅读清单	!!		
○ 阅读：自己动手，将 4 平米房间打造成 4 区域工作...	装修 2.0	Process : Read		
○ 阅读：围绕投影仪，我在卧室搭建了一套观影娱乐环...	装修 2.0	Process : Read		
○ 阅读：如何布置一个整洁高效、赏心悦目的房间？这...	装修 2.0			
○ 听音乐：Floating Points《Late Night Tales》	音乐清单	!! music		
○ 阅读：「数字生活改造家——我的房间改造计划」征...	装修 2.0	Process : Read		
○ 阅读：作为「在家工作」的自由职业者，我是这样打...	装修 2.0	Process : Read		
○ 观影：切尔诺贝利				
○ 观影：黑镜 5				

图 2-4

（3）**纳入"稍后读"清单**。在收件箱中，肯定有很多内容不属于你重点关注的领域，它们可能是《在麻省理工学院当交换生的经历》《照亮我职业生涯的3盏灯》《仇敌的交锋》。针对这些"不重要且不紧急"的信息，可以先将它们发送到"稍后读"工具，作为有空时阅读或听的备选清单。

稍后读类工具非常多，这里推荐专业的Pocket或Instapaper，大家也可以使用Chrome或Safari浏览器的阅读清单（Reading List）功能。我自己在相当长一段时间内直接将待阅读的内容发送到任务管理工具或云笔记工具并贴上"#Read it later"标签（如图 2-5 所示），也基本能够满足日常的阅读需求。

图 2-5

快速浏览

在 GTD 中有一条原则：如果一项任务可以在两分钟之内完成，就马上着手处理，避免产生多余的流转操作。在信息处理流程也可以借鉴这条原则。在一些文章中，知识点的密度不高，保存全文的必要性不大，这时，用户直接在 RSS 阅读器、邮箱、微信、微博里花两分钟快速浏览全文就好。

当你占有的信息越来越多，对感兴趣的主题的研究越来越深，单篇内容所蕴含的增量信息将越来越少，这时，越来越多的内容会以这种方式被处理，这也会在一定程度上整体提升你的信息处理速度。

剪藏全文

如果你的信息源足够优质，总会发现一些需要深度阅读的内容，对于这些信息，推荐使用 OneNote、印象笔记或 DEVONthink 等信息管理工具剪藏、保存，如图 2-6 所示，以确保内容不会因为原始链接失效而丢失，操作完成后，我们还能对这些文章进行编辑、整理等操作，从而提升获取信息的整体效果。

图 2-6

有些内容如果使用剪藏插件保存得到的效果不好，别忘了最原始的"复制、粘贴全文"操作，很多时候粘贴的效果会更好。

第 3 步：深度阅读

完成上面几个步骤后，相信你每天都可以筛选出几篇到十几篇优质内容，建议在固定时间逐篇阅读、批注，整理相应的内容，如图 2-7 所示（我在 DEVONthink 中收藏的部分文章）。下一节将详细介绍如何高效阅读单篇文章。

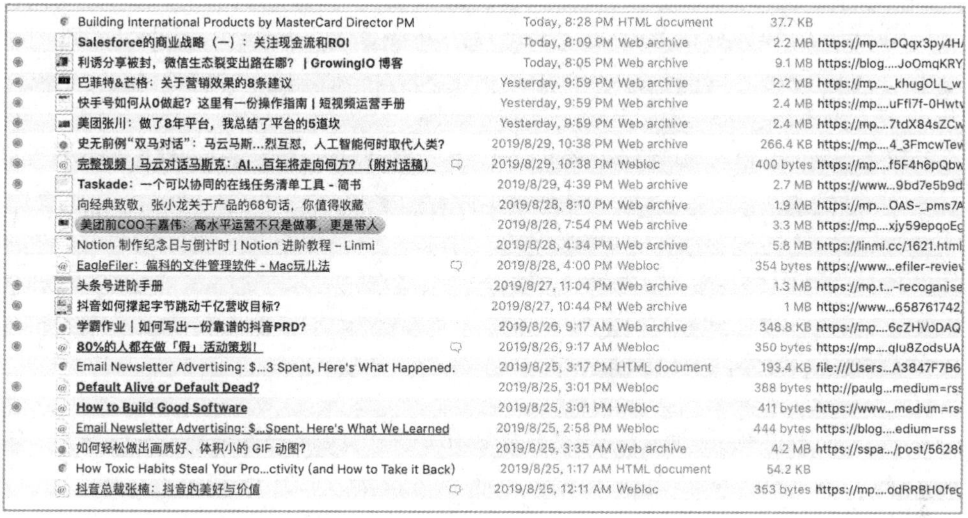

图 2-7

小结

每天在坐地铁、休息时，别再习惯性地浏览微博、抖音、朋友圈了，如果按照本节这个流程，坚持一周、一个月、一年、五年甚至十年，某一个主题的笔记将从 1 篇、10 篇、50 篇增加到 100 篇、500 篇，甚至更多。你使用时间的效率将越来越高，对相关主题的理解也会更加深刻，更重要的是，你的内心会越来越踏实，这也是我们为什么应该大费周章地构建信息处理秩序、提升信息吞吐量的根本原因。

借助先进的工具和明确的规则可以缓解信息焦虑，帮助你达到高效、敏捷的信息处理状态。

2.2　如何确保信息处理质量

你好，我是 Louiscard，这是你打造信息管理系统的第 6 天，今天我来跟你聊聊如何高质量地处理信息。

建立了信息处理流程后，每天挑选出几篇优质内容将不成问题。那么，对于这些内容，又该如何处理才能获得更多有价值的信息呢？

下面我就来跟你聊聊高效处理单篇文章的标准"套路"——**HCSTM 模型**，5 个字母分别代表 5 个步骤：高亮文本（Highlight）、添加评论（Comment）、总结（Sum-up）、贴标签（Tag）、移动到笔记本（Move）。

高亮显示文本（Highlight）

无论是阅读还是听课，本质上都是在**识别、理解关键信息**，"提纯""萃取"核心知识。在大部分情况下，我们无法也不必记住所有信息，只需要标记出核心观点、精彩论述和生动案例，进而通过这种方式**压缩信息**，如图 2-8 所示。

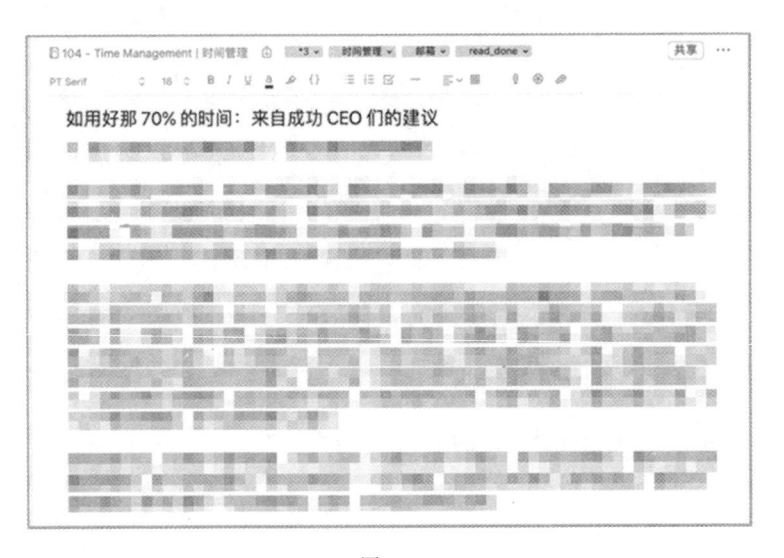

图 2-8

在这一步，你只需要在文章中找到最重要的内容，将文本高亮（Highlight）显示出来，这就是 HCSTM 模型中的 "H"。以这种方式标记出关键信息，不仅便于后期检索提取，也会让阅读文章的整体体验有不小的提升。

添加评论（Comment）

每次高质量的阅读都应该是一场高质量的对话，通过文字和作者展开跨越时空的交谈。

阅读中的思考相对于信息本身甚至更有价值，如果想预测作者接下来要说的话，剖析他的每一个观点、逻辑、论据，一定要添加评论（Comment）并做好记录，以避免想法"随风而逝"。这就是流程中的"C"。

刚开始可以创建一个下面这种"问题清单"，以指引自己不断思考。

- 这段内容在说什么？
- 这段内容是观点还是事实？
- 忽略了哪些潜在的问题？
- 能让人联想到哪些概念？
- 我们应该学习、借鉴哪些观点？

……

经过反复练习，使自己形成习惯之后，慢慢就可以不用清单了。

需要注意的是，这些补充信息要尽可能与原文区隔，避免在日后阅读时造成混淆。具体方法有很多，比如使用特殊符号或 emoji 表情将内容包裹起来，如下面这样。

- ==这是评论的补充内容==
- \%%这是评论的补充内容\%%
- 📌这是评论的补充内容📌

除此之外，越来越多的笔记工具都支持代码块功能，可以把评论或补充信息添加到代码块中，图 2-9 就是在印象笔记中使用代码块标记批注内容。使用这种方式的体验也不错。

图 2-9

近年来，添加批注成了我阅读时的标准操作。为了保持体验的一致性，我越来越倾向于在 Mac 或 iPad 上读书，以保证进行高亮、评论等操作时的体验和阅读线上文章时的体验完全一致，图 2-10 是在 AppleBook 上阅读电子书的页面。

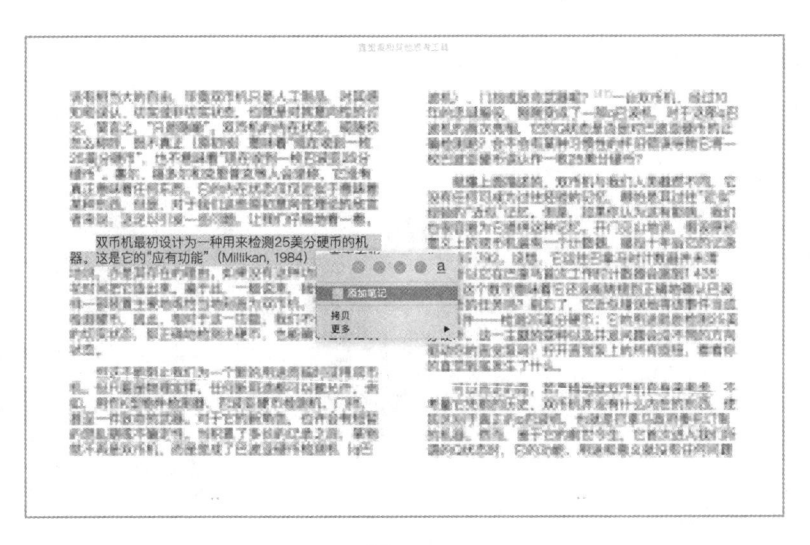

图 2-10

总结（Sum-up）

信息处理效率受到工具、技巧的影响，但更是由个人的信息处理能力所决定的。读完一篇文章之后的回忆、总结是一次难得的"直面阅读效果"的机会，这个"小测验"能真实反映你的信息处理成果，如图 2-11 所示。

```
周鸿祎：内容营销，七步制胜！
Sum up：
• 内容营销的几个特点：以受众为中心、能够指导用户行动、有价值的、可衡量的
• 建立内容规划
• 确定品牌调性，保持一致性
• 持续输出内容
• 建立用户画像，确定典型用户
• 从流程把握
• 对用户要进行划分，对新用户、潜在用户、忠实用户有不同的策略
• 内容应该进行有所区别，比如早餐、午餐、甜点等
• 介绍了头脑风暴的方法
    ◦ 写作法
    ◦ 演讲发
    ◦ 关键词法
    ◦ 门外汉
```

图 2-11

这看起来是一个"提纯"知识的结果，其实更是一种"用输出倒逼输入"的手段。当你知道有总结、复述这个过程时，在阅读的过程中就会有意识地总结、提炼，记住更多关键词，提高存储和提取信息的效率。

这就是流程中的"S"。不过这个步骤成本较高，是非必选步骤，更重要的是建立总结、复述的意识，确保自己真的读懂了、有收获，而不是用"虽然我看不懂，但是我看得完"这样的"已阅"来自欺欺人和浪费时间。

除了直接记录到笔记正文，也可以将总结内容保存到百科数据库和主题大纲中，一些特别有价值的洞察甚至可以直接分享出去，相比于记录在原文，总结对内容的利用率要高不少。

这部分内容我们在内化和整理的相关章节还会更详细地介绍。

设置标签（Tag）

在归档文章之前，还有一个重要的环节——设置标签。合适的标签不仅是对类别的有力补充，也让后期搜索、调取信息更加方便，为后面的处理流程提供支持。

建议大家优先关注下面三种标签。

（1）类别：可以使用标签表示文章的种类。比如，介绍如何使用

Timetrack.io 统计时间开销的文章可以贴上"时间管理""自我量化""timetrack"等标签。

（2）评分：可以用标签对内容质量打分。比如，我会给大部分文章赋予一个针对质量的分数，类似在豆瓣中给电影评分那样。

（3）状态：可以通过标签标记文章所处的阶段。比如，可以给读完的内容贴上"read_done"标签，如图 2-12 所示。也可以给需要下一步处理的内容贴上"Anki_raw"等标签。

图 2-12

使用标签管理信息的方式远不止于此，第 4 章会进一步介绍。

移动到笔记本（Move）

确保信息处理质量的最后一步是把内容从信息管理工具的收件箱中转移出去，归纳到相应的类别，如图 2-13 所示为在 OneNote 里面完成内容的移动。

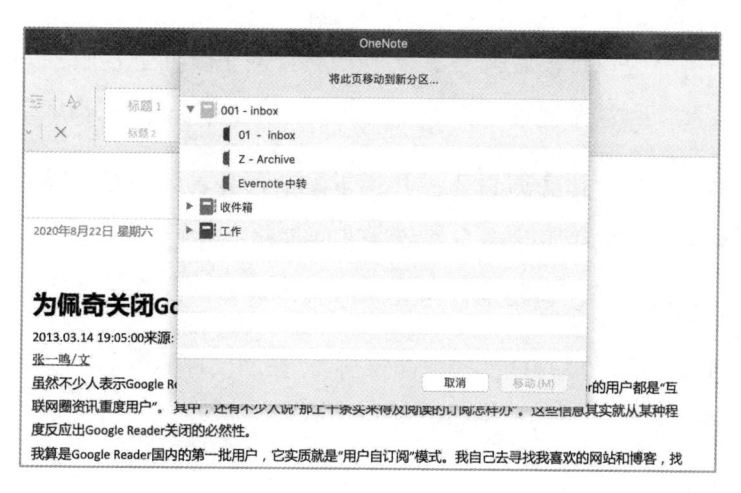

图 2-13

小结

打造信息处理系统听起来好像很复杂，但分解下来其实都是一些简单的标准步骤，对一两篇内容进行操作并不困难，困难的是经年累月地坚持下来，但这正是从业余人员成长为专业选手的必经之路。希望各位读者不辞辛苦，有所收获。

2.3 如何"抢夺"信息处理时间

你好，我是 Louiscard，这是你打造信息管理系统的第 7 天，今天我来跟你聊聊如何培养信息处理习惯，"抢夺"信息处理时间。

为什么是"抢夺"呢？因为信息处理本身并不紧急，很容易因为其他任务耽搁而被不断拖延，真正留给信息处理的时间非常有限。所以，不妨换个思路——"用攻击代替防守"，用规律的习惯提前为信息处理安排时间。

为什么养成习惯这么难

说起来容易，但我们都知道养成一个好习惯非常难。

决心不再玩游戏却反复卸载、安装；项目截止日期近在眼前却不想动手完成项目报告；浏览短视频不知不觉就花费一小时，却还看不到尽头……

我们很容易陷入连续地自我挣扎、不断地自我否定、持续地自我挫败的境地。**这种挫败感往往不是来自"我在某件事情上失败了"，而是来自"自己明明知道该怎么选择，却还是在挣扎之后挑了最差的那个选项"。**

很多朋友屡战屡败，直至"行动瘫痪"，在朋友圈自怨自艾。为了不让这种消极情绪伤害我们，我特别希望各位读者首先接受一个可能的前提：人类只是半成品。

刘未鹏在《逃出你的肖申克》一文中介绍了一个概念——进化时滞。

人类社会发展的速度远超人类进化的速度，进化的脚步总是会慢好几拍。换句话说，虽然我们身处信息社会，但我们的身体和大脑中的众多系统仍然是为了适应远古的石器时代而产生的。

我们之所以在减肥的时候还是喜欢不断进食，是因为老祖宗"饥一顿，饱一顿"，见到食物最保险的方式就是将其吃下去、转化为脂肪，以抵御未来可能出现的食物匮乏。

人类的进化速度实在是太慢了，以至于根本来不及适应外部快速变化的环境。这也是为什么想要改变固有习惯如此困难的原因，我们不仅仅是在跟自己斗争，还是在试图解决整个人类面临的挑战。

有没有什么好办法可以帮助我们打破既有设定，养成一个又一个好习惯呢？我认为"if…Then…模型"也许是一个答案。

用"if…Then…"模型重构我们的底层编码

"if…Then…"由两部分构成，分别是触发条件（Trigger）和对应的行动（Action），如图2-14所示。前面提到"人类是一个半成品"，这是因为人类这个系统中有很多"if…Then…"模型是缺失、落后的，需要补充或修正。

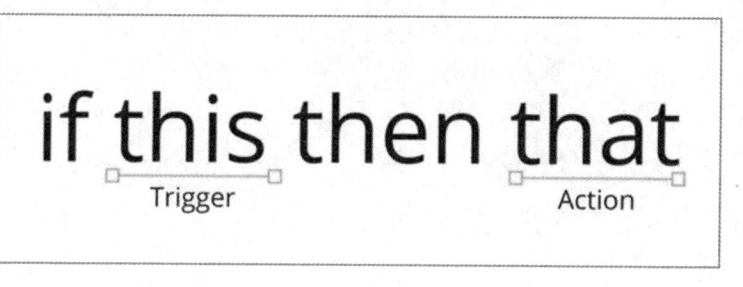

图 2-14

我们看到高手总是能态度坚决、行动迅速，小白却总是犹犹豫豫、畏惧拖延，导致这种差异的很重要的原因就是小白的"if…Then…"模型有缺失。

要想养成稳定的信息处理习惯，抢夺更多的信息处理时间，你需要做的事情非常简单：提前设置规则，用一个接一个"if…Then…"培养、重构自己的信息处理习惯。

下面介绍具体的设置方法。

将场景设置为触发条件

设置触发条件看似简单，却最容易"踩坑"。大多数人习惯把"时间点"作为触发条件，这看似稳定，但条件很容易因为各种原因被破坏。比如，原定每天 21:30 开始看书，结果第一天需要加班到凌晨，第二天被老同学邀请去吃火锅到 22:00，第三天被同事拉着玩游戏到 0:00……三天下来，一页书都没看，新习惯还没开始实践就宣告破产了。

相比于以"时间点"作为触发条件，以场景作为触发条件显然要更胜一筹，如图 2-15 所示。因为类似起床、坐地铁、午饭后、睡觉前等场景通常也不会消失或被破坏。

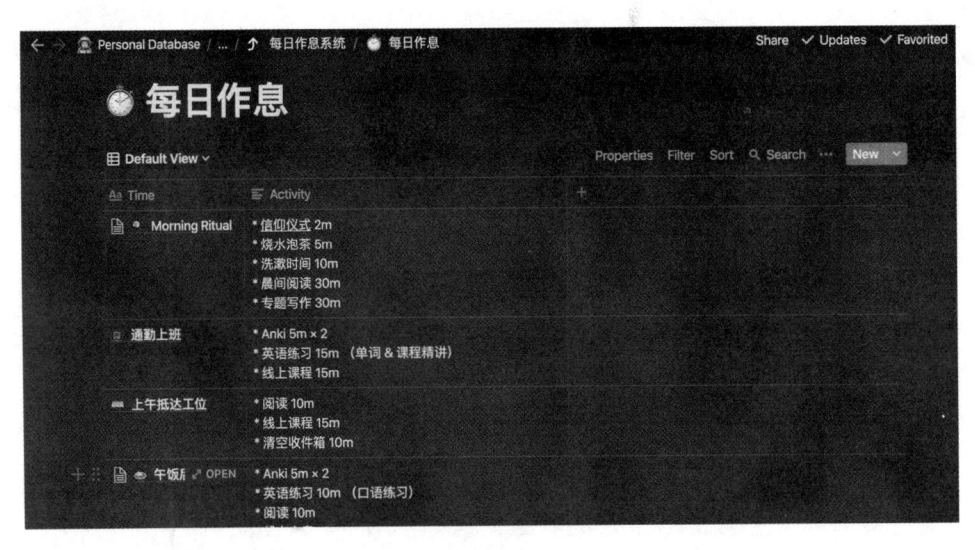

图 2-15

用这些场景作为信息处理的行动锚点能给信息处理的时间带来坚实的保障。

提前准备，前置启动成本

前文提到，在真正阅读之前需要做不少准备工作，比如判断是不是现在就要读；读的话在哪个平台读；如果不读，应该先保存到哪里等，这些不确定性会大大增加信息处理的"启动成本"。

即便预设了触发条件，也只是解决了"什么时间读"这个问题，处理什么信息、在哪个平台处理等问题依然会阻碍下一步行动。

该怎么应对呢？我们虽然不能消灭启动成本，但完全可以通过确定触发条件后的配套行动将启动成本前置。比如确定通勤的时候听什么课，午饭后看哪些文章，睡觉前读什么书等。如果添加好链接，每次切换场景时，单击链接就能快速跳转，使得信息整理活动几乎能做到即时启动，如图 2-16 所示，启动成本将会大幅降低。

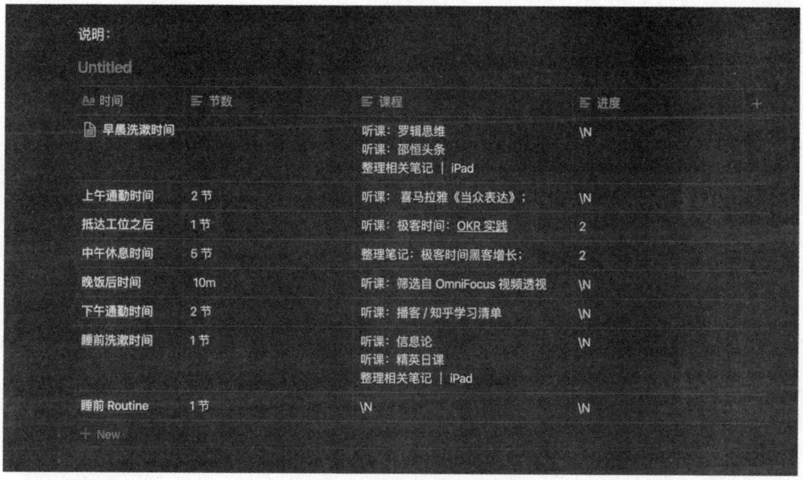

说明：

Untitled

时间	节数	课程	进度
早晨洗漱时间		听课：罗辑思维 听课：邵恒头条 整理相关笔记 | iPad	\N
上午通勤时间	2 节	听课：喜马拉雅《当众表达》；	\N
抵达工位之后	1 节	听课：极客时间：OKR 实践	2
中午休息时间	5 节	整理笔记：极客时间黑客增长；	2
晚饭后时间	10m	听课：筛选自 OmniFocus 视频透视	\N
下午通勤时间	2 节	听课：播客 / 知乎学习清单	\N
睡前洗漱时间	1 节	听课：信息论 听课：精英日课 整理相关笔记 | iPad	\N
睡前 Routine	1 节	\N	\N

+ New

图 2-16

有些工具（如得到）很贴心地为用户设计了每日清单，打开后逐一操作即可，这种确定感给人的体验非常好。

控制单次行动时长

除了上面提到的启动成本，还有另外一种容易被忽略的成本——心理成本。

初级的信息管理人员最容易犯的一个错误是：对单次信息处理的效果预期过高。辛苦了一天回到家以后，阅读 1 小时的专业书籍听起来美好，但执行的时候很容易让人产生强烈的抵触情绪，因为这 60 分钟带来的心理成本太高了。

因此，我更推荐“少量多次”的策略，特别是在习惯养成的初期，不妨把单次时间控制在 10 分钟以内，使其简单到难以失败的程度。起床之后读 10 分钟的书、在地铁上听 10 分钟的课、午饭后阅读 10 分钟的线上文章、睡前看 10 分钟电子书。

尽管单次活动的时间不长，但所有场景积累的总时长却非常可观，根据我的经验，一天“抢”出 1 到 3 小时完全不成问题。更重要的是，这能大幅降低我们培养习惯的难度，坚持一段时间以后我们会发现：自己到床上后拿出 Kindle 看一会儿书，就像刷牙前拿起牙刷挤牙膏一样轻松、自然。

再过一段时间，你会越来越期待这一个又一个 10 分钟，即便某一天遇到了诸多困难，只要能完成这几个固定动作，那这一天就还不错，因为你没有荒废时间，自己在进步、成长。

这里推荐使用 Timetrack.io 这样的自我量化应用。启动应用后，在预设的活动应该开始时，Timetrack.io 会自动打开相应的应用（如图 2-17 所示），比如在应该阅读时打开 Kindle，在应该写日记时打开 DayOne，在应该背单词时打开 Anki，并且会自动计时，到了预先设定的活动时间后还会提醒你。非常适合这个场景。

图 2-17

阅读和收听结合

除了阅读，很多内容完全可以采取"听"的方式进行吸收。比如，提前准备一些有声书、播客，留着在通勤或做家务时听。我们也可以将一些偏故事类的文章保存以后，在后期使用屏幕朗读工具听取，图 2-18 为使用 Pocket 听取内容，这给人的体验也非常不错。

图 2-18

哪些内容适合读，哪些适合听，需要结合自己的情况做好判断。通常来讲，对信息密度比较高的内容，我建议各位读者在地铁等场合中听，因为这样能顺手做好记录。故事类、对话类音频内容更适合在做家务、开车、散步的时候听。如果你还不知道听什么，这里推荐大家下载小宇宙 App，安装完成后可以看看首页推荐的内容中有没有你感兴趣的话题。

小结

本节最后再介绍一个概念——**神圣时间**。顾名思义，在神圣时间里，要做的这件事"神圣不可侵犯"，任何其他事项，哪怕是回复工作邮件这种事也不能抢占这个既定时间，严格执行"专时专用"。很多著名的文学家、思想家、企业家都会设置自己的神圣时间，在这个时间段内去写作、健身、冥想。

我特别喜欢美国作家、诗人马娅·安杰卢的故事。她每天在 6 点起床，喝一杯咖啡后，在一个只有桌椅、纸笔、参考资料、词典等必需品的"写作专属空间"完成写作任务，顽强地捍卫着自己的神圣时间。截至 2020 年，她已经出版了 6 本传记、5 本散文、数部诗集，并在许多戏剧、电影和电视节目中担任过编剧。其写作生涯超过 50 年，获得了众多的奖项和超过 30 个荣誉博士学位。

这种自由又自律的状态背后就是对"if…Then…"的执着和坚持，正如卡尔维诺所说的。

> 我对任何唾手可得、快速、出自本能、即兴、含混的事物都没有信心。我相信冷静、踏实、缓慢、平和、细水长流的力量。我不相信缺乏自律精神、不自我建设、不努力可以得到个人或集体的解放。

设定规则，遵守规则，用优秀的流程和工具建立系统，这是信息管理最大的乐趣之一。

2.4 如何提高信息处理速度

你好，我是 Louiscard，这是你打造信息管理系统的第 8 天，今天我来跟你聊聊信息处理速度这件事。

巴菲特曾经说过下面这样一句话。

> Read 500 pages like this every day. That's how knowledge works. It builds up, like compound interest. All of you can do it, but I guarantee not many of you will.（每天阅读 500 页，这就是让知识发挥作用的方式。它像复利一样积累，所有人都可以做到，但我保证不会有很多人会做到）。

对于大多数人来说，别说每天阅读 500 页，每天阅读 50 页都很难实现。为什么我们做不到和这些高手一样的信息输入量级呢？

除了前面提到的优化信息处理流程，提高单位时间的信息处理量（也就是大家常说的提高阅读速度）也是至关重要的影响因素。

需要警惕的一个趋势是：我们似乎正在逐渐失去阅读长文本的能力。相对于图片和视频，文字的信息密度要高，往往侧重于传递相对复杂的概念和知识，并且阅读故事需要读者将文字在大脑中转化为画面，这自然会更加费力。

然而，文字依然是不可替代的一种传递及获取信息的方式。相对于音频、视频，在更多场景下，从文字中获取信息更加灵活、高效。千万不要习惯性地扔下一句"太长不看"，然后等着他人总结，这是放任阅读能力的退化，是非常危险的。

接下来分享几个提升阅读速度的好方法。

在阅读前用固定仪式提升注意力

伍迪·艾伦（Woody Allen）有一段形象的嘲讽所谓的"快速阅读"的描述：

> 我学会了用 20 分读完《战争与和平》，不过只记得这是一个俄国的故事。

高效阅读不仅仅是指阅读速度更快，更是指提升必要的理解能力，可以对关键信息进行提取和存储。决定这些内容最重要的因素是**注意力**。强大的专注力能有效地扩大视觉感知区域，提升大脑对文字的反应速度。

提升注意力最简单的一个方法是通过固定的仪式。即通过仪式刻意提升阅读前的专注力，让大脑做好准备，或者说"启动大脑"。这里分享一个有意思的方法——橘子放松法。简单来说，这个方法就是在阅读之前想象自己的后脑勺上有一个橘子，然后进行几次深呼吸来放松身心，帮助自己进入专注模式。这种方法对我颇为有效，采用这种方法以后，我在阅读时会感觉文字能直接透过眼睛进入大脑，非常神奇。

除了橘子放松法，听音乐也是很好的方式。我在近几年专门整理了自己在阅读、写作时所听音乐的清单，搜集了不少古典音乐。现在，我只要听到熟悉的旋律，很容易就能静气凝神，聚精会神于眼前的信息。大家可以去音乐平台搜寻相应的歌单，如图 2-19 所示。

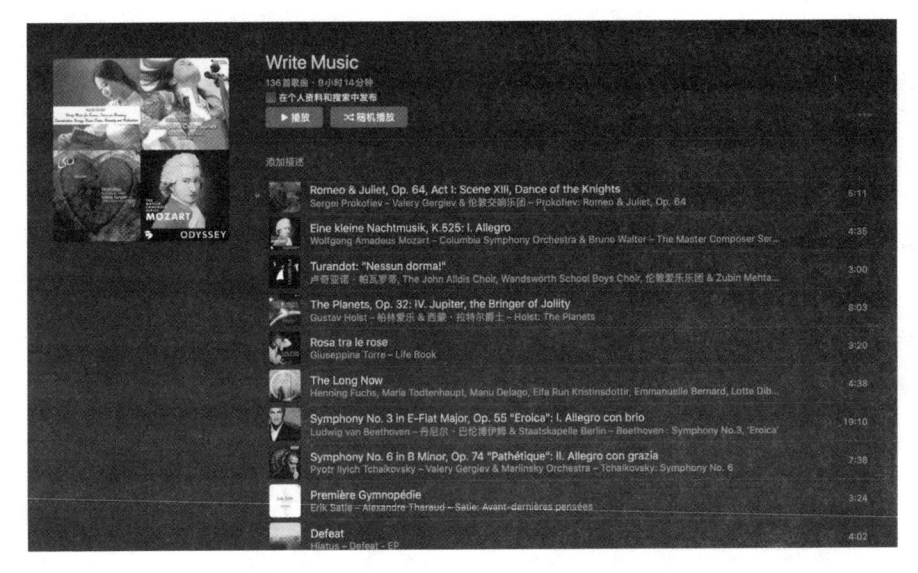

图 2-19

在更大的意群间跳跃

我第一次知道这个方法是在读小学的时候，当时兴奋得一晚上都没睡着觉。这个方法非常简单：如果一个字一个字地看，普通人的阅读速度可能是 400 字每分钟，如果一次看好几个字组成的意群，类似下面这样，阅读速度将会大幅提升，阅读效果也会更好。

快速阅读是一种"眼脑直映"的 | 科学运用视力和脑力的方法，| 这种"眼脑直映"式的阅读方法 | 省略了语言中枢和听觉中枢 | 这两个可有可无的中间环节，| 将文字信号直接映入 | 大脑记忆中枢 | 进行理解和记忆。

在更大的意群间跳跃的效果可以参考图 2-20。

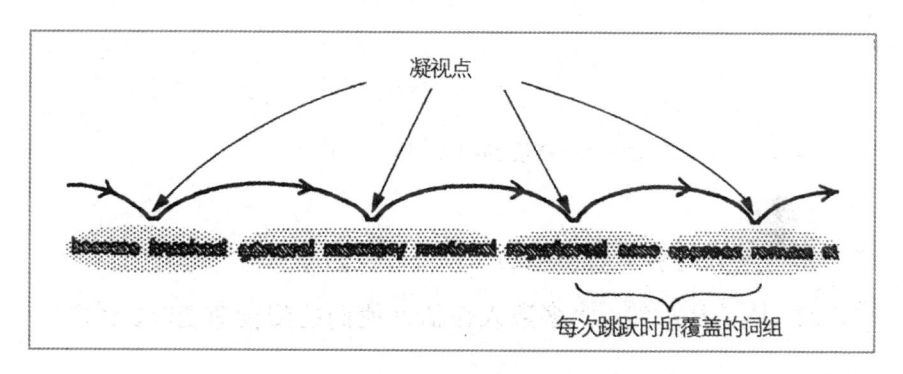

图 2-20

之前，阅读一句话的过程中聚焦点需要跳动十几次，现在，聚焦点只需要跳动 2 到 3 次，这不一下子就将阅读速度提高了好几倍吗？虽然实际的阅读速度可能并非简单地加倍，但提升效果绝对立竿见影。到后期，我都是按照凝视点的跳跃次数调整阅读内容的方式，从 4 次、2 次一直到一眼一行。据说，文学家高尔基看书不是从左向右看，而是从上往下看，像下楼梯一样，节省了从最右边跳回最左边的时间，速度自然就更快。

刚开始使用这种方式的时候可以用笔或手指作为指引，以便让视线不至于太跳跃，这在阅读纸质书的时候能起到不错的辅助作用。

阅读并不轻松。因为如果意群较大的话，需要调取更多的注意力资源，阅读者自然会更加辛苦。而人们总会避免费力，因此，在阅读时往往会不自觉地避免扩大"阅读视幅"。所以，除了读小说和散文类内容，在阅读各类专业类内容时要保持专注，有意识地在更大的意群间跳跃。

"3-2-1" 训练法

正如绝大多数技能一样，仅仅知道方法是不够的，只有刻意训练才能掌握相应的技能。在培养阅读技能的方法中，我认为克里斯蒂安·葛朗宁在《快速阅读》一书里提出的"3-2-1"训练法是最简单、最实用的。

"3-2-1"训练法主要包含以下几步。

第1步：随便找到一本书以后开始阅读。同时开始3分钟倒计时。计时结束后合上书，在一张纸上画一张思维导图，把刚才读到的关键点依靠回忆写出来。

第2步：重新阅读刚才阅读的内容，但是将倒计时的时长降低到2分钟，也就是用2分钟读完刚才花3分钟读完的内容，并在思维导图里补充内容。

第3步：花费1分钟重复上述过程。

通常，只需要十几分钟就能完成一轮训练，训练5到10次以后基本就能显著改善我们的阅读习惯。这个方法会提升我们的多个"技能点"，其中最重要的一点是强迫我们更快速地阅读，以便在不知不觉间提升阅读速度。正如某本书所说的：一旦你适应了高速公路的速度，当你在不看仪表盘的情况下驾车驶入市区道路时，你默认的安全速度早已不是市区道路要求的安全速度，速度会变为一个令人惊讶的数值。

实现"快速阅读"的策略

如果各位读者身边有获得博士学位的朋友，可以跟他们聊聊阅读速度这件事，我和身边的博士聊完以后，基本打消了出国读书的念头。

这里分享一下我听到的某位法学博士的日常阅读量。

- 为了应付每周的课程和讨论，花费12小时以上的时间阅读。

- 至少每 2 周做一次新课题的介绍（撰写书面报告、制作幻灯片并给全班同学讲解）。
- 每周至少阅读 1500 到 2000 页英文文献。
- 每两周至少写一篇牛津大学标准的 5000 到 10000 字的英文论文。

面对如此强度的信息获取、输出要求，使用传统的阅读方法肯定不行，他们有什么快速阅读的秘诀吗？

经过和几位博士朋友交流，我发现最大的不同是：**他们阅读的目的性极强，绝不会逐字逐句地精读，因为资料太多，没有时间。他们通常用 1 分钟快速浏览目录，然后花 5 分钟快速确定重点章节，最后再用半个小时翻一遍，快速完成总结并提出核心问题。**

你没必要像"赶"论文一样阅读每本书，不过，对于一些非自己核心领域的内容，不妨给自己也确定一个阅读流程和模板，建立明确的阅读目的和限制时间。我整理了一个简单的快速阅读模板，如图 2-21 所示，供各位读者借鉴、参考。

所谓"快速阅读"，不是草草看过所有内容就可以，而是恰恰相反，要通过忽略那些不重要的内容，节省出时间去搞明白更重要的概念，"抓大放小"，避免"为了阅读而阅读"。

快速阅读的思路、流程不仅适用于阅读书籍，也适用于阅读线上文章。如果能在正式阅读之前先快速完成整篇文章的浏览，通过各级标题了解文章的结构，读起来将更加快速、高效。

模板 - 快速阅读

书名	
主题	
大纲	
作者	• 作者写的原因
评分	
问题	• • •
总结	
其他	• 我为什么应该读这本书 • 阅读时间

知识要点	说明

图 2-21

提升信息处理速度的底层逻辑

There may not be a magical method to read rapidly without sacrificing any comprehension.（没有一种神奇的方法可以在不牺牲理解力的情况下快速阅读。）

——Scott H. Young

这部分要强调一下，限制你阅读速度的根本瓶颈不是阅读方法，而是用于理解所阅读内容的大脑的"内存"，阅读高手往往是因为读得多才读得快。

冯唐曾在微博宣布自己终于用两年半的时间读完了《资治通鉴》，他是像图 2-22 这样描述阅读过程的。

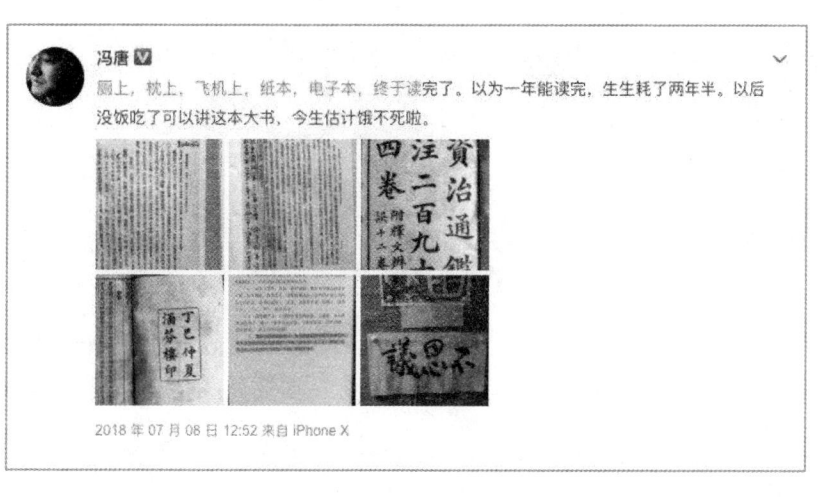

图 2-22

可以看到，像冯唐这样一位先是从小读《全唐诗》《册府元龟》《诸子集成》，然后在北京协和医学院攻读博士学位，毕业后又在麦肯锡工作的精英，阅读《资治通鉴》这样的书也得耐着性子一页一页地读，哪有什么速读、跳读。不过，我相信有了阅读《资治通鉴》的经历，他阅读相关主题图书的速度必然会再上一个台阶。

限制一个人阅读速度的因素有很多，阅读技巧是很重要的一个因素，但是更重要的还是所读内容相对于你的难度系数。换句话说，你**读得越多，相应的内容对你而言就越简单，你也就更能够快速发现、忽略大多数无关紧要的信息，你才能读得越快**。

我刚上大学时第一次知道了 GTD 和 OmniFocus 是通过阅读一篇相关的介绍文章，当时读起来简直像是在读一篇专业论文，不得不一边读一边借助搜索引擎查询相关信息，然后在软件中操作，经常要花两个多小时才能读完一篇 2000 多字的文章，速度慢到令人绝望。

但是践行了十多年 GTD，用遍了主流任务管理工具，深刻理解了 Inbox、Project、Due Time、Review、Tag、Perspectives 等概念以后，当我再看到与 GTD 相关的文章时，会发现大多数内容已经不再能给自己什么增量信息，甚至会发现很多作者的认识误区。此时，我往往不到 2 分钟就能读完一篇这类文章。

小结

提升阅读速度最重要的还是要在平时多花时间在阅读上，除了安排专门的阅读时间，别忘了坚持阅读一本书，不管是纸质书还是 Kindle、Apple Book、微信阅读中的电子书，有时间就阅读几分钟，总能有所收获、有所提高。

此外，阅读有时候还需要有"打破砂锅问到底"的精神，想尽一切办法寻找答案。只有依靠这样的点滴积累，才会不断提升我们的信息处理能力。要像运动员坚持训练一样坚持阅读，才能始终保持对文字及复杂概念的理解能力。

坚持下来以后，在未来的某一天你会突然发现：自己的常规阅读在别人看来就已经是神乎其神的"快速阅读"了。

2.5 如何战胜信息过载焦虑

你好，我是 Louiscard，这是你打造信息管理系统的第 9 天，我来跟你聊聊有什么方法可以帮你克服信息过载的焦虑。

在信息爆炸时代，"多"不必然构成优势，反而令人焦虑，有太多人想方设法告诉你他们提供的信息特别重要，价值千金。但我们每天能花在信息获取上的时间毕竟有限，多则数小时，少则几分钟，"生有涯而知无涯"是全人类都绕不开的难题。

问题虽难，解题思路却很明确。要想摆脱信息过载的焦虑，可以从两方面入手：一是提升处理信息的速度，二是减少待处理信息的数量。我们在前面学习了如何提升处理信息的速度，这一部分我们学习如何减少待处理信息的数量。

那些可能会遇见的"坑"

按照前面介绍的方法,你将初步建立起专属的信息筛选机制,每天都按照预定流程收集、阅读、整理高质量信息。流程很确定,道理很简单,然而,真正实践起来却充满了挑战。

根据我多年"踩坑"的经验,你很可能会遇到下列问题。

情况一:本来打算每天阅读十几篇文章,结果一口气保存了三十多篇文章,根本读不完。

情况二:收件箱里虽然保存了几篇文章,可到睡觉时只勉强读完了最短的两篇。

情况三:满心欢喜地坚持了 3 天,公司突然连续加班,根本没时间继续坚持。十几天之后,收件箱里堆了上百篇文章,不知该如何处理。

不管遇到上述哪一种情况,你辛苦建立起来的信息处理机制都可能全线崩溃,整个信息管理系统也将停摆,随之而来的将是近乎无解的信息过载。

一旦系统停摆,再将其恢复到健康状态往往需要付出巨大的成本,很多人甚至再也没能恢复,只能无奈放弃。

经过十几次的系统性崩溃之后,我认真总结了历次教训,得到几个简单、可依赖的应对机制。

改变对待信息的态度

在实践具体方法之前,你首先需要改变对待信息的基本态度,简单来说就是:没有哪篇文章重要到非读不可。

首先，大多数文章就算在当下被错过，只要你还关注这个话题，你大概率还会碰到它。

其次，就算你彻底错过了某篇文章，文章中重要的信息点也几乎会在其他文章、视频、课程中出现，并且有相当大的概率会更成熟、更准确、更生动。

最后，即便以后再没机会遇到某个知识点，你会发现它对你的工作、学习、生活的影响也微乎其微，甚至可以完全忽略。

这类内容绝对算不上紧急，比读它们重要的事有很多。因此，它们毫无疑问地属于"不重要也不紧急"这个象限。而不重要也不紧急的事情太多了，完全没必要因为此类事务焦虑。要始终提醒自己：我们没有义务阅读任何一篇文章，即便文章是我们从上百篇文章中筛选出来的，看起来干货满满的文章也不是不容错过。判定优先级务必果断、坚决。

用看板思维给信息排期

1913 年，福特将流水线引入了汽车生产，这一发明让福特公司"弯道超车"，成为汽车领域最伟大的公司之一。流水线不仅改变了汽车产业，还随着时代进步而不断发展，演变出了适应于工业生产、软件研发、供应链管理等领域的生产方法，改变了世界。可见，工具的作用是非常大的。

我是在互联网公司中真正体会到看板在实际工作中可以发挥的重要作用，进而尝试将其运用到个人信息处理流程中，结果发现效果显著，如图 2-23 所示。

看板作为精益生产中的一种方法，其目的是平衡需求和能力，其原则是只有在能力允许的情况下才"拉动"工作，而不是将工作强制"推"入流程。拉和推看似区别不大，应用到信息管理中却可以瞬间化解信息过载的焦虑。

需求等待区	Top5需求（5）	需求（3）		分析（4）		开发（5）		测试（3）		Release
		进行中	完成	进行中	完成	进行中	完成	进行中	完成	

图 2-23

我们当然希望每天都能把 RSS、微信、微博、今日头条、知乎、Medium、Twitter、Youtube 等平台的信息全部看完，但这是不可能的，然而，它们依然被"推"到了我们的信息处理待办清单中。

面对海量的优质资源，绝大多数人都不想错过，但我们的信息处理能力和工厂流水线的产能一样，即便在持续提升，但在相当长的时间内变化可能并不明显。而这将导致我们对自己的信息处理能力产生不切实际的幻想，于是陷入焦虑和未完成的恶性循环中。

对此，我们不妨调整思路，不再是筛选出每一天的"必读清单"，而是借助看板，先确定自己的信息处理"产能"，然后按照优先级依次"申请"信息处理任务。

于是，复杂的信息过载焦虑就被转换成了一道分配资源的"选择题"。借助前文提到的"if…then…"模型，我们可以借助场景"抢"出信息处理时间，比如：

- 起床后的 30 分钟。
- 洗漱时的 10 分钟。
- 坐地铁的 60 分钟。
- 午饭后的 30 分钟。

- 睡觉前的 30 分钟。

……

这样，我们就会发现自己每天有 2 个多小时的信息处理时间，只需要把不同的信息处理任务放置到相应的场景即可。

比如，我安排了每天坐地铁时听 2 节课，这时，可以在课程备选清单里放入如下内容。

- 极客时间 App 中的产品课程。
- 三节课在喜马拉雅 App 中发布的运营课程。
- 得到 App 中的增长思维课程。
- 看理想 App 中的《用得上的哲学课》。

……

这个听课清单可能很长，而且会越来越长，但完全不必焦虑，一节一节地听下去就好。

同样的道理，读书、背单词、处理线上文章等都可以这样安排，忘掉"清空"信息收件箱这件事吧，它的边际效应递减明显，投入产出比也并不算高。

整体来讲，我们只需要做好三件事：一是提升信息处理效率；二是建立更加稳定的信息处理场景；三是选择更多高质量的内容并纳入排期。这样，我们便能持续增加信息处理"流水线"的整体"产能"，进而告别信息过载的压力。

> 现在大多数人不会花时间去获得知识优势，但我几乎每天都要读三个多小时的书。时至今日，我仍然觉得在上网如此便捷的情况下，如果投入足够多的时间来获取所有可用的信息，我可以在任何技术行业中获得优势。
>
> ——马克·库班

不过，我认为得到或其他一些付费专栏也是动辄十几万字，内容和书类似，只是形式还没有变成书而已。因此，不必死板地认为只有读书才能获取知识，筛选阅读对象的关键还是要看信息本身的质量，要学会区分新闻资讯和高质量信息。

防崩溃系统

除了借助看板思维，借助前面提到的"线上文章处理流程"，我们只需要再设立几个基本原则，就能建立一套简单易行的防崩溃系统。下面简单介绍几个原则。

只看本周剪藏的内容

我们应该每天在固定的场景阅读线上文章，并只看本周剪藏的内容。为了实现这个效果，可以用印象笔记、DEVONthink 的智能文件夹或高级搜索功能筛选出相关内容，如图 2-24 所示。

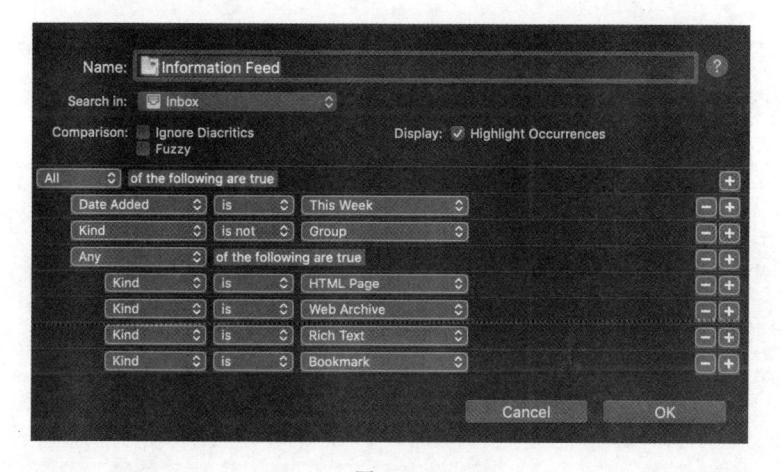

图 2-24

如果用的是印象笔记，可以使用搜索语法"stack:"📥Inbox | 归一" created:week -author:吕江涛"，如图 2-25 所示。注意：需要把引号中的文字换成你的收件箱的名字，把 author 后面的内容换成你的账号名称。

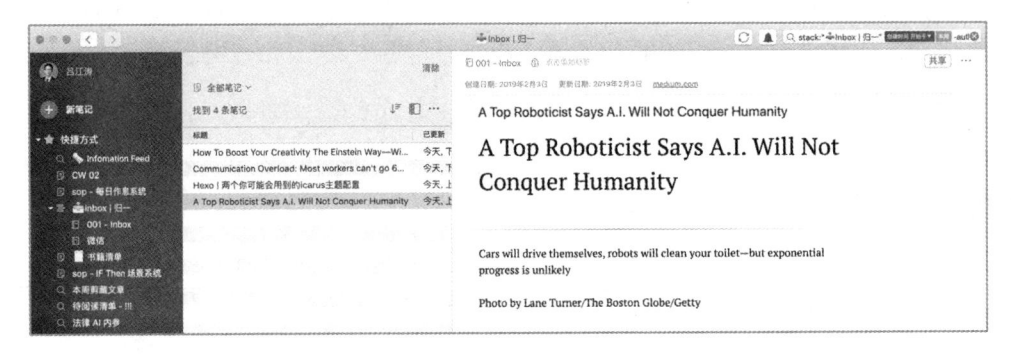

图 2-25

这样，每次打开以后将只会出现用户从周日到周六剪藏的文章，从而降低启动成本。

确保深度阅读时间

事实上，即便我们确定好了机制，时间肯定还是不够用。面对有限的时间资源，是优先筛选不同的信息源，还是深度阅读已经剪藏到笔记系统中的优质内容呢？

关于这个问题，不同的人有不同的信息获取偏好，进而可能会有不同的选择。我经过实践，比较推荐的方式是先深度阅读已经剪藏的内容，然后进行信息源的快速浏览。

不过，需要注意的是：有时候一篇长文可能包含上万字，如果逐字读完可能会导致用户好几天都没有机会去浏览最新的资讯。所以，我推荐采用更精细化的时间控制。比如，将处理整个线上内容的时间限定在 1 小时内，先用 15 分钟深度阅读已经剪藏的文章，再用剩余的时间分别浏览不同平台中的内容。如果永远都是潦草地筛选信息，将很难进行更有深度的思考和洞察。

在周末预留集中处理时间

在周末，时间相对宽松，安排一个固定处理时间，坐在家或家附近的咖啡馆中，花几个小时浏览本周精挑细选但尚未阅读的文章，从而让周末更加充实、有趣。

这里重点介绍一下 Gmail。Gmail 能自动对内容进行分流，提前把一些资讯类内容归档到不同标签里，这样，用户就可以在每天固定的时间处理邮件，或者在周末集中处理不同标签中的内容，真正贯彻 GTD 的理念，合理安排每日阅读和每周阅读的内容，通过分开将时间更有效地使用。

新的一周，从"清空收件箱"开始

不管本周还有几篇文章没看，新的一周开始后，我们应该让剪藏收件箱恢复到初始状态。

如果各位读者使用 Gmail，可以提前将一些邮箱处理流程自动化，确保收件箱能按需要清空，如图 2-26 所示。

图 2-26

如果各位读者使用 DEVONthink 或印象笔记，并提前设置了本周剪藏文章的智能筛选机制，那么，周一时筛选项（Smart Groups）下的内容会被自动清空。如果你没有进行类似的设置，可以建立一个笔记本（命名为"暂存

Inbox"），先将收件箱中的内容全选，然后将选中的内容放到这个笔记本里面，如图 2-27 所示。

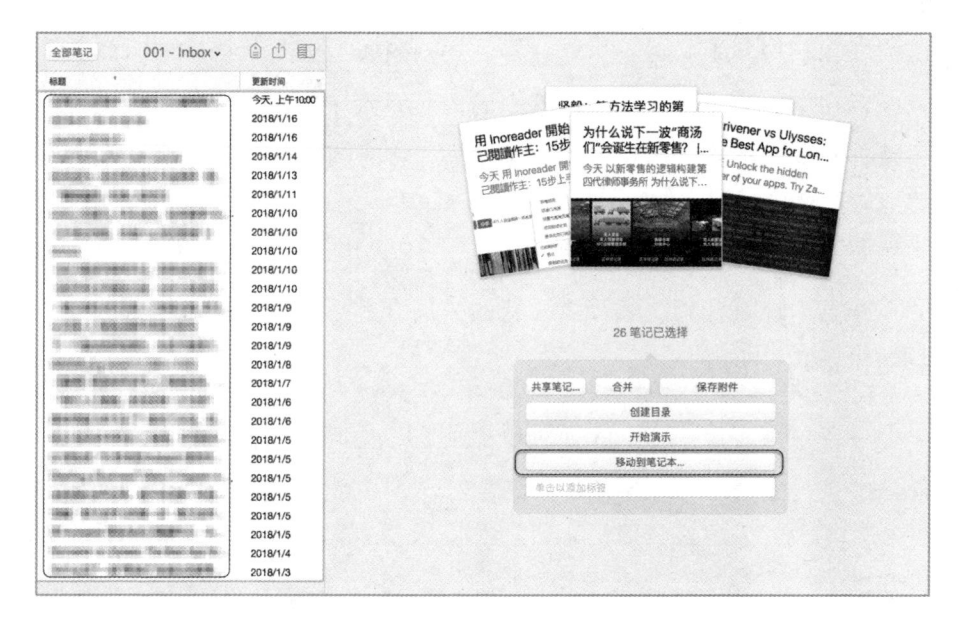

图 2-27

不管收件箱里有几篇文章，统统归档，以便在周一开始新一轮的信息处理流程。至于那些上周没来得及看的内容，就由它"随风消逝"吧。

小结

仅 2017 年，国内新出版图书的数量就超过了 20 万本，但你并不会因为没有读完这些书而感到压力，因为你知道自己肯定读不完这些书。很多人的心态是：去年读了 30 本书，今年努力争取读了 5 本；去年不慎读了几本"烂书"，今年选书的时候需要谨慎些。

其实，对于线上文章不应该也是如此吗？我们之所以感到信息过载，主要是因为被信息源"牵着走"，出现了"错失恐惧症"（Fear of Missing Out，简称 FOMO），因为很多线上的内容在想尽一切办法吸引你注意，试图占据你更多的时间。

其实，我们没有处理某些信息并不意味着永远失去了它们。它们既然已经被纳入到了我们的个人信息数据库中，就具备被检索到的可能性。在未来的日子里，当我们需要完成某一项工作、开启一场系统性的阅读或搜索某个关键词时，那些还没有被认真阅读的文章就会被重新"唤醒"，带来最意想不到的惊喜。

所以，"真正有价值的信息可能会迟到，但永远不会缺席"，我们应该放下对"读完"的执念，用新的观念和方法拥抱这个快速迭代的数字时代。

希望这一节能帮助你重新拿回主动权，保证信息处理系统的正常运转，因为正常运转比多读几篇文章重要得多。

第 3 章 内化信息

3.1 分类、编码信息

你好，我是 Louiscard，这是你打造信息管理系统的第 10 天，今天我来跟你聊聊信息的分类和编码。

当收集的信息越来越多，分类信息的难度也会越来越大。很多朋友被分类问题困扰，有的在短短几年内，分类体系一变再变；有的干脆放弃分类，让信息体系逐渐滑向混沌状态。

与此同时，也有很多新手陷入另一个误区：**为了整理而整理**，整理信息花费的时间比真正使用信息的时间还长，得不偿失。

那么，到底应该如何分类和整理信息呢？图 3-1 是我整理的信息分类体系，各位读者可以参考。接下来我们详细介绍分类、整理信息的原则和方法。

```
Louiscard 的笔记分类示意图

▼ 001 - 📥 Inbox | 归一   2个笔记本
   📓 001 - Inbox   134
   📓 微信   222                                                    2月9日

▼ 100 - 📚 Learn & Ability | 学习 & 能力   9个笔记本
   📓 100 - Theory of Mind | 心智思维   119                          2月8日
   📓 101 - Workflow | 工作系统   50                                下午12:12
   📓 102 - Learn to learn | 学习方法   95                          上午11:51
   📓 103 - KM | 知识管理   213                                     2月9日
   📓 104 - Time Management | 时间管理   213                        2月9日
   📓 105 - Mnemonic | 记忆方法   8                                 2月6日
   📓 106 - The art of speaking | 演讲谈判   58                     2月6日
   📓 107 - Self Examination | 总结复盘   5                         1月29日
   📓 108 - Worldly Wisdom | 人情世故   31                          2月6日

▼ 110 - Reading | 阅读相关   5个笔记本
   📓 111 - Reading Methodology | 如何读书   10                    2018/11/11
   📓 112 - Book Reading | 读书清单   2                            2018/11/18
   📓 113 - Book Notes | 读书摘要   62
```

图 3-1

需要说明的是，接下来的内容会用多个不同领域的方法、理念，详细介绍我总结的科学、耐用的分类框架及其背后的原理，让你知其然更知其所以然。这也是高效信息管理术所倡导的"跨学科知识积累"的一次勇敢尝试。

收件箱——巧用 GTD 工具

第 2 章介绍 GTD 的时候提到过"**收件箱**（**Inbox**）"，除了任务管理工具和电子邮箱，越来越多的应用也引入了收件箱的理念，比如团队协作套件飞书、写作工具 Ulysses、文件管理工具 DEVONthink、图片管理工具 Eagle 等，如图 3-2 所示。收件箱已经逐渐成为信息管理工具的标配功能了。

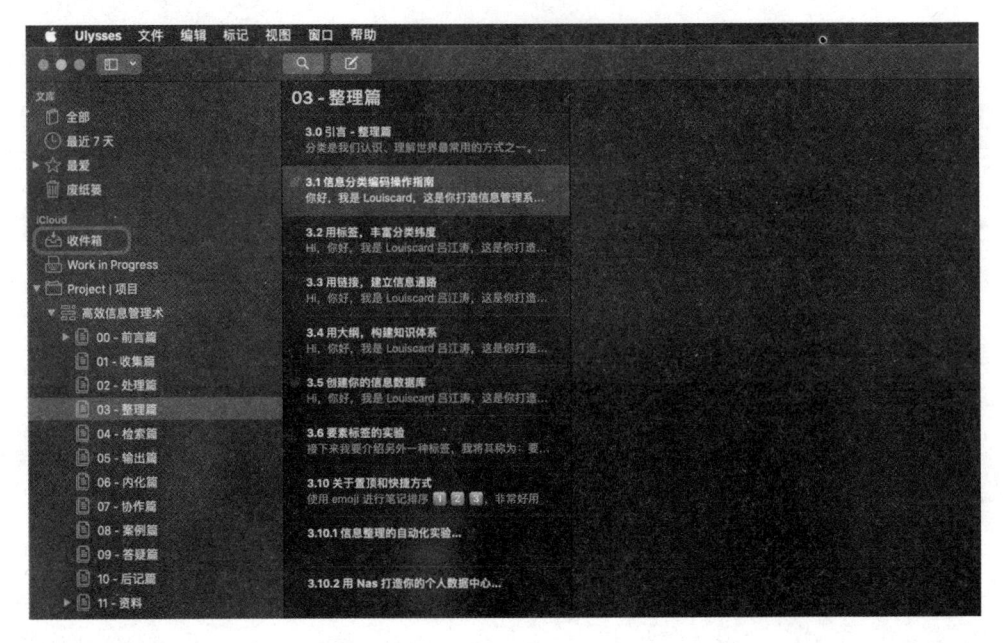

图 3-2

除了笔记工具中的收件箱，我们也可以在计算机本地选择一个位置作为收件箱，以放置待处理的文档、图片、视频等资料，桌面或下载文件夹都是不错的选择。

归档——活用项目管理工具

如果说收件箱是分类、整理信息的开始，那么归档就是分类、整理信息的终点。

除了存放剪藏的文章，我们也可以将信息管理工具（特别是印象笔记、Notion、OneNote 这样的笔记工具）用于策划婚礼、组织旅行、准备考试、筹备生日聚会等。我在工作中有很多大小不同的任务，因此，我在项目结束之后经常把这些具有项目属性的文件夹、文档或笔记的状态及时调整为"已完

结"并归档，以有效增加信息的秩序感

归档的方法非常简单，就是对笔记或笔记本进行重命名，即在名称前面添加"Archive - 归档时间"表示该内容已经处于归档状态。如针对原先名称是"公司年报分析"的项目，在工作被完成之后将其名称修改为"Archive - 20171225 - 公司年报分析"，然后将其移动到归档资料库中，如图3-3所示。

```
Archive - 20150105 - 创新型大学课题项目  30
Archive - 20150910 - 常总法律服务项目    8
Archive - 20160302 - 公司年报分析        9
Archive - 20160723 - 龙龟咨询项目        48
Archive - 20161020 - 机场医院项目        38
Archive - 零碎归档                       14
```

图 3-3

需要注意的是，大部分保存在对应主题的笔记本中的知识类内容或参考资料并不需要被归档。如介绍深度学习发展历史的文章，如果不发生特殊情况，基本上永远不会过时，自然也不需要被归档。

其他——借助法律法规中的分类方法

我大学时学习的是法律相关的专业，和民法、刑法、诉讼法打了好几年的交道，受到了所学学科的影响，养成了喜欢对内容进行严格分类的习惯。

法律领域有个永恒的难题：**立法无法提前穷尽真实世界的所有法律问题**。同时，法律必须保持稳定，不能随意修改。因此，法律必然存在相对的滞后性。为了解决这个问题，法律法规通常都会设置"兜底条款"，简单来说就是：除了以上情况，其他情况都按照本条规定处理。比如，《刑法》第一百九十一条对洗钱罪的构成条件的描述包括"以其他方法掩饰、隐瞒犯罪的违法所得及其收益的性质和来源的"。

在我们的信息分类中,"其他"也能起到类似的作用,这个设置能大大缓解分类的压力,使人们在遇到不知道该放到哪个类别的内容时,可以将其直接扔到"其他"选项中。但是,请谨慎使用这个选项,别让"其他"这个类别瓦解了你的核心分类体系。

分类——参考管理咨询领域的经验

我在工作中认识了不少咨询行业的朋友,从他们身上学到了不少好方法,比如"MECE 原则"。这个概念的英文全称是 Mutually Exclusive, Collectively Exhaustive,即"相互独立、完全穷尽",最早是由麦肯锡的第一位女咨询顾问巴巴拉·明托(Barbara Minto)在《金字塔原理》一书中提出的。

这个原则并不复杂,但要真正做到这一点也并非易事,特别是在日常的信息管理上,因为缺乏顶层设计导致分类体系被推倒、重来的例子比比皆是。只有在进行顶层设计的时候就建立"合并同类项"的意识,有意识地将同类内容合并到同一个主题下才能有效避免这种情况的发生。

我目前使用的分类体系中的一级分类是:学习、工作、生活、兴趣、Wiki。在确定了第一个层级之后,我使用思维导图、大纲对这些分类进行了初步分解,形成类似下面的框架。

- 学习
    - 阅读
    - 写作
    - 英语
- 工作
    - 项目:返校福利
    - 项目:国际化(On Boarding)

- 生活
  - 健康
  - 家庭
  - 孤独的美食家
- 兴趣
  - 电影
  - 音乐
  - 摄影
  - 视频剪辑
  - 设计
- 知识库
  - 哲学
  - 心理学
  - 科学技术
  - 人工智能
  - 社会学

这个分类结构基本上能覆盖我遇到的绝大部分的信息类别，建立以后只需要再根据自己的实际情况灵活调整即可。这里要特别注意相同级别的分类的一致性，如与"阅读"同级别的分类应该是"写作"，而不是"写作素材库"。

编码体系——来自图书馆的工具

说到分类和编码，不得不提"Library Classification"，即"图书馆分类法"。相关研究者不仅把分类这件事情研究得非常透彻，还演化出了不同的派系，如图 3-4 所示。

在这些方法中，主流的方式是利用数字和字母的自然顺序及包含关系进行编码，感兴趣的朋友可以查阅相关文件进行进一步了解，选择自己喜欢的方案。

```
纯数字码分类法 [编辑]
• 杜威十进制图书分类法
• 通用十进制图书分类法
• 中国图书分类法
• 赖永祥中文图书分类法 2007年已改名为《中文图书分类法》（2007年版）
• 何日章中国图书十进分类法
• 日本十进分类法
• 中国科学院图书馆图书分类法

英数字码分类法 [编辑]
• 美国国会图书馆图书分类法
• 中国图书馆图书分类法 1999年第四版已改名为《中国图书馆分类法》
• 冒号图书分类法
• 布立斯图书分类法

相关条目 [编辑]
• 维基百科分类方式
```

图 3-4

我个人比较推荐使用数字进行分类的方式。图 3-4 中的通用十进制图书分类法、杜威十进制图书分类法、何日章中国图书十进分类法、日本十进分类法等都属于这个流派，主要形式如图 3-5 所示。

```
500 – 科学 [编辑]
• 500 自然科学与数学（总论）
  • 501 哲学及理论
  • 502 文集
  • 503 字典及百科全书
  • 504 未使用或已失效
  • 505 连续性出版品
  • 506 组织及管理
  • 507 教育、研究、相关议题
  • 508 自然史
  • 509 科学史、各国科学、科学家
• 510 数学
  • 511 普通原理
  • 512 代数 & 数论
  • 513 算术
  • 514 拓扑学
  • 515 分析
  • 516 几何
  • 517 未使用或已失效
  • 518 数值分析
  • 519 概率及应用数学
```

图 3-5

结合上面提到的主题分类，编码体系可以设置成如下形式。

001 - 收件箱

100 - 学习

  100 - 阅读

  110 - 写作

200 - 工作

  200 - 项目：返校福利

  210 - 项目：国际化（On Boarding）

300 - 生活

  300 - 健康

  310 - 旅行

  320 - 孤独的美食家

400 - 兴趣

  400 - 茶&咖啡

  410 - 音乐

  420 - 摄影

  430 - 视频剪辑

  440 - 观影

500 - 知识库

  510 - 哲学

  520 - 心理学

  530 - 科学技术

  540 - 经济学

600 - 其他

700 - 归档

如果你不想使用上面这套方案，也可以寻找自己更喜欢的方式。

比如，采用"字母 + 数字"的方式，具体如下。

A

- A01

- A02

B

- B01

- B02

C

- C01

- C02

……

Hum 在 Pocket 里采用了一种类似于软件版本号的标签编码方法，也非常有借鉴意义，具体如下。

1 知识

1-1 数学

1-2 物理学

1-2-1 量子力学

1-2-2 引力波

……

图 3-6 展示的印象笔记中的格式也非常值得借鉴，特别适用于给项目文件命名。

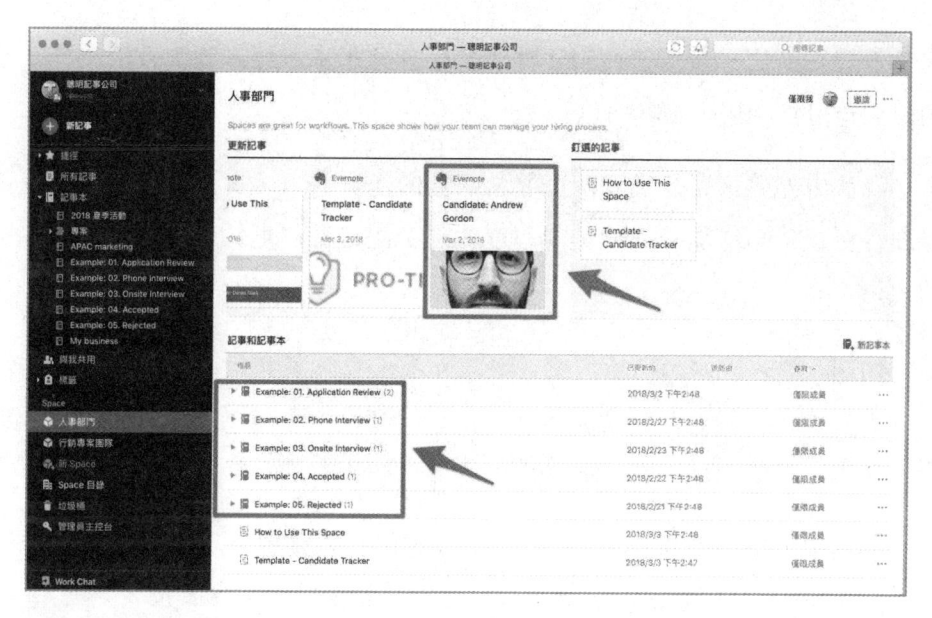

图 3-6

使用英语编码——来自摄影师的窍门

迈克尔·格雷科（Michael Greco）在 How To Archive 频道发布过一个视频，名字是 The World 's Best File Naming System，介绍作为摄影师的他如何管理摄影素材。你如果是个摄影爱好者或需要管理大量图像资料，不妨学习一下这种专业的分类方案，具体如下。

20140502_亚马逊森林_MGP_0678.dng

- 1st：时间（Date）20140502
- 2nd：主题（Subject Name）亚马逊森林
- 3rd：作者（Creator's Initials）Michael Greco Photography，缩写 MGP
- 4th：序列号（Camera's Unique Digits）0678

……

迈克尔·格雷科在为素材命名的时候，会尽可能使用缩写，这样不仅使名称看起来简洁，在后期检索文件的时候也会非常方便。我们在给文件命名的时候也可以使用类似的方法。

我认为上面这种分类有两个非常明显的优势：（1）英语对于我们来说符号属性更强，会增加分类的美观程度；（2）能帮我们更加快速、准确地定位信息。

比如，当我们读完一篇文章，想要将其移动到"知识管理"笔记本中时，如果没有英文缩写，我就需要录入"知识管理"四个汉字，或者至少需要录入"知识"这两个汉字，然后再进行选择，这在无意间就浪费了很多时间。

如果把笔记本的名称设定为"155 - KM | 知识管理"，那么，查找时只需要输入"KM"可以直接定位到这个笔记本，整个操作只需要按3个键（K、M、Enter），非常高效。

大部分主题都可以用简洁的英文缩写去标注，一次设计，终身受益，性价比颇高。不过，也不必一次把所有分类的缩写全部想好，对于半年都没有输入信息的笔记本，这么做得不偿失，建议在使用的过程中仅针对高频使用的主题逐步优化。

小结

近些年，使用笔记的用户开始推崇"**轻分类、重搜索**"的理念，我也越来越意识到：在真实的场景下，更多的时候还是依赖搜索调取信息，单纯对信息进行分类的价值有限。我也在尝试放弃复杂的分类体系，将信息只分成两个大类（收件箱和资料库），然后用标签补充分类信息，体验也还不错。

不管是使用文件夹还是使用标签，比较克制的分类形式依然是当下最稳妥的信息组织方式，而且成本不高，照着本书介绍的方法，花一小时搭建好以后，基本就能一劳永逸了。这几年大家越来越重视对物品进行整理、收纳，其实，信息和物品一样，同样需要收纳。通过对信息进行分类、整理，我们可以更方便地找到需要的信息，增强掌控感。

3.2　用标签丰富分类的维度

你好，我是 Louiscard，这是你打造信息管理系统的第 11 天，今天我来跟你聊聊标签。

使用标签是数字化时代分类信息的重要方法，特别是随着知识量级的持续提升，标签的价值将被更广泛地认识和应用，正如凯文·凯利（Kevin Kelly）在《必然》一书中指出的：标签是数字社会第三个阶段的基本单位。

如果说掌握分类技巧是信息管理的入门阶段，那么，用好标签基本上就算是信息管理的进阶阶段了。

有一些朋友始终没搞清楚标签和文件夹、关键词究竟有什么区别；还有不少用户（其中不乏资深用户）在使用标签时采用极端做法：有的只用两三个标签或干脆不用；有的则是无拘无束，想到什么标签就用什么标签，甚至给一个笔记贴十几个标签，这些都是不正确的。

标签究竟是什么，它的核心价值在哪里呢？

标签的独特价值

首先，给笔记贴一个标签和把它移动到一个文件夹没有本质的区别，也就是说，标签实际上属于分类的一种形式，像 Bear 这款笔记工具只提供按标签分类的功能，完全放弃了传统的按文件夹分类的方式（如图 3-7 所示），也被很多用户接受并喜爱。

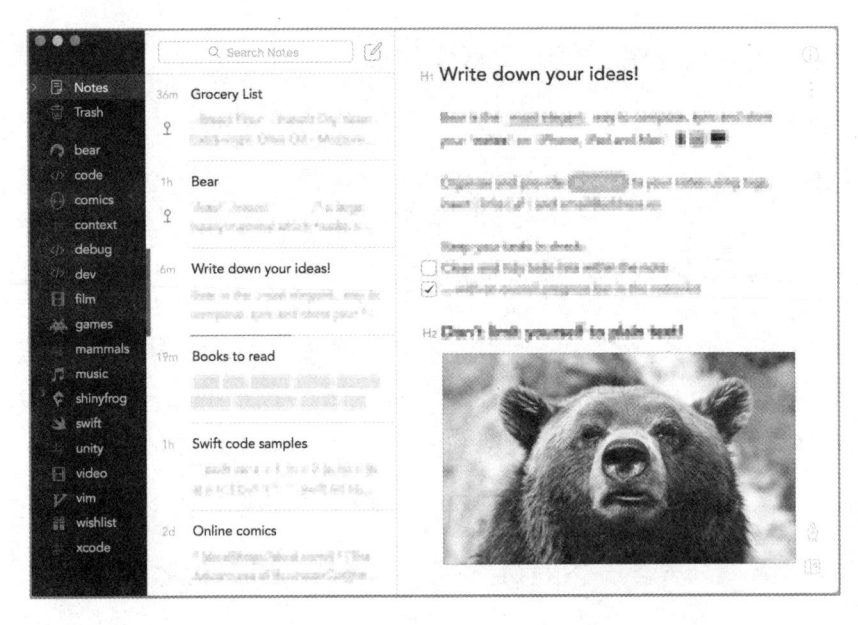

图 3-7

其次，标签相比传统的文件夹分类有着明显、巨大的优势。在实体世界中，类别往往存在唯一性，某本书被分到了历史类别，就不能同时再被分到金融类别。在信息化尚未普及的年代，分类很重要的价值就在于精准索引，如果一个东西既属于这个类别，又属于那个类别，将会给编码、计数带来极大的干扰，不利于物品的正常管理。但是当绝大多数的资料转变为数字内容之后，这个问题就不存在了，同样的信息可以被贴上多个标签，可以被同时装进多个"篮子"。

最后，相比于"正文关键词"，标签也有其不可代替的功能——实现更精准、更复杂的信息聚合。比如，通过搜索全文的方式可以找到所有正文中包含 GTD 的文章，不过里面会有很多不相关的内容，要想找到阅读过、质量很高、深度讨论 GTD、尚未整理到大纲的内容，就必然需要借助标签了。

设置标签

标签很厉害，但是标签到底如何设置才能发挥作用又不额外增加负担呢？我在这里介绍几个最常用的标签类型。

扩展分类

很多笔记工具对层级有限制，不鼓励通过传统分类的方式无限进行层级分解。此时，如果希望有更详细的分类，就可以借助标签来完成。比如，针对"时间管理"这个主题可以只创建了一个笔记本，再设置了如下标签体系。

- 时间管理
- 自我量化
- GTD
- 任务管理
- 番茄工作法
- 专注力
- 计划制定
- 复盘

……

添加标签实质上就是在对某个笔记本进行更加精细化的分类，如果你觉得一个层级不够用，还能继续向下分解。Bear、印象笔记、DEVONthink 等工具都支持无限层级的标签，操作时通过拖动即可实现标签的归纳、分组，非常方便。

补充分类可以降低精准分类信息的成本。面对具有多重属性的信息，不知道如何分类时，不用过多犹豫，从收件箱提取出信息，随便放到一个笔记本中，然后贴上另一个标签即可。

在我使用的 DEVONthink 体系中，已经不再区分文件夹和标签了，DEVONthink 本身也支持这两者的自由转换。在我看来，**标签就是高级的文件夹，既能发挥文件夹的作用，也突破了使用文件夹存在的限制**。

此外，其实很多工具的"文件夹"也越来越像标签。比如，在飞书文档中可以把一个文件同时放到多个文件夹中，以文件"分身"的方式实现和贴上多个标签类似的效果，如图 3-8 为飞书的文件"分身"。

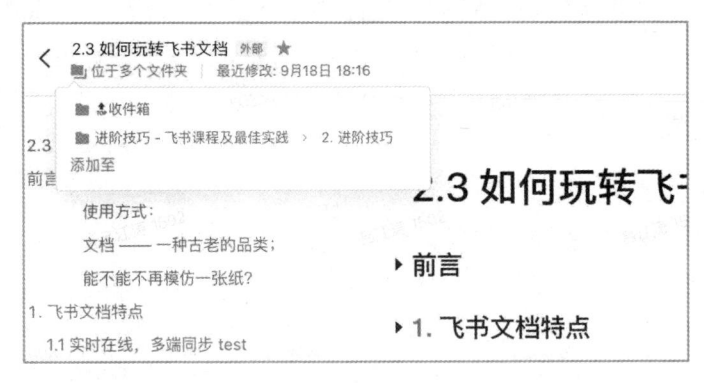

图 3-8

价值判断

随着人工智能的发展，给信息进行分类这件事的价值会越来越小，因为在判断信息类别这件事上，人工智能显然比人类更擅长。但机器在短期内很难取代人类对内容价值的评判，因为这是一件非常个性化的事情。一个人可能会觉得某篇文章对自己非常有价值，其他人可能会觉得同样的文章对他没有任何价值。

内容本身的价值也是非常重要的评判维度。就像在豆瓣、猫眼、网易云音乐、大众点评中给书籍、电影、音乐、饭馆评分一样，我们的评分能够给自己和其他人在未来搜索、筛选的时候提供重要的参考依据。

我目前评判笔记价值是按照标星的方式进行的，标 1 颗星的内容价值最低，标 5 颗星的内容价值最高，读完文章之后，立即打分。真正能被我标 5 颗星的内容非常少，这类内容通常是我认为可以带来巨大影响，后续需要反复阅读的内容。

这些优秀的五星级的内容逐渐改变了我的思维，提升了我的品味。如果在将来需要搜索、阅读某个主题的笔记时，我会通过标签筛选出这些五星级的内容，并重点阅读。那些四星级、三星级的内容会被设置为较低的阅读优先级，如果没有充裕的时间，可能就直接被跳过了。

在实际操作中，我采用*1、*2、*3 这样的标记方式。当需要打分的时候，只需要输入星号，系统会自动弹出 5 个标签供我选择。DEVONthink、Eagle、Apple Muisic 等工具都自带了评分功能，用起来很方便，如图 3-9 所示。

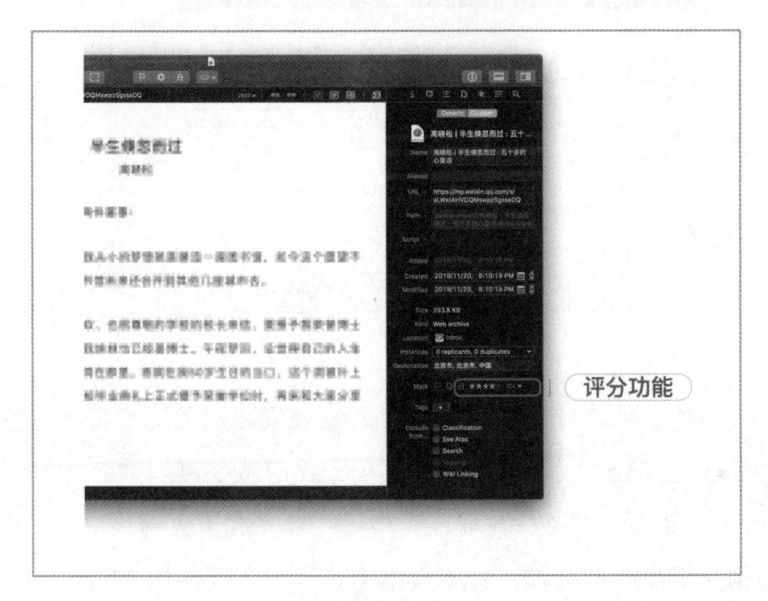

图 3-9

处理标签

在笔记工具中读完，贴上标签，并转移到相关的笔记本以后，是否就走完了整个流程呢？对于大部分笔记，答案是肯定的。但是，对于部分笔记，完成这些步骤还远远不够。

拿我来说，因为关注 SaaS、协作套件、生产力工具等话题的相关内容，因此，我对这类内容会补充下一步的处理动作。比如，整理对应的笔记内容到大纲中，将笔记中零碎的信息整理到自己结构化的知识体系中。我习惯使用"OmniOutliner_raw"标签来表示"这篇笔记很重要，但还没有整理到大纲中"，"raw"代表尚未处理，如图 3-10 所示。

图 3-10

这样，在周末或零碎时间段，可以通过搜索相应的标签打开这些笔记，然后完成从笔记到大纲的信息转化。完成之后可以给笔记贴上"OmniOutliner_done"标签，表示这篇笔记已经完成了大纲化（将零碎信息转变成了结构化信息）的处理。关于大纲工具，我主要使用 OmniOutliner，各位读者也可以选择使用 WorkFlowy 或者幕布等优秀的大纲工具。

针对需要记忆的笔记内容，我会将高亮笔记做成记忆卡保存到 Anki 中，在零碎时间进行记忆、内化。可以通过给相关的笔记添加"anki_raw"和"anki_done"等标签进行标记。

有了这样的标签系统，我们对笔记所处的阶段、下一步应该进行的操作就会建立起一个相对明确的了解，不是所有的内容都需要、都能够立即处理的，这类内容如果不值得放到任务管理工具，添加标签可以说是最便捷的方式。

划分优先级

提到标签,就不得不提"优先级"。

时间永远不够,资源永远紧张,但只要优先级明确,我们下一步的行动就会一直清晰。我习惯使用 P0、P1、P2 来表示不同的优先级,如图 3-11 所示。这样,当有时间把一些笔记中的信息整理到大纲的时候,就可以轻松地筛选出最高优先级(P0 级)的内容。

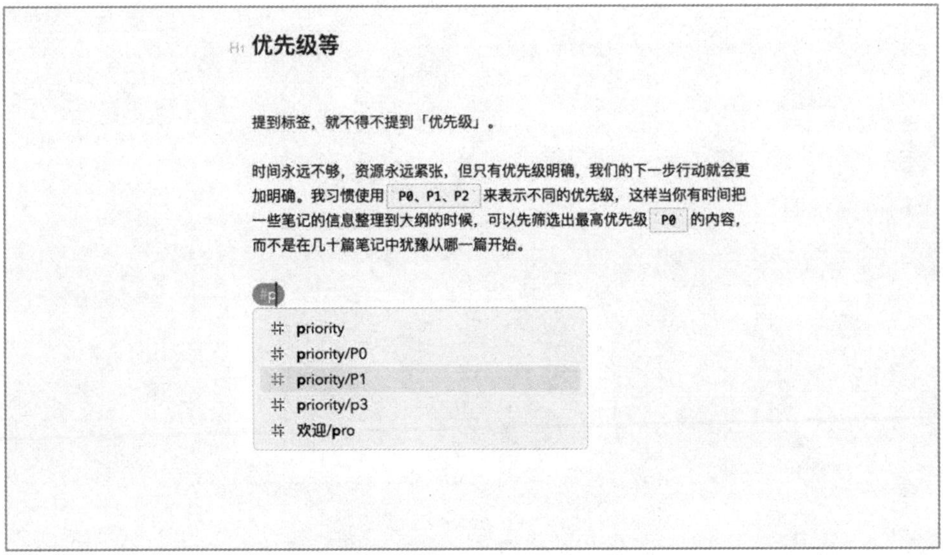

图 3-11

使用标签的注意事项

前面介绍了标签的基本用法,各位读者可以结合自己的信息处理流程,设计自己的标签体系,接下来介绍几个使用标签的注意事项。

定期整理

相对于"天马行空"的标签流,我倾向于保持标签的基本秩序。其一、二级分类可以参考 3.1 节介绍的分类方案,更新分类的方法也非常简单,定期把新创建的标签进行分类即可，如图3-12所示。

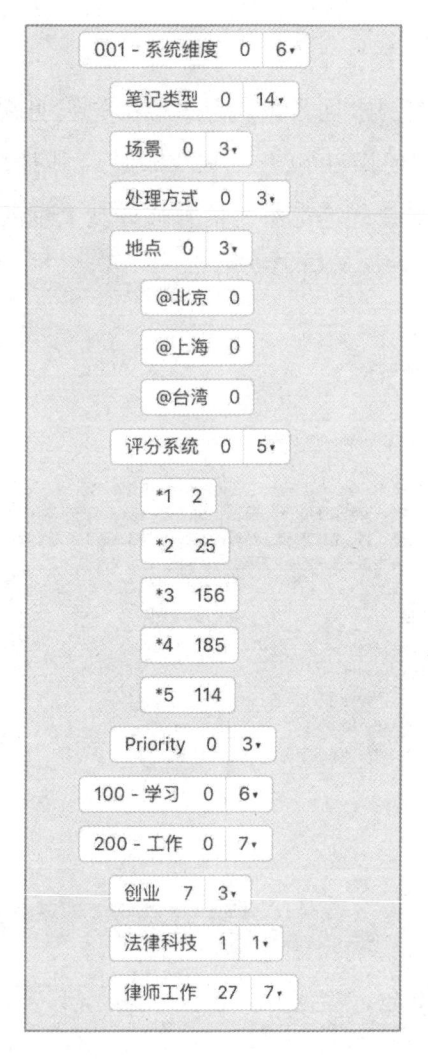

```
001 - 系统维度   0   6
    笔记类型   0   14
       场景   0   3
     处理方式   0   3
       地点   0   3
       @北京   0
       @上海   0
       @台湾   0
     评分系统   0   5
       *1   2
       *2   25
       *3   156
       *4   185
       *5   114
     Priority   0   3
100 - 学习   0   6
200 - 工作   0   7
       创业   7   3
     法律科技   1   1
     律师工作   27   7
```

图 3-12

除了分组，还要及时删减一些重复标签。比如，之前设置了"template"标签，后来又新建了"模板"标签，两者意思相同，只是表述不同，这时，应该留下一个标签，并在以后统一使用这个标签，以避免标签体系的冗余，如图3-13为删除多余标签后的效果。

笔记类型 0 8▼
模板 0
听课笔记 4
卡片 55
块 31
日报 10
模型 5
样式 14
更新 1

图 3-13

删除标签的过程不会占用太多时间，却可以让标签体系保持相对良好的秩序，如果担心会忘记整理标签，也可以在任务管理工具中设置提醒，在每个月的固定时间提醒自己整理标签，如图 3-14 所示。

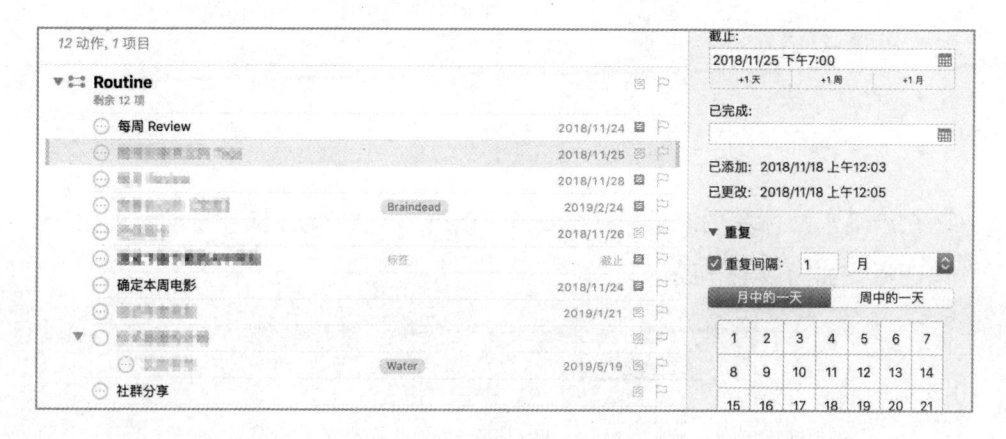

图 3-14

保持克制

我在知乎上看到有人说：不需要控制标签的数量，每条信息的标签应尽可能多，杂乱的问题不需考虑，标签是用来检索而不是用来看的。

这的确减少了整理标签的成本，不过，根据我的经验：一旦放纵自己随心所欲地添加标签，标签的实用价值将会大打折扣。

如果随意贴标签，标签体系会迅速崩溃。如果只是希望标签被搜索到，完全可以将这些标签添加到正文中，而不必作为单独的标签。**标签之所以重要，是因为它能够让相关笔记形成筛选条件，并对同主题的笔记进行有效的聚合、展示**。高级搜索语法和保存搜索等功能大部分是基于标签实现的，这就要求我们对使用标签保持克制，做到整体可控。

谨慎添加前缀

除了前面介绍的几种方法，还可以给标签添加前缀或采用组合标签的形式。

给标签添加前缀可以使标签获得唯一性，效果像下面这样。

- 英语-听写
- 英语-口语
- 英语-方法
- 英语-单词

在给笔记贴标签的时候，只要输入"英语"，这些标签就会自动罗列出来，供你选择，如图 3-15 所示。

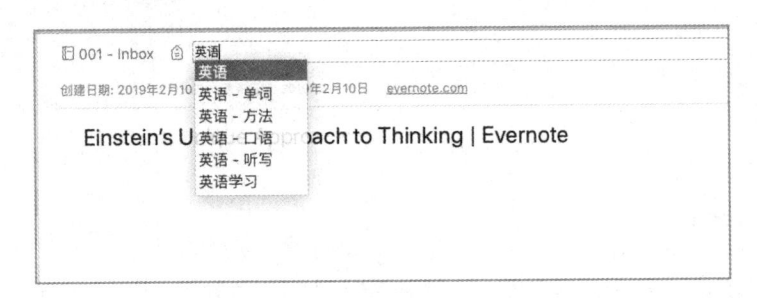

图 3-15

"标签组合"是将两个单独的标签组合在一起，比如将"信息管理"和"工具"标签组合在一起。这和创建一个新的标签"信息管理_工具"相比有什么区别呢？什么时候用两个标签确定一篇笔记？什么时候可以用"xx_xx"的形式？

答案是要看标签的使用范围。比如，英语这个领域可以细分为口语、单词、词源等子类，几个子类基本可以穷尽相应的领域，且这些子类不太容易与其他分类重叠，此时，可以选择使用"xx_xx"的形式。

如果是"信息管理_工具"这个分类，我个人更建议将其分成两个单独的标签，虽然使用带有后缀的便签似乎更符合我们的直观感受，但是这样会给今后的分类增加成本，也会越来越不符合 MECE 原则，因为各个分类很难相互独立，完全穷尽。

使用单独的标签虽然在开始的时候给人的体验不佳，但是随着后期系统中信息之间的耦合性越来越高，这种方案的优势越能体现出来。标签的颗粒度越小，分类的精准度越高。

在确定了这种思路之后，我经常将类似"写作模板"这样的复合标签拆分成"写作""模板"，如图 3-16 所示，这也是对信息管理有更深刻认识之后"填"之前踩过的"坑"。

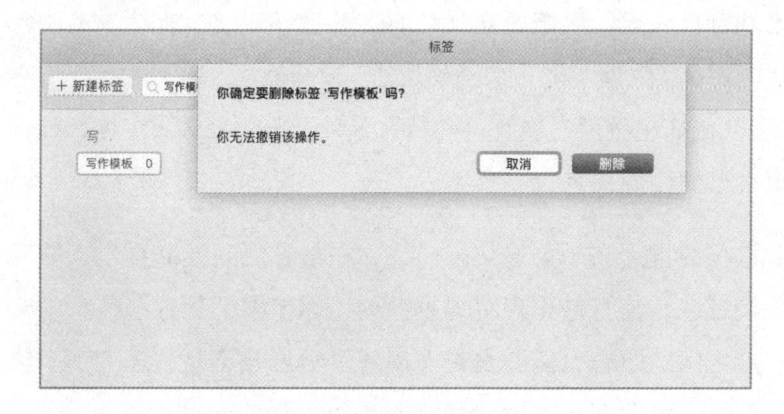

图 3-16

需要注意的是，对于一些功能性的标签可以通过添加前缀予以区分，比如，可以将"模板"进一步优化为"tagtype_模板"标签，从而避免出现混淆。

小结

这一节的知识点比较密集。使用标签虽然不像 3.1 节介绍的内容那么重要，但是它绝对是信息管理中重要的进阶部分。想明白这部分以后，无论是管理人脉、任务，还是管理信息、个人数据库，都会得心应手。

3.3 用链接建立信息通路

你好，我是 Louiscard，这是你打造信息管理系统的第 12 天，今天我来跟你聊聊"链接"这件事。

在互联网时代，我们对链接都非常熟悉，在页面单击链接就会跳转到另一个页面、弹出一个视频、打开一个程序。

大名鼎鼎的维基百科不仅持续补充各种知识，还在信息之间建立愈发智能且密集的链接，构建起一张相互关联的知识地图，让我们得以在不同页面间灵活跳转。

和维基百科一样，要想建立自己的信息管理系统，当然也不能忽略强大的链接功能。一旦掌握了链接的正确用法，瞬间就能变成可以驾驭信息的"魔术师"，可以在笔记页面、网页、文档、各种 App 中来回穿梭、跳转，伸手就能获得自己需要的信息。

这个过程的重点在于创造信息网络，在信息之间建立更丰富的链接，你创造的链接越多，信息被你理解得越深刻，你能索引到这些信息的路径就越丰富，信息之间的组合也能激发更多创新。学习并不是整理一个个独立的盒子，而像编织一张大网，链接是打破"黑盒"最好的方式之一。

下面我们就以印象笔记等工具为例,介绍链接的使用场景及操作方法。

给笔记添加链接

笔记链接是使用最多的一种链接。印象笔记的每一篇笔记都有一个固定的链接地址,类似网页的网址,我们将其复制、粘贴到其他笔记里,就能通过单击链接跳转回这篇笔记的页面。

图 3-17 是一张活动排期表,表格左侧是活动时间,右侧是具体任务,笔记在团队内部共享,方便大家了解每天的安排。

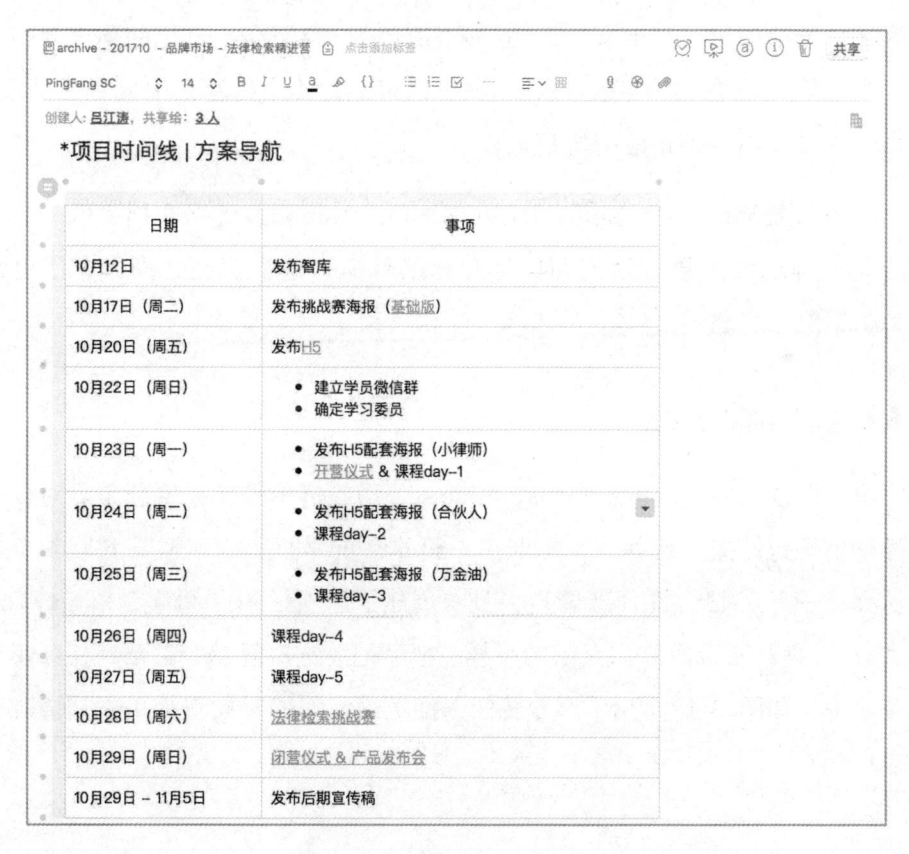

图 3-17

你可能注意到有些内容是灰色的。这是因为在印象笔记里面，默认带有链接的文字会显示成特殊颜色。添加链接之后，单击链接对应的文字就会直接跳转到相应的笔记页面，文字起到了导航的作用。

在印象笔记中添加链接的操作步骤如下。

第一步：在笔记上用右键单击。

第二步：复制笔记的链接。

第三步：新建或打开另外一条笔记，粘贴链接到正文中。

印象笔记的目录功能实质上也是利用链接。我们在"笔记的列表视图"选中多条笔记后单击"创建目录"，就可以将笔记本中的笔记生成一个目录，单击目录可以跳转到相应的笔记页面。

除了印象笔记，OneNote、DEVONthink、Notion、飞书文档、Quip、有道云笔记等绝大多数云笔记和信息管理工具都有这个功能，操作方法也都类似。

在应用内部打开链接

很多朋友会使用 OmniFocus、Todoist、滴答清单等任务管理工具对很多任务贴上笔记链接。比如，你剪藏了一篇非常重要的文章，想要下午 4 点之前认真读一遍。因此，在任务管理工具中创建了一项任务："阅读介绍 Day One 的文章"。我们能否像前文介绍的一样，把笔记的链接复制、粘贴到任务管理的备注中（如图 3-18 所示），方便任务推送给我们的时候直接单击链接跳转到笔记呢？

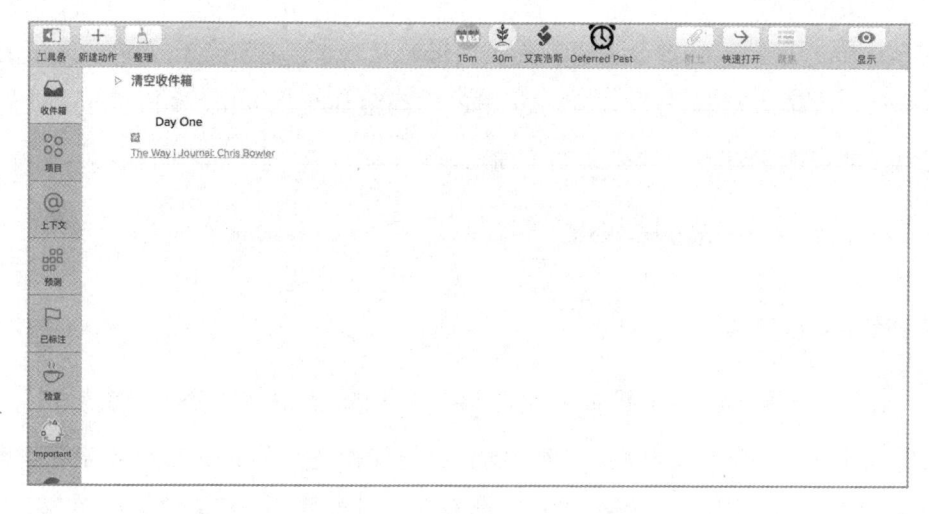

图 3-18

大家可以尝试一下，看看是否可行。

你会发现，单击之后会跳转到笔记的网页版，用户需要额外的登录操作。如何才能实现"在其他软件中单击链接后直接跳转到笔记的客户端并打开笔记"呢？这需要用到"笔记内部链接"功能。

这个提法最早由印象笔记提出，在本质上是"在信息管理工具的本地客户端内打开链接，而不会跳转到浏览器"，以方便使用本地客户端的用户使用。

在本地客户端打开链接的方法非常简单。如果使用的是 macOS 系统，在笔记上用鼠标右键单击之后按住 Option 键，菜单中原来的"复制笔记链接"就变成了"复制笔记内部链接"，然后复制即可。如果使用的是 Windows 系统，在复制的时候同时按住 Ctrl 键即可。

如果想要在其他软件中单击链接也能跳转到印象笔记，别忘了使用神奇的内部链接功能。需要说明的是：并非所有工具都需要使用内部链接，如 DEVONthink 的每一篇笔记或文件都能生产链接，但因为软件本身就没有网页版本，所以不管在什么地方打开这个链接都会默认在 DEVONthink 客户端中打开。

Notion 这款工具本身也没有提供内部链接功能，在其他地方单击笔记的链接都会跳转浏览器，但是，如果把链接前面的前缀从 https 改成 notion 就能实现在客户端中打开的效果，如下面所示。

https://www.notion.so/xxxx　→　notion://www.notion.so/xxxx

添加网页链接

我有一个坚持了很长时间的习惯——记录好吃的饭馆，给每家饭馆评分，然后添加菜系等信息，如图 3-19 所示。当需要招待一些朋友时，只需要打开"孤独的美食家"笔记本，根据朋友的喜好和位置挑选一家实地考察过的饭馆，通常能满足大家的要求。

图 3-19

为了方便使用，我不仅记录饭馆的名字，对一些特别经典的饭馆还会顺手添加大众点评相应页面的链接，这样就可以直接把位置分享给朋友或进一步查看饭馆有哪些招牌菜。

实际上，这和添加笔记链接的方法没有本质的区别，只不过如果直接复制、粘贴链接，链接会是一长串字符，看起来不太美观，如图 3-20 所示。

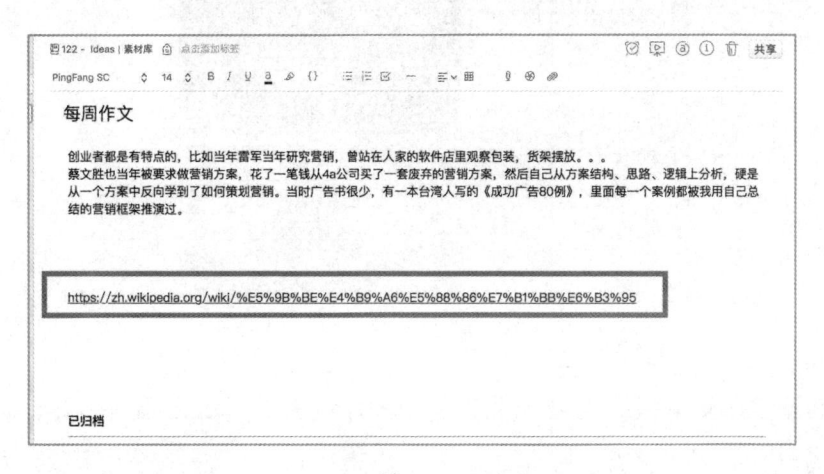

图 3-20

下面介绍添加网页链接的方法。如果想要给笔记中的"便宜坊"添加大众点评的链接，需要以下几个步骤。

第一步：复制网页的地址。

第二步：选中"便宜坊"这几个字，用鼠标右键依次单击"链接→添加……"。

第三步：粘贴链接到文本框，单击"好"按钮。

添加网页链接之后会"解锁"非常多的玩法。链接会让你的笔记内容和互联网中的各种内容建立直接的联系。

比如，我有一个笔记本专门记录感人的视频，如果我在网上看到一些让我涕泗滂沱、失声痛哭的视频，我一般会在擦干眼泪之后记录到这个笔记本里，如图 3-21 所示。

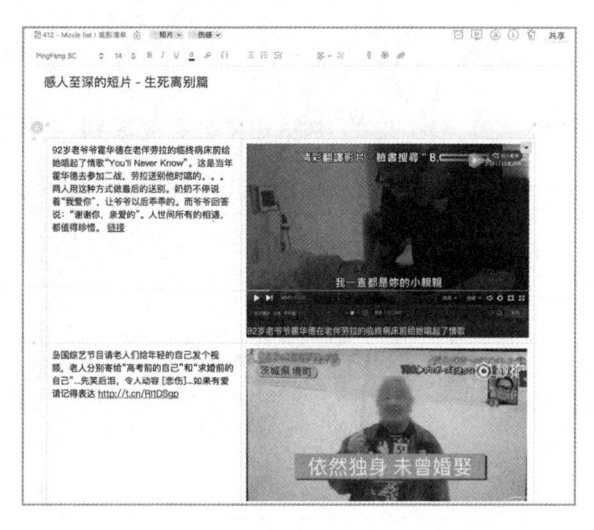

图 3-21

我不仅添加截图，还会把视频链接添加进去，当哪天心情不好，想要大哭一场时，就可以打开这个笔记，依次单击链接，一边看一边让自己大哭一场。

对平时收集的一些优秀的资源，也需要添加相应的链接，以方便用户在单击时跳转，进而获取更多资源，如图 3-22 所示。

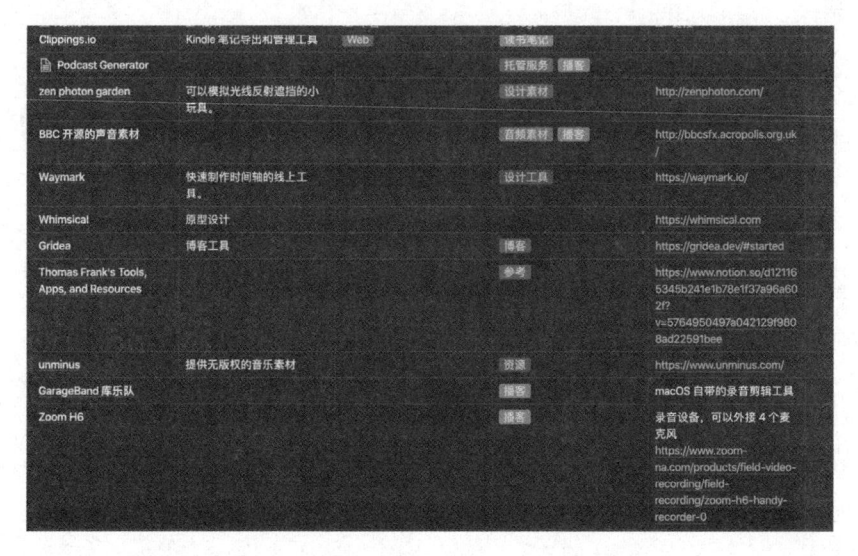

图 3-22

添加本地文件的链接

近年来，笔记工具和在线文档工具的信息承载能力越来越强，用户可以在一篇笔记里存放文字、图片、Word 文档、PPT 等，放置文件的方法非常简单，直接拖动即可，这相当于把文件复制一份并上传、内嵌到笔记中。

有时候，我们并不想复制一份文件或本地的文件特别大、没法存放在笔记中（如一个超过 200M 的视频就没办法存放到印象笔记中，因为每条笔记的最大容量为 200M）。有没有什么办法可以不用将文件上传到笔记，只是添加链接就能够在印象笔记里通过单击链接直接打开本地的各种文件呢？

答案是肯定的，不过稍微有点麻烦，在 macOS 中的实现方法如下。

第一步：选中要添加链接的文字，按 Command+K 组合键。

第二步：将要添加链接的本地文件拖曳到地址文本框中。但这时候用户会发现没有办法单击"好"按钮。

第三步：在地址最前面输入 file://，然后单击"好"按钮。

设置完成后，单击链接就会直接打开文件夹或文件，而这个文件并没有上传到印象笔记中，软件只是通过路径打开了本地文件。也可以将这个地址粘贴到浏览器中，如果是视频、PDF 等格式的文件，还可以直接在浏览器中打开，如图 3-23 所示。

如果使用的是 Windows 版本的印象笔记，可以试试下面这个方法：新建一个文件的快捷方式，将只有 1KB 的快捷方式作为附件放到印象笔记里，单击快捷方式就会打开这个文件，效果也非常好。（如果有更好的方法，欢迎在读者交流群中分享给我。）

图 3-23

DEVONthink 支持以"索引"的方式导入文件或文件夹，而不改变本地文件的存储位置，并且允许用户在工具中搜索、编辑文件，如图 3-24 所示，使用起来非常方便。

图 3-24

段落链接

除了笔记、网页、文件路径等，绝大多数工具都支持添加链接，如 OmniFocus、OmniOutliner、DEVONthink、Trello、Day One 等，通过链接可以打通软件、文件之间的通路。

特别值得一提的是，越来越多的信息管理工具开始支持在更小的颗粒度上添加链接。

如果你使用的是飞书文档、石墨文档、Notion、OneNote、幕布等工具，甚至可以在段落级别插入链接，如图 3-25 所示。

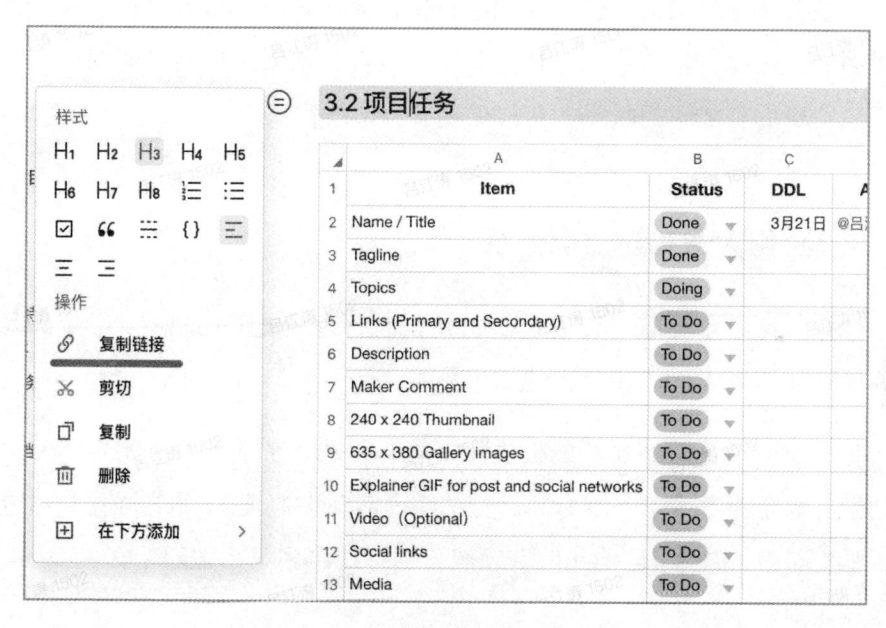

图 3-25

这为我们组织信息提供了更加强有力的帮助，不管是撰写项目文档还是做专题研究，链接都能帮助我们实现更精准的索引、关联，节省定位信息的时间成本。

小结

我一直觉得一个人对链接的理解水平反映了他的信息管理水平。当熟练使用链接之后，特别是对 URL Schemes 和自动化有了基本的认知之后，你会慢慢成为一名管理信息的"魔法师"，精心准备着各种"机关"，而想要的信息就像藏在帽子里"小白兔"，一伸手就可以让"小白兔"（想要的东西）自动"飞出来"，让人叹为观止。

我特别喜欢一个概念——虫洞。恰当地使用链接可以让你打破时空的限制，瞬间从一个次元穿越到另一个次元；链接也有点就像"任意门"，能够构建出一条条神秘的通道，让你前往知识体系的任意一个角落。最近几年被经常提到的"双向链接"可以帮你更完整、更直观地看到文档之间的关系，更轻松地发现信息之间的联系，获得更多有价值的洞察。

3.4　用大纲构建知识体系

你好，我是 Louiscard，这是你打造信息管理系统的第 13 天，今天我来跟你聊聊如何用大纲构建个人的知识体系。

你肯定听说过特斯拉的老板埃隆·马斯克是一名学霸，在成立 Space X 的初期，他会随身带着一本好几百页的《火箭动力原理》。非常强的学习能力帮助他在金融、能源、运输和航空领域分别打造出多家市值超十亿美元的"独角兽"企业。

很多人好奇他学习的秘诀，对此，他曾在 Reddit 论坛里分享过自己的学习方法，具体如下。

> One bit of advice: it is important to view knowledge as sort of a semantic tree: make sure you understand the fundamental principles, i.e. the trunk and big branches, before you get into the leaves/details or there is

nothing for them to hang on to.（一个小建议：将知识视为一棵树很重要：在了解细节（叶子）之前，请确保自己已经了解基本原理（树干和树枝），否则树叶将无处依附）。

埃隆·马斯克认为我们应当将知识看作一棵树，只有了解最基本的原理（树干）以后，才能深入研究细节（树叶），没有树干，树叶便无处附着。

其实"知识树"就是我们常常听到的"知识体系"。比尔·盖茨也曾经在采访中谈到过类似的观点。

这个世界有太多学科、领域和相关的知识，任何一个都足够让一个人用一辈子去探究。在崇尚终身学习的时代，不少人"刷干货"、买课程、听讲座，让自己疲惫不堪，可一年过去以后却发现自己还是在原地踏步。更有人工作十多年以后掌握的技能还是头几年学到的"三板斧"，缺乏对专业、行业的深刻认识。无论你是属于前者还是属于后者，它都将构成你实现人生价值的巨大障碍。

要想迅速了解某个领域，实现自己的人生价值，需要以下几个步骤。

首先，尽早确定自己的核心领域。它可能是产品运营，也可能是文案写作，还可能是教育培训，但大概率和你所处的行业是强相关的。

其次，迅速构建起针对这个领域的知识体系，也就是前面提到的"知识树"。尽快掌握核心的基础概念，构建起对整个学科的"知识坐标系"后，所有知识都将拥有一个相对固定的位置，这时，我们就能知道每一条信息应该属于哪个"树枝"、哪个"树杈"。因此，信息进入知识体系后都将能够被有效整理和归类。

那些层出不穷的提法、概念往往能够被抽象为最本质的内容，相信你一定有过"A 和 B 还有 C 实本质上都是 D"的经历。其实，真正重要的核心概念并没我们想象的那么多，在知识体系的有力支撑下，学习或掌握某个领域的核心知识不再是一件没有尽头的苦差事。

为什么要用大纲构建知识体系

我曾经尝试使用传统的笔记工具，但一旦要构建层级结构，特别是需要对一个主题进行深入挖掘时，由于缺少树状结构和收起、展开层级的能力，这些工具的瓶颈会非常明显。

我曾经试图在印象笔记中把自己关于 OmniFocus 的所有认知添加进去，并使用无序列表体现基本的框架结构。但是，越到后期越发现这个笔记实在是太长了，所有层级都是平铺的，想要查看、添加一些信息的成本变得无法接受。

所以，当你下定决心要构建针对一个领域的知识体系时，在使用笔记工具完成收集和处理信息的同时，也需要使用大纲工具构建这个领域的知识架构。

结构化是优秀的信息存储形式，更是卓越的信息交付方式，在后期的输出环节也能发挥巨大的作用。这些年特别火的"知识管理"的底层逻辑就是构建一个个带有位置信息的信息节点，让每个节点可以向下分解成更细致的分支，而最末端的信息颗粒度通常也能反映你对整个学科的理解深度。

创建大纲的方法

选择好用的大纲工具

虽说工具不是最重要的，但选择一款优秀的大纲工具的确能帮你避免不少麻烦。这个大纲文件会慢慢积累你对整个学科的全部认知，包含大量资料，所以最好在一开始就选择一个性能足够好的工具。

下面罗列几条筛选优秀的大纲工具的标准。

1. 性能强大，支持对几千甚至几万条信息进行整理，能够快速渲染、流畅编辑、不卡顿。

2. 搜索能力强大，能够通过多个关键词快速定位索引中的位置。

3. 具备承载所有主流信息类型（包括但不限于图片、Office 文档、录音、视频、链接等）的能力。

4. 有丰富灵活的导出机制，至少可以导出 PDF、图片、OPML 等格式的文件。

主流的大纲工具有 OmniOutliner、WorkFlowy、幕布、XMind、Dynalist、Roam Research 等，这里简单介绍一下。

- OmniOutliner 是我在写本书时主要使用的大纲工具，它的各种功能非常强大，备注的信息承载能力完全能够"碾压"同类竞品。
- WorkFlowy 是一款老牌大纲工具，可以帮你轻松组织成千上万条笔记、想法和项目。它没有文件夹，所有内容都保存在一篇文档中，通过强大的标签功能进行分类、筛选，很多硅谷的"大牛"（如 Twitter 的创始人）都是它的忠实用户。
- Dynalist 是功能强大的在线大纲工具，支持 Markdown 格式、数学公式、日历提醒等。
- 幕布是近些年国内新兴的一款优秀的大纲工具，和 WorkFlowy 类似，但做了很多对国人友好的优化，支持将大纲"一键"转化为思维导图，价格也更加亲民。
- XMind 作为一款老牌思维导图工具，2020 版大幅优化了大纲功能，体验不输给头部的大纲工具。
- Roam Research 看起来和 WorkFlowy 等没什么区别，但是开创性的"双向链接"功能让它成为海外最炙手可热的知识管理"神器"。

如果你还不准备正式开始，也可以先试一试 OneNote、Sublime Text、

Notion 等工具，它们也都内置了大纲格式（部分工具也称之为"Toggle List"），支持调整、收缩、展开层级，如图 3-26 所示。

图 3-26

创建主干结构

说完了工具，我们来聊聊第一个步骤：创建主干结构，即埃隆·马斯克所说的"树干"。

很多人看过了很多篇文章，但是在真正着手创建知识大纲的时候依然没有思路，对此，我有 3 个小建议。

第一个建议：参考教材。 当你想要弄懂一个学科，或者想真正建立对一个领域的系统性认知时，编写大纲的过程就像写一本书，而搭建结构实际上就是在设计这本书的目录。因此，教材无疑是最值得参考的内容之一。教材的内容不一定是最新的，但它的体系往往最全面、最系统、最不容易出错，值得参考。

第二个建议：构建模型。 当你对分类有更深刻的理解之后，就会发现大多数领域的整体结构大同小异，无论什么领域，搞清楚基本概念、发展历史、主要流派、基本理念、知识体系、相关资源等几个板块后，通常就能对某个领域有了大致的认知。为了方便使用，我还创建了大纲模板，如图 3-27 所示。

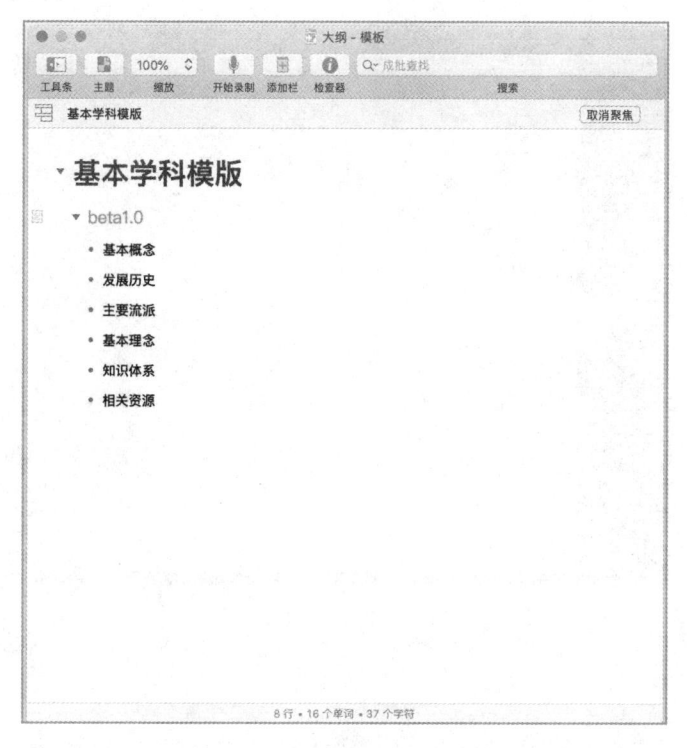

图 3-27

我每一次调整职业规划时，做的第一件事情就是创建一个相关行业的大纲，然后用这个大纲开始积累所有关于这个行业的信息，快速形成基础认知，如图 3-28 所示。

当然，一套模板肯定不够，最好根据不同主题多准备几套。除了图 3-27 所示的模板，我还给专门给学习软件设计了一套模板，内容如图 3-29 所示。

第三个建议：核心结构尽量简单。大纲最大的特点是信息具有层级属性，所有信息都会被赋予一个位置坐标，如果将所有分支都收起来，它看起来和一本书的目录非常像。比如在 Day One 的大纲中，第二个层级有一项是"记日记的意义"，然后详细列出了各个方面，如图 3-30 所示。

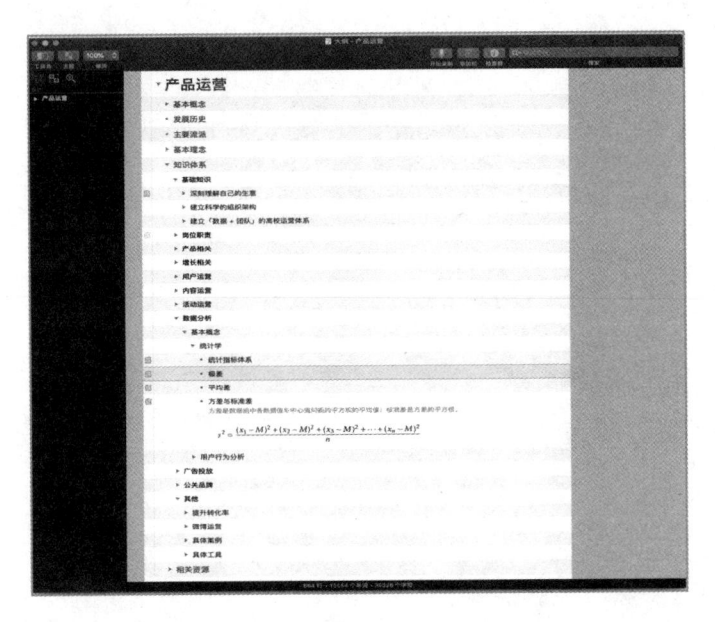

图 3-28

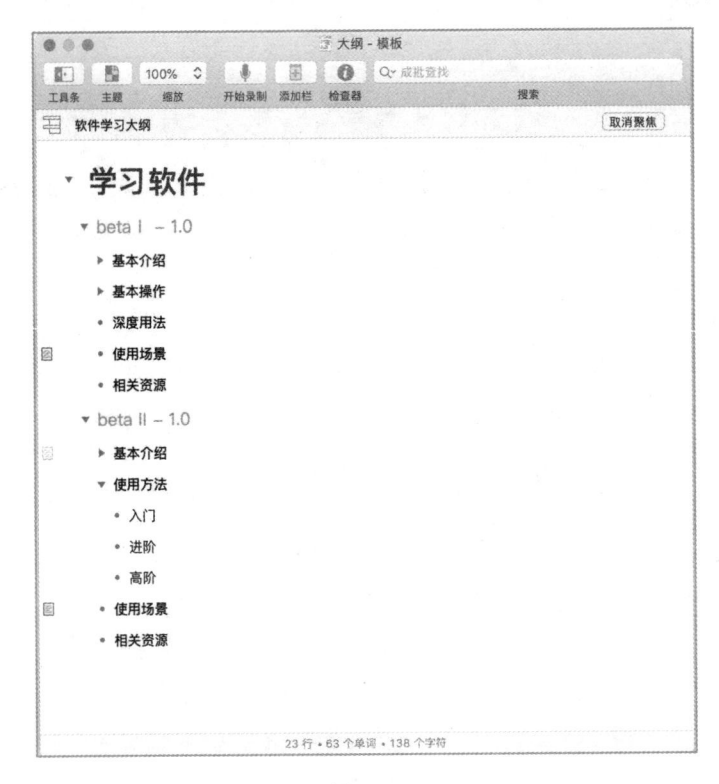

图 3-29

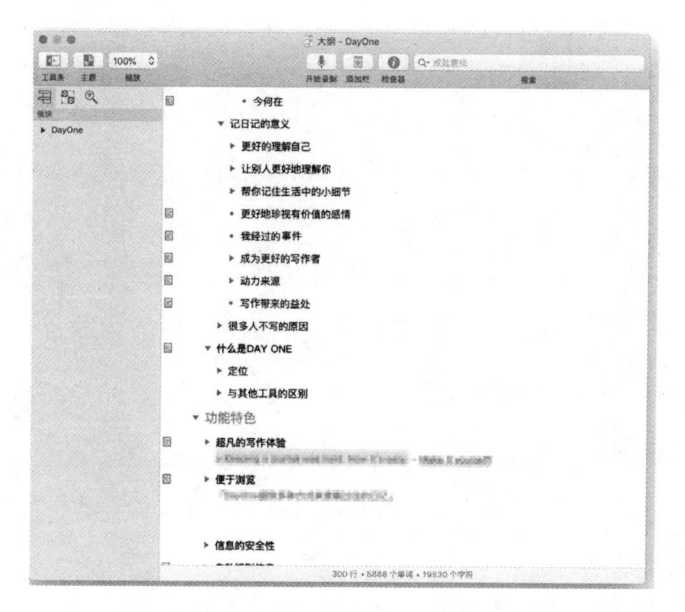

图 3-30

大纲的意义在于对信息进行高度压缩以形成总结、概括，大纲第一、第二层的内容应该是相对简洁的表述，这样的大纲拥有更强的可读性，这也是我倾向于将具体、琐碎的描述放到附注中，以保持主干结构简单的原因。

添加细节内容

有了大纲（树干）后就要开始添加更丰富的内容，也就是前面提到的"树叶"。

"树叶"的主要来源有两个：一个是我们平时的阅读、听课；另一个是自己对某个主题的思考和洞察。

如果能坚持这样的点滴积累，过段时间以后再回头看，会发现这个大纲就是你关于一个产业、一门学科、一个产品所有的认知和理解，其内容覆盖核心概念、发展历程、重要人物、前沿成果、经典著作等，大纲的每一个"树枝"或每一片"树叶"，展开就是一篇文章。

添加细节有一个非常重要的注意事项：摘录的内容要做好标记并写明出处。

第 2 章说过：在一篇笔记中阅读、写批注的时候应该使用代码块把自己添加的内容和原文区分开，在大纲中也应该遵循类似的原则，不过需要标记的内容恰好相反。由于大纲中的大多数内容都是自己整理、总结的，所以对于摘录的内容应该在前后加上双引号（""）作为标识，同时注明出处，如图 3-31 所示。创建一个大纲和做一项专题研究类似，科研工作者做研究时对资料引用有着严格的标准，这值得我们学习，因为明确信息源会给后期调取、使用或深入研究带来巨大的便利。

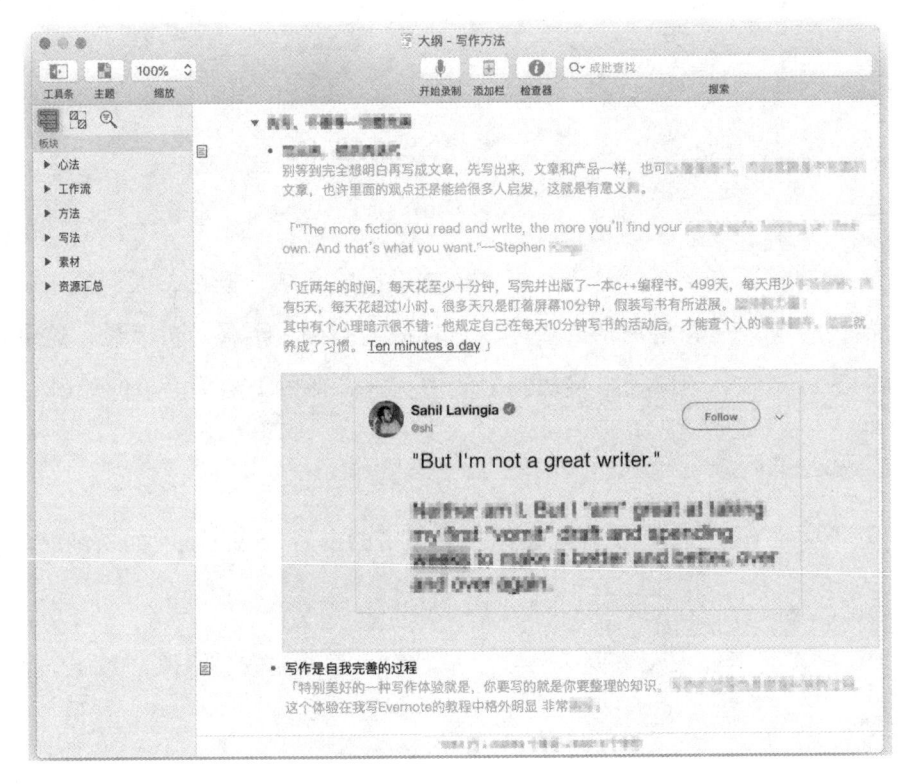

图 3-31

在大部分情况下，并不需要把引用的资料的信息写完整，直接把链接粘贴过来，确保在未来需要的时候通过单击可以跳转到所引用资料的详细页面即可。

注意：绝大多数大纲工具都提供"附注"功能，其作用是对层级信息添加备注。不过，前面提到的 OmniOutliner、幕布、Roam Reserch 等工具都已经支持给节点添加单独的链接甚至适配双向链接，而这些能力在信息被放到附注之后便会消失，因此到底将哪些内容放到备注中还需要根据具体场景和自己对学科知识的掌握程度来判断。

小结

构建知识体系时，结构化是绕不开的路径，如果没有结构，那些每天看到、听到的知识碎片只能零散地分布在无边无际的信息世界中，无法彼此关联，无法积蓄力量。

我曾看过一位外国小朋友介绍如何学习的视频，其中的"Instead of being a student of that field, be the field（与其成为这个该领域的学生，不如成为这个领域）"这句话给了我非常大的影响。

我们应该构建完整、功能强大的知识网络，不断突破知识的边界，成为终身学习者，并最终成为自己所在领域的创造者和引领者。

我觉得对自己所在的领域做出贡献应该成为信息管理的目标之一，这也是对待学习、知识和信息管理的一种最健康的心态。虽然还有很多挑战，但好在我们已经在路上了。

3.5 创建你的信息数据库

你好，我是 Louiscard，这是你打造信息管理系统的第 14 天，今天我来跟你聊聊如何构建你的信息管理数据库。

在本书中，这是我投入时间最多的一部分，也是我认为含金量最高的一部分，弄明白信息数据库这件事更是从信息管理入门阶段跨越到进阶阶段的重要里程碑。

知识管理的困境

相对于信息管理，我在初期更多使用"知识管理"这个概念。在"知识管理"的框架下，我更多聚焦于"文章"或"课程"这类完整的信息模块，在一开始更是全身心投入印象笔记中。当时，我眼里最小的信息单位就是一篇篇剪藏的文章。于是，我疯狂囤积优质文章，积累了成百上千篇文章，撰写了近万条笔记。

这样的信息输入帮助我建立了最初的专业认知，然而，这种粗放的信息搬运工作在实践中的效果总是很难让人满意。如我在工作、生活中需要查找、调取信息时，虽然通过搜索关键词能让我在笔记本中找到几篇质量不错的相关文章，但这些文章并不能直接给我支持，大多数时候还需要我耐着性子从头读到尾，有时候感觉这和直接在互联网中搜索的差别也不大，帮助有限。

怎么做才能提升信息的使用效率困扰了我相当长的时间，直到我听到 API 这个概念。

信息管理的 API

有一天我在《湾区日报》偶然读到下面这段话。

> 不只是面试，在很多社交场合都需要介绍自己及自己做过的事，要会讲故事，要让人有兴趣听下去。因此，平时要准备一些小段的、不同角度的自我介绍，以便在要用的时候就像调用 API 一样调用相应的内容。
>
> 名人在电视上接受采访时，好像都能即兴演讲、侃侃而谈，但事实上这都是平时准备、练习、不断进行 A/B 测试、不断进行迭代的结果。正是因为有了充足的积累，名人才会在合适的时候呈现出合适的说辞。

看完这段话以后我仿佛被闪电击中了一般，这不就是我理想中的信息使用效果吗？于是我赶紧查询了 API 的定义，维基百科对 API 的介绍如下。

API（Application Programming Interface，应用程序编程接口）是一些预先定义的函数，目的是提供应用程序与开发人员基于某软件或硬件得以访问一组例程的能力。用户或程序不需要访问源码，也不用理解其内部工作机制的细节。

听起来有点复杂，但其实非常简单。简单来说就是预先设定好信息输入、输出的规则，使系统能够为自己提供稳定的信息调取能力，从而满足相应的信息使用需求。这和在手机中单击时钟图标获取时间信息、单击天气图标获得气象信息一样。

于是我开始琢磨怎样才能像使用 API 一样使用个人信息管理系统，在需要信息的时候直接调取，而不再需要花费额外的时间重复阅读。

为了实现这种效果，我顺着 API 这个概念往上溯源，找到了最终答案——**数据库**。如果你和我一样在大学里学习过数据库的知识，但是毕业之后就再也没使用过它。那么，现在需要重新学习一下相关内容了。因为要想像调用 API 一样调用信息，靠的就是这一张张结构化的数据表格构成的数据库，如图 3-32 所示。

Table	Action	Rows	Type	Collation	Size	verhead
wpep_cfs_contacts	Browse Structure Search Insert Empty Drop	4	MyISAM	utf8_general_ci	4.6 KiB	-
wpep_cfs_countries	Browse Structure Search Insert Empty Drop	240	MyISAM	utf8_general_ci	11.9 KiB	-
wpep_cfs_forms	Browse Structure Search Insert Empty Drop	11	MyISAM	utf8_general_ci	108.6 KiB	-
wpep_cfs_modules	Browse Structure Search Insert Empty Drop	11	MyISAM	utf8_general_ci	3.3 KiB	-
wpep_cfs_modules_type	Browse Structure Search Insert Empty Drop	2	MyISAM	utf8_general_ci	2 KiB	-
wpep_cfs_statistics	Browse Structure Search Insert Empty Drop	130	MyISAM	utf8_general_ci	5.9 KiB	-
wpep_cfs_usage_stat	Browse Structure Search Insert Empty Drop	0	MyISAM	utf8_general_ci	1 KiB	-
wpep_commentmeta	Browse Structure Search Insert Empty Drop	0	MyISAM	utf8mb4_unicode_ci	4 KiB	-
wpep_comments	Browse Structure Search Insert Empty Drop	1	MyISAM	utf8mb4_unicode_ci	7.3 KiB	-
wpep_links	Browse Structure Search Insert Empty Drop	0	MyISAM	utf8mb4_unicode_ci	1 KiB	-
wpep_options	Browse Structure Search Insert Empty Drop	502	MyISAM	utf8mb4_unicode_ci	140.5 KiB	7.4 KiB
wpep_photo_gallery_wp_gallerys	Browse Structure Search Insert Empty Drop	2	MyISAM	utf8_general_ci	3.2 KiB	-
wpep_photo_gallery_wp_images	Browse Structure Search Insert Empty Drop	9	MyISAM	utf8_general_ci	9 KiB	-
wpep_photo_gallery_wp_like_dislike	Browse Structure Search Insert Empty Drop	0	MyISAM	utf8_general_ci	1 KiB	-
wpep_postmeta	Browse Structure Search Insert Empty Drop	238	MyISAM	utf8mb4_unicode_ci	73.3 KiB	-
wpep_posts	Browse Structure Search Insert Empty Drop	213	MyISAM	utf8mb4_unicode_ci	196.5 KiB	-
wpep_termmeta	Browse Structure Search Insert Empty Drop	0	MyISAM	utf8mb4_unicode_ci	4 KiB	-
wpep_terms	Browse Structure Search Insert Empty Drop	3	MyISAM	utf8mb4_unicode_ci	13.1 KiB	-
wpep_term_relationships	Browse Structure Search Insert Empty Drop	8	MyISAM	utf8mb4_unicode_ci	3.2 KiB	-
wpep_term_taxonomy	Browse Structure Search Insert Empty Drop	3	MyISAM	utf8mb4_unicode_ci	4.1 KiB	-
wpep_usermeta	Browse Structure Search Insert Empty Drop	26	MyISAM	utf8mb4_unicode_ci	11.9 KiB	-
wpep_users	Browse Structure Search Insert Empty Drop	1	MyISAM	utf8mb4_unicode_ci	8.1 KiB	-
22 tables	Sum	1,404	InnoDB	utf8mb4_unicode_c	617.4 KiB	7.4 KiB

图 3-32

数据库中的信息的特点是结构化，也就是说存储的信息不是一篇篇非结构化的文章，而是一条条可被准确调取的信息。

以上面的自我介绍为例。原先我积累的信息都是类似下面这样的经验分享类文章。

- 如何做一次生动的自我介绍。
- 会讲故事才能让别人记住你。
- 自我介绍的 5 个套路。

但如果像调用 API 一样调动信息，自我介绍数据库里面的记录应该像图 3-33 所示的内容这样。

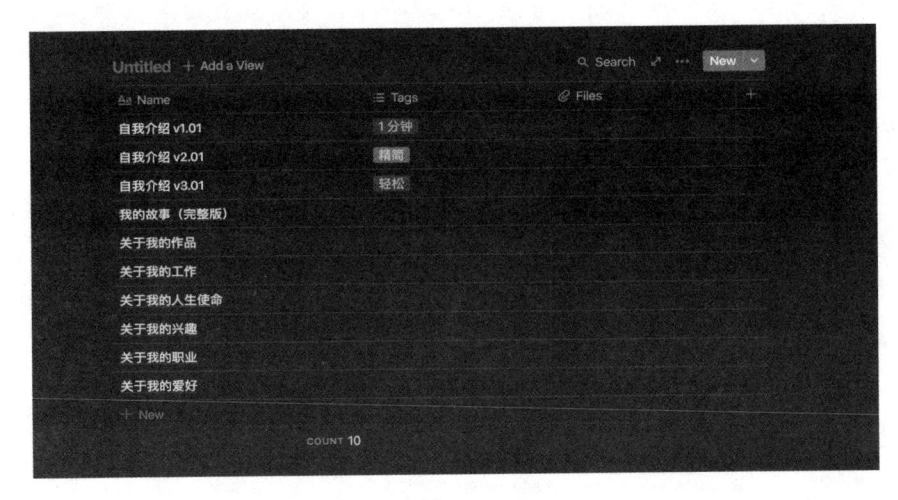

图 3-33

这样无论是在严肃场合还是在轻松场合，无论是做书面自我介绍还是在现场做自我介绍，抑或是介绍自己的工作、作品、爱好，你都可以应对自如，轻松、快速、精准地提供相应的信息。

自我介绍是低频需求，不过基于这样的思路，我开始着手建立自己的各类信息数据库，如关于客户关系的信息数据库、关于工作任务的信息数据库、关于运营工作案例的信息数据库、关于个人的信息数据库等，这些数据库在工作、学习和生活中给我带来了巨大的帮助，效果显著。

如何构建自己的信息数据库呢？下面介绍几条经验。

构建自己的信息数据库

以真实的高频信息需求为基础

在信息管理的初期，非常容易陷入追求信息完备性的状态，看到各种信息都觉得对自己有用，不管什么时候能用得到，先保存下来再说。在这个阶段，我们更多的是处于一种盲目输入信息的状态，不那么在意需求，低着头提升信息"吞吐量"，占有原始资料。

一旦建立起更高效的信息数据库，加工信息的成本要高很多，因此需要优先满足更高频的信息需求。

我最早建立的数据库是"我喜爱的 APP 列表"。因为我在很多地方做完分享之后，总会有朋友让我推荐生产力工具。一开始我只是把常用的工具名称通过文字告知对方，但后来询问的人实在太多，而且回答完往往还需要补充解释，于是，我创建了"我喜爱的 APP 列表"，如图 3-34 所示，把我正在用的工具和在线服务商的名称全部整理出来，随时更新。

从此以后，再有人让我推荐工具时，我就可以直接提供一个链接，效率得到了大幅提高。

另一种常见的数据库是"客户管理系统"。我虽然不用管理客户，但是经常遇到"想要联系一位朋友，却无论如何也想不起对方的名字，只能尝试搜索一个又一个关键词，或在包含上千人的列表里浏览"的情况，非常麻烦。后来，我发现其实可以用一个数据库轻松满足需求，如图 3-35 所示。

高效信息管理术：
26 天打造你的信息管理系统

list - 我喜爱的 APP 列表		
视频剪辑	Screen Flow	做一些小课程简直一站式。
视频压缩	HandBrake	
视频剪辑	Final Cut Pro	视频剪辑的高级工具，很贵，但是不亏。
视频播放	IINA	强大的播放器，而且永远免费
音频剪辑	Logic Pro	Mac 平台的官方数字音频工作站与MIDI音序器软件
音频剪辑	Garage Band	创作乐曲的工具，而且免费
音频录制	Audio Hijack Pro	专业的音频录制工具，能够同时录制电脑和麦克风的声音
播客制作	Podcast Chapters	给播客添加章节和封面。
屏幕分屏	Duet	让 iPad 成为你的扩展屏
资讯服务	Readhub	
卸载工具	AppCleaner	AppCleaner is a small application which allows you to thoroughly uninstall unwanted apps.
GitHub	Working Copy	iOS 最好用的 GitHub 客户端
小程序	腾讯投票	
种子下载	Folx	老牌下载工具

线上服务

类型	名称	描述
PDF 处理工具	Smallpdf	功能一应俱全、简单好用的线上 PDF 工具。
文件格式转换	Online Convert	
文件分享	Firefox Send	火狐浏览器的临时网盘服务，可以上传并分享 1GB 以下的文件（注册账号后为 2.5GB），支持定时删除。

图 3-34

图 3-35

熟悉我的人都知道我是一个极端的"系统爱好者",给自己搭建了很多系统以解决具体的问题。最初我一直没有一个地方统一管理各个系统,使用各个系统非常不方便,现在,我有了自己的"My Workflow"数据库(如图 3-36 所示),里面是大大小小的工作流,包含制订每日计划、准备一次旅行、每周的检查回顾等。这些系统解决了我的个性化问题,不断提高我的生产力,让我能够像打造产品一样打造自己。

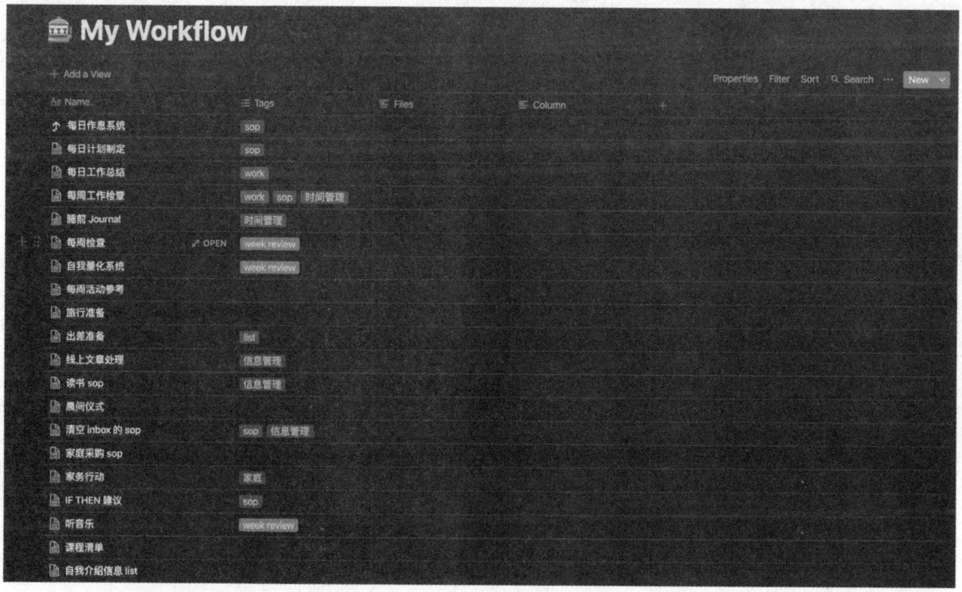

图 3-36

除上述数据库外,我还建立了段子素材、金句素材、故事素材、要听的音乐、要看的电影、要一起吃饭的朋友等各类清单。

这些数据库大多是列表或 SOP(Standard Operating Procedure,标准操作程序),此外,我还建立了"Knowledge Cards"数据库用来存放"知识卡片",卡片可能是一个概念、一条定律、一位大人物、一个观点等,他们相对于大纲,更加扁平地保存在数据库中,如图 3-37 所示。

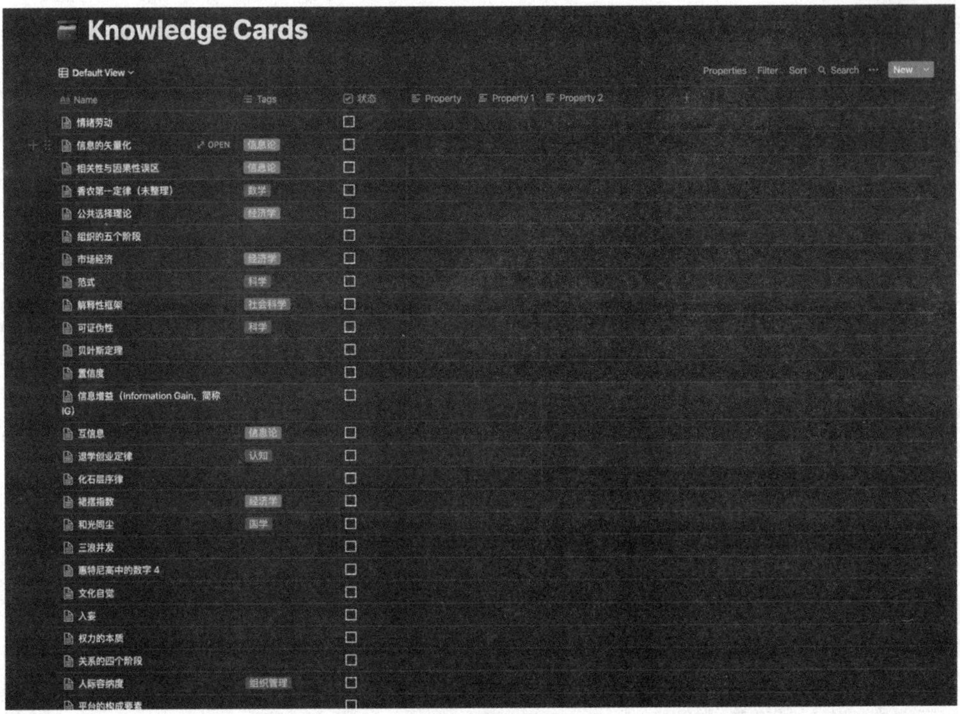

图 3-37

针对高频的信息需求，不妨先建立相关的数据库并着手维护起来。

设定更小的信息单位

我在很长一段时间内主要聚焦在"文章"这样的信息单位上，误以为收集了成百上千篇高质量文章是一件非常厉害的成就。但当拥有个人信息数据库后，我忽然发现"囤积文章"本身简直不值一提，自己有了一种"看山不是山"的奇妙感受。

我依然会用 DEVONthink、印象笔记、OneNote 这样的工具收集优质的文章，但是在我眼中，这些文章往往已经不再是一个不可拆分的整体，而是一个又一个题目、案例、故事、概念、思维方式、实验数据构成的素材合集……

很多朋友特别喜欢总结书籍、演讲、文章的结构，甚至绘制精美的思维导图，我则刚好相反，我越来越习惯将内容"切片"，将一块又一块知识碎片纳入自己的数据库中。如读完一本书，得到 5 个概念和 10 个模板；读完一篇文章，得到 3 个故事和 2 组数据；听完一节课，得到一句巴菲特对于定投的观点。

处理这些作品的目的变成了筛选出最有用的信息，并将其保存到信息数据库中。

这里要特别提醒你：在信息数据库中，保存的信息单位越大，处理的成本越低，调取的成本越高。

在我的管理信息的 1.0 时代，我在印象笔记里面保存了上百篇从人人都是产品经理、三节课、极客时间看到的关于运营的文章，但是遇到具体问题时，搜索一个关键词往往搜出来十几篇甚至几十篇文章，真正的帮助并不大。

在我的管理信息的 2.0 时代，我在数据库中新建了关于运营的案例库，从此之后，我把从文章、课程、资讯中看到的各种案例都保存到了这个数据库中，并贴上活动的题目、类型、原始链接、截图，如图 3-38 所示。

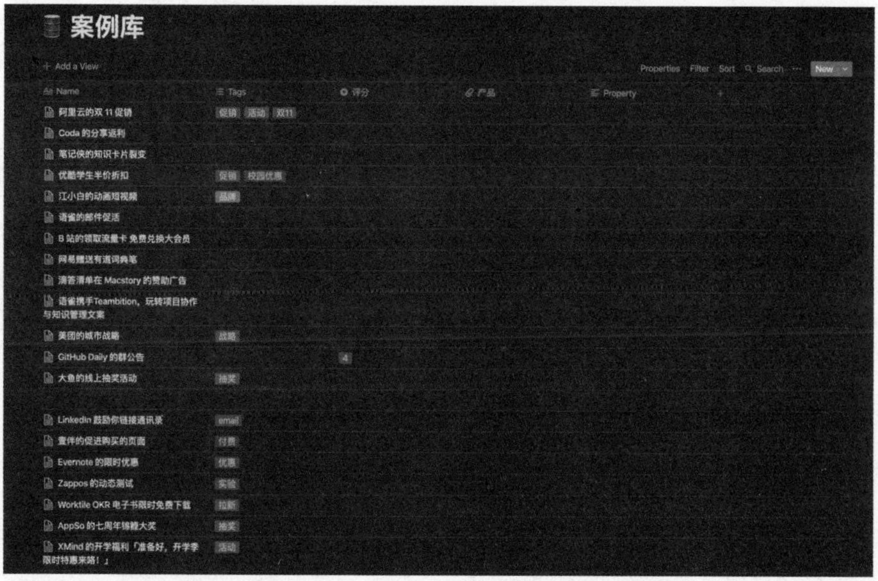

图 3-38

因此，当我在工作中遇到具体任务时，在这个数据库中搜索、筛选，往往能得到可以直接参考的案例。

当然，需要结合自己的产品进行优化、调整。不过，有了这个数据库以后，不管遇到什么任务心里都不会太慌张。我还能够不断收集内容以完善这个数据库，有针对性地对相关案例进行分析、学习。

这种做法也是符合第一性原理的学习路径。知道甚至记住一个概念并不困难，然而，只有积累大量的范例，能够从信息里总结规律、形成范式，完全理解概念背后的原理，能够推测未来并有针对性地付诸实战，才算真正掌握了知识。

经过这样的调整之后，最明显的一个变化是信息的基础单位变得非常小，从一篇又一篇文章变成了几句话、几个字、一张图、一个链接，甚至是清单中的一个条目，SOP 中的一个步骤。信息的单位虽然变小了，信息的实用性却得到了大幅提高，信息变得像 API 一样，可以被随时调取、使用。

信息数据库的类型及其与笔记工具、大纲工具的关系

这里说一下信息数据库和笔记工具、大纲工具的关系，以及如何让这些工具相互配合。

事实上，它们之间的关系确实有点复杂，它们的定位及各自在信息处理流程中的位置存在重叠，这里希望讲清楚它们之间的差异。

在信息管理系统中，几类工具最大的不同是存储的信息单位不同。在信息处理流程中，往往还会与信息的加工程度相关。

你可能使用过 Excel、Word、印象笔记、Notion、DEVONthink、1Password、Eagle、OmniOutliner 等工具，它们被定义为笔记工具、文本处理工具、密码管理工具、图片管理工具等。其实，如果换一个思路来看，它们在本质上都

属于信息数据库,只是不同的工具侧重存储的不同类型的信息,对某一类信息能够提供更友好、更全面的支持。

我们在前面的章节中针对不同类型的信息推荐了相应的收集工具,在这里我们站在数据库类型的角度进一步介绍信息管理系统及如何选择配套的工具。

原始信息数据库

这个数据库能够让用户低成本、快速保存各种原始数据,各种内容(微博文案、图片、PDF、微信文章、邮件等)都可以被快速保存。用户可以在这里对相关内容进行阅读、处理,从中标记、提取重要信息。印象笔记、有道云笔记、OneNote、DEVONthink 都是这种数据库。

这种数据库类似"私人搜索引擎",用户在这个数据库可以搜索到不少高质量的内容,且大多数都是被筛选、认证过的信息,但并不能直接拿来使用,因为它们的最小单位多是文章。

清单类数据库

前面提到的很多信息都应该被整理到这个数据库中,如客户信息、金句素材、出差准备清单、工具列表、写作模板等,这些信息最大的特征有两个。

- **经过深度处理**。相较于把整篇文章保存下来,录入清单类数据库的内容需要更多的整理和挑选。如我维护了一个最喜爱的应用清单,每年会阅读上百篇介绍、推荐应用程序的文章,但可能只会收录 3 到 4 个新的应用程序,简单补充、修改一些对原有应用程序的描述,如图 3-39 所示。

图 3-39

- **没有严格的顺序**。无序是清单类数据库最显著的特征之一，比如，针对积攒的写作模板，很难在里面罗列 20 多个不同的类型，也没有必要把类型按照某种标准排序，因为它们的相对顺序不那么重要，只要让用户在需要的时候可以搜索到就足够了。

需要注意的是，存储这些信息的数据库应该和原始信息数据库有所区分，以便在调取信息的时候不被过多的冗余信息干扰。

如果你是印象笔记或 DEVONthink 的重度用户，完全可以在这类工具中利用标签实现区分。比如，新建了一条选购礼物的清单笔记，为了和那些"给你推荐 22 个生日礼物"等文章区分，只需要给这篇笔记贴上 list 标签（如图 3-40 所示），就可以在后期实现定向筛选和搜索了。

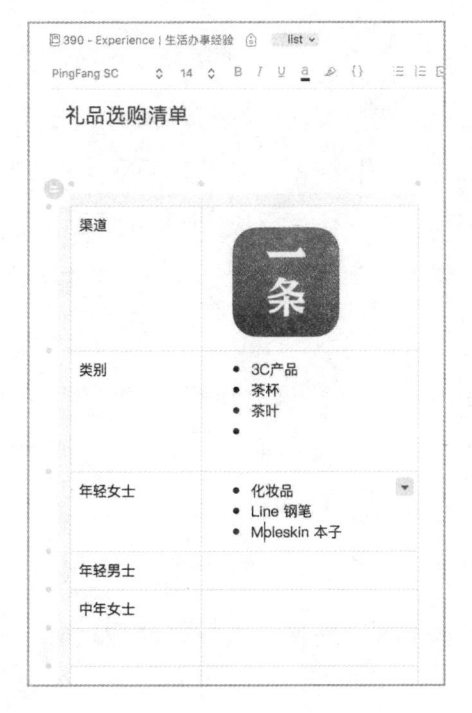

图 3-40

使用 Notion、Airtable、Coda 等工具的体验会更好，如果你还没有接触过上述工具，可以简单认为它们是"在线 Excel"，并具备更强大的筛选、贴标签、添加链接等功能，这对于清单类信息的管理非常有效。

这里多说一句，事实上我们熟悉的任务管理工具，如 OmniFocus、滴答清单等也是数据库，并且只存储任务类型的信息，那么，"阅读《愤怒的葡萄》"是应该存储到 OmniFocus 这个任务管理数据库中，还是 Notion 这样的清单数据库中呢？

这个问题没有唯一正确的答案，我只是想为你提供一个简单的判定标准——**是否需要长期保存并反复调用**。想看的电影、想看的书、想体验的餐馆等虽然也有任务属性，但是值得被长期保存并在未来的日子中有很大的概率被调取使用，因此应该被放在清单类数据库中，而"取快递""双 11 购买相机"这种琐事显然更适合用任务管理工具记录。

百科数据库

在介绍百科数据库之前，我们先来聊聊大纲。其实前面提到的大纲也是数据库的一种，而且是一种比清单类数据库的加工程度更高的数据库。清单类数据库往往保存比较扁平的信息模块，而一个新的信息要想进入到大纲中，不仅需要更大程度的加工，还需要一个位置属性，以便能够被纳入树状知识结构中。

在理想情况下，先把一篇文章完整存储到印象笔记中，然后按照第 2 章介绍的处理信息的方式进行阅读、学习，如果发现里面高亮显示的增量信息有 2 个新概念、3 个案例，就把概念、案例直接记录到产品运营大纲一类的文件中，完成一次从收集信息到整理信息的全过程。

到这一步，你已经顺利走完构建大纲数据库的全部流程，距离构建百科数据库只差可读性这一步了。我一直觉得能像写百科词条一样创作是一件非常酷的事情，你可以搜索欣赏"新世纪福音战士"的百科页面，这种展示一切资料的效果非常壮观。

当把某个主题的内容积累到一定程度时，需要保存全文的情况会越来越少，更多时候只需要将少量有价值的内容摘录到相应的数据库中。当然，本来觉得其中只有一两条有价值的信息，读完以后发现信息密度非常高，再将全文保存下来以待日后精读的情况也时有发生。

值得一提的是，使用 Notion 这样的工具可以在某一个数据库内进行搜索，也就是说可以只在一个百科词条的空间里面进行搜索。这和表格的筛选是不同的方式，如图 3-41 所示的内容就非常有力量感。

图 3-41

小结

在很早以前，一个朋友开玩笑说我折腾工具有点执迷于"奇技淫巧"，当时总不服气，实际上在那时候确实陷入到了一种"把手段当目的，为了使用工具而使用工具"的误区。

直到有一天，我突然意识到"所有信息管理的最终目的都是使用信息，而不是收集多少信息，把信息整理得多么有序，把分类做得多好，把标签贴得多全面"。

从某种意义上讲，构建自己的信息数据库已经不再是单纯的输入和整理信息，而是一种初级的信息输出，在需要的时候，这些信息模块都应该可以被你直接调取出来，放到文章或演讲稿中。整个系统和流程的设计都应该紧密围绕着未来如何使用这条信息。

理论虽是如此，但是真正实践起来还有很多问题和挑战，好在我们已经迈出了从信息管理的 1.0 阶段到 2.0 阶段的最坚实的一步。

第4章
检索信息

4.1 笔记工具的高级搜索功能

你好,我是 Louiscard,这是你打造信息管理系统的第 15 天,今天我来跟你聊聊笔记工具的高级搜索功能。

除了全文搜索,我们经常还有更复杂的搜索需求,如查看去年保存的少数派发布的文章、本周从微信剪藏的内容、某个项目中包含待办清单的笔记、去年的今天创建的笔记等,这些需求听起来复杂,但通过高级搜索功能都可以轻松得到满足。

这一节会以印象笔记为例,从基础和进阶两方面帮你全面掌握笔记工具的高级搜索功能。

搜索功能的基础用法

使用减号(-)

当你需要查找的内容涉及多个关键词时,只需要连续输入关键词并在其中添加空格。比如,当我要准备一场关于"法律人工智能"的演讲时,在印象笔记里搜索"人工智能"会得到 551 篇笔记，如图 4-1 所示。

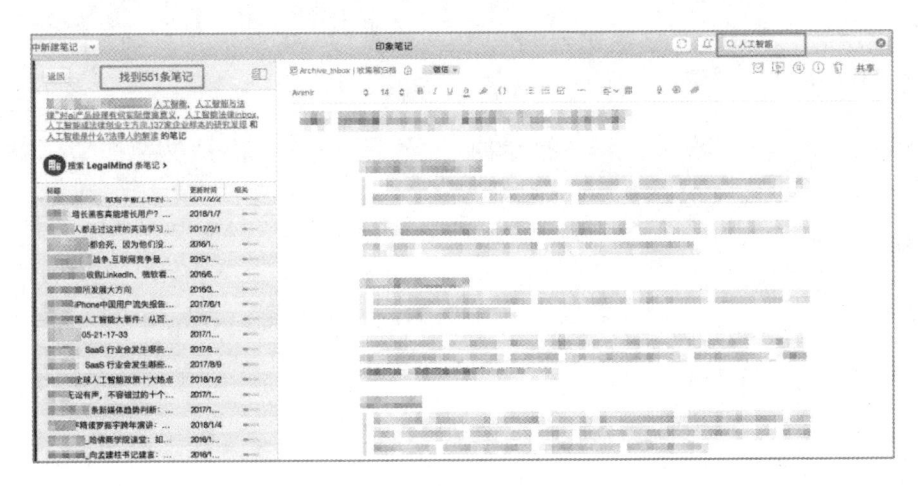

图 4-1

如果再添加关键词**"法律"**，结果的数量会瞬间减少一大半，只剩下 229 篇笔记，如图 4-2 所示。

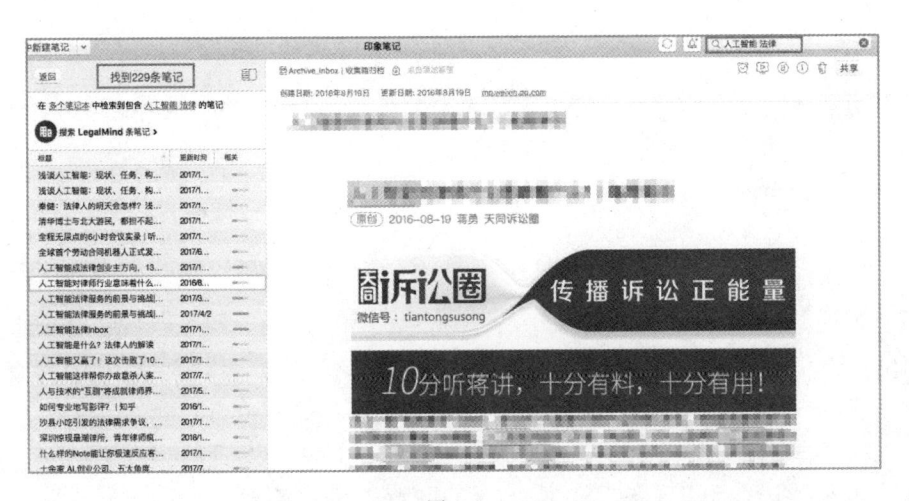

图 4-2

在结果当中，我们看到非常多"每周蒋讲"发布的文章，它是法律服务行业顶级 KOL（Key Opinion Leader，关键意见领袖）——蒋勇律师的专栏，但是我恰巧在搜索前一周才在线下听过蒋律师关于 AI 的最新观点，所以希望在这次搜索中过滤相关文章。因此，我在搜索框中输入"-蒋勇"，这时候，所有含有"蒋勇"的条目就都被剔除掉了，结果列表中只剩下了 205 篇笔记，如图 4-3 所示。

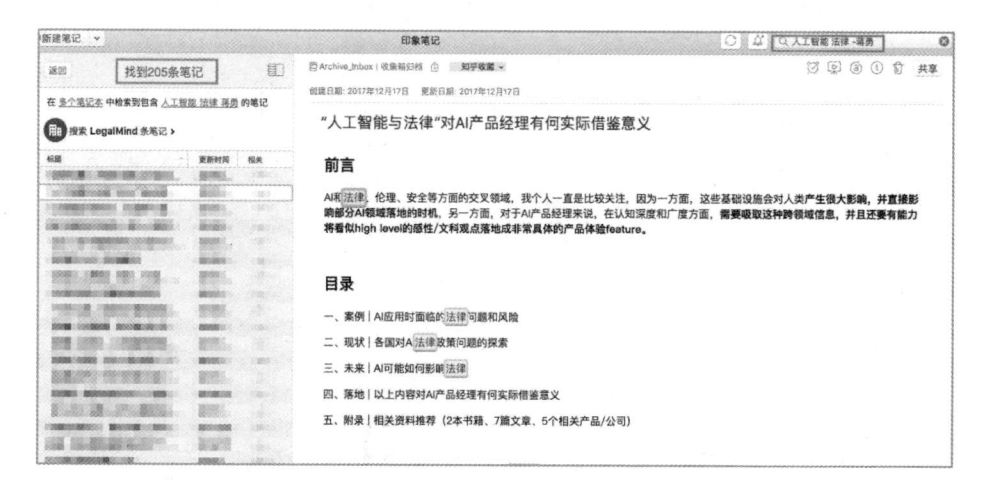

图 4-3

使用减号能够让搜索更加精准，降低后期处理信息的时间成本。

搜索标题

语法：intitle。

如果我们的笔记有比较好的命名规则，会发现搜索标题的效率在很多场景下比搜索全文高不少。比如，"印象笔记"这样的关键词可能会在很多文章中出现，但相应的文章很可能未必是关于印象笔记的。而如果标题中含有这个关键词，内容通常是紧密围绕印象笔记这个主题的。

我自己在看 TED 视频、听讲座的时候，会给相应笔记的标题添加一个前缀。如我在听了 Scott 的一个知乎 Live 后，会把相关笔记的题目设置为"听课笔记 - Scott：如何在短时间内掌握一项技能"。如果我将来要搜索关于 Scott 的听课笔记，只需要输入"intitle：听课 scott"就能精准定位所有 Scott 的课程或讲座对应的笔记，如图 4-4 所示。

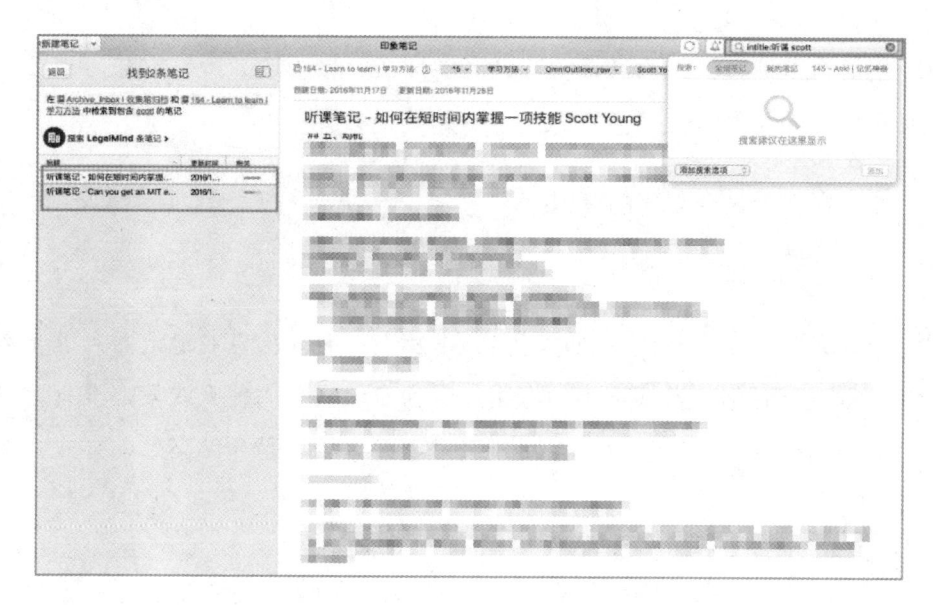

图 4-4

使用这种方式不仅仅能实现精准搜索，也可以配合命名规则聚合同类笔记。比如，如果要查看过去一年都听了哪些课，可以在搜索框中输入"intitle：听课笔记"，这时，所有的听课笔记都会显示出来，如图 4-5 所示。

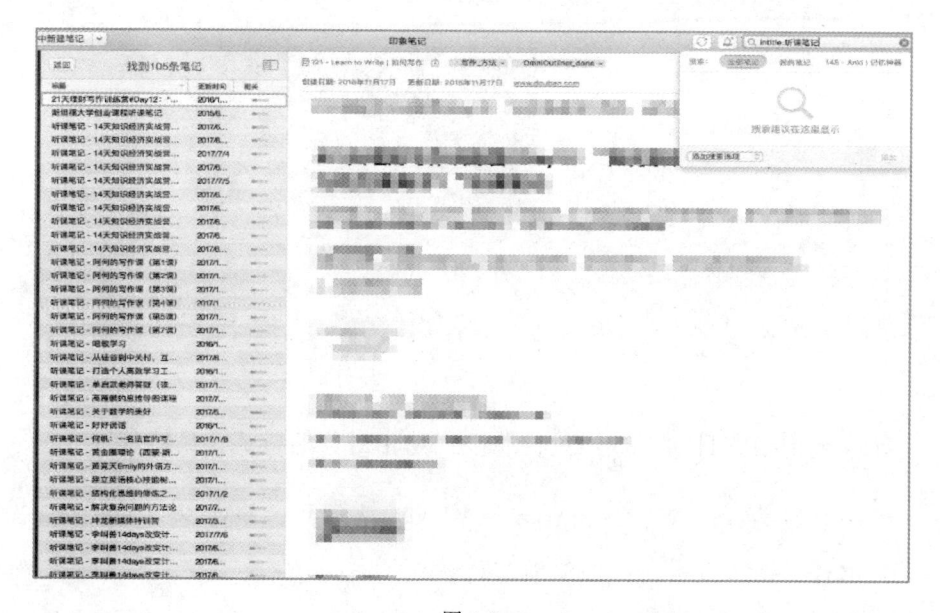

图 4-5

相信当看到自己认认真真听了这么多课程、做了这么多笔记时，心里还是有不小的成就感的。

搜索在特定日期创建的笔记

语法：created。

很多人并不在意笔记的创建时间，事实上，时间信息对笔记而言也非常重要，在关键时刻能发挥不小的作用。因为有时候我们什么线索都没有，只记得一个模糊的日期，这时，在印象笔记里搜索日期是非常高效的方式，如图 4-6 所示。

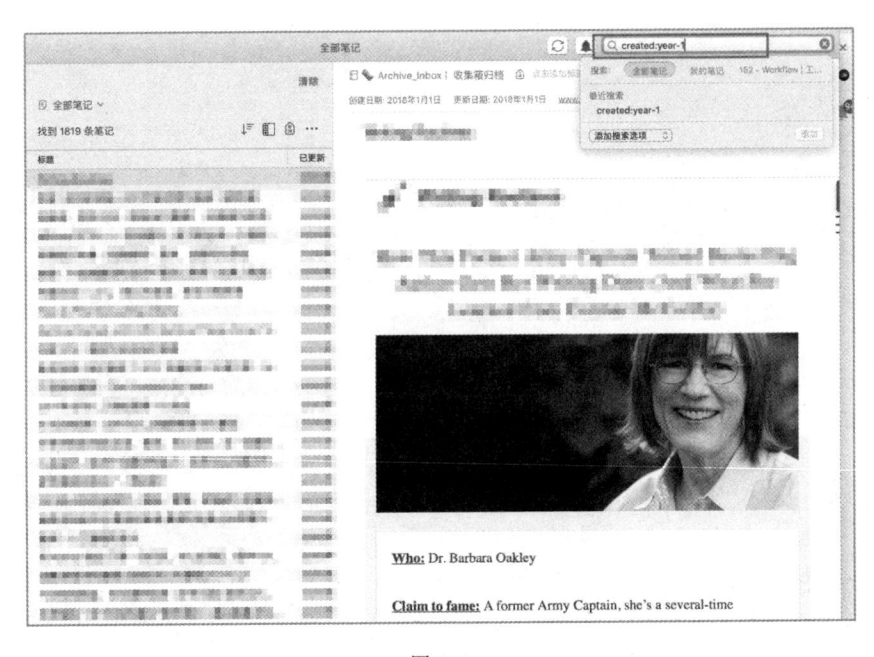

图 4-6

印象笔记中的日期支持绝对日期格式和相对日期格式，具体如下。

- 绝对日期：用 YYYYMMDD（YYYY 表示年，MM 表示月，DD 表示日）格式表示，如 20181221。
- 相对日期：可以用 day-1（昨天）、week-2（两周前）表示。

搜索带有复选框的笔记

语法：todo。

虽然我自己没有使用笔记工具做任务管理，但我知道一些企业高管和生产力教练只用印象笔记就打造了自己的任务管理系统，管理成百上千人的公司也有条不紊。

如果你希望用笔记工具做任务管理，下面几个搜索语法肯定能帮到你。

- todo:true 语法：搜索所有包含被选中的复选框的笔记。
- todo:false 语法：搜索所有包含未被选中的复选框的笔记。
- todo:* 语法：搜索所有包含复选框的笔记，无论它是否被选中。

这样，通过每天在全部或部分笔记本中发起搜索，对哪些任务已经完成、哪些任务没有完成便一清二楚。

搜索固定来源的文章

语法：sourceurl:X。

由于我们会把很多微信和网页中的文章通过剪藏保存到印象笔记中，而印象笔记会帮我们自动抓取网页的地址，因此，地址信息也可以通过搜索语法搜索。

如果想看所有从少数派剪藏的关于印象笔记的文章，只需要输入 sourceurl:http://sspai.com* 印象笔记，就可以得到图 4-7 所示的结果。

需要注意的是输入网址时需要带有 http://，此外，网址后面需要添加星号（*），否则不会返回正确的结果。

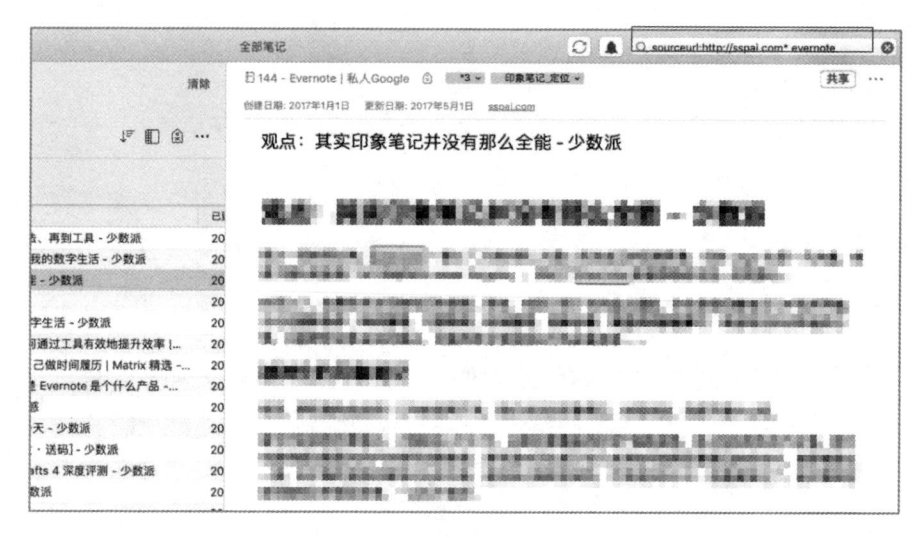

图 4-7

搜索功能的进阶用法

组合搜索语法

有些人可能会说：前面讲到的搜索语法看起来也没感觉很高级啊。是的，单独的模块并不高级，不过，模块一旦组合起来便能够满足各种特殊、复杂的需求，而且模块的组合方式非常灵活。

举个例子：我们在前面介绍了如何使用印象笔记完成对线上内容的阅读，而到了周末，除了清空这一周收集的内容，最好能稍微总结一下这一周阅读了多少内容，自己相比前一周有没有进步。这时，搜索语法的组合就可以发挥作用了，具体过程如下。

首先，使用 "created:day-7" 语句把一周做的所有笔记都显示出来，去除个人创建的笔记后，基本就得到了这一周阅读文章的数量。

更简单的方法是使用 author：语法。因为所有自己新建的笔记的作者会默认使用系统的用户名，因此，当我输入 "created:day-7 author：吕江涛" 后，系统能搜索出我本周手动创建的笔记内容，如图 4-8 所示。

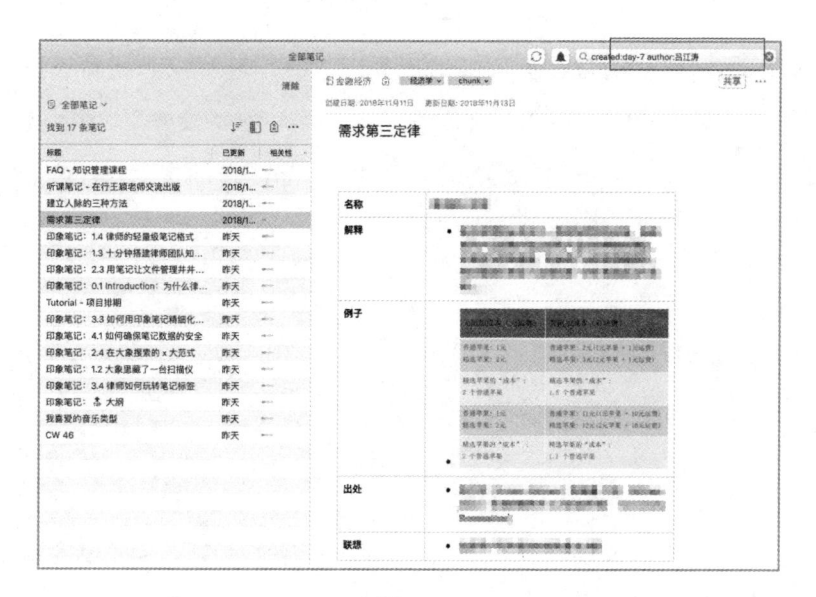

图 4-8

只需要添加一个减号（-），输入"created:day-7 -author:吕江涛"，就可以筛选出这一周从微信、网页剪藏的全部内容，如图 4-9 所示。

图 4-9

如果你没有删掉默认标签的习惯，还可以统计出用微信剪藏了多少篇文章，只需要在搜索框输入"created:day-7 tag:微信"即可。

只要严格按照前面几章提到的笔记处理方法，还可以借助高级搜索语法准确地识别出来"这一周阅读了多少篇关于心智思维的文章""这一周积累了多少篇听课笔记""这一周阅读了多少篇关于产品经理的文章"等内容，为今后优化信息源提供精确的数据支持。

组合搜索语法还有很多有趣的用法，如搜索去年今天所做的笔记（使用"created:day-365 -created:day-364"）等，这些具体的语法我都整理到了"搜索语法列表"里，有需要的读者可以在后文查看。

保存搜索条件

简单来说，保存搜索条件的主要目的是把经常搜索的条件保存下来，方便在需要的时候快速完成搜索。比如，针对前面提到的几种高级搜索条件，如果每次都要重复输入这些语法，会比较麻烦，使用保存搜索条件功能之后，每次只需要用鼠标单击即可发起搜索，非常方便。

保存搜索条件的方法也非常简单，在完成搜索之后在菜单中依次单击"编辑→搜索→保存搜索"即可，如图 4-10 所示。

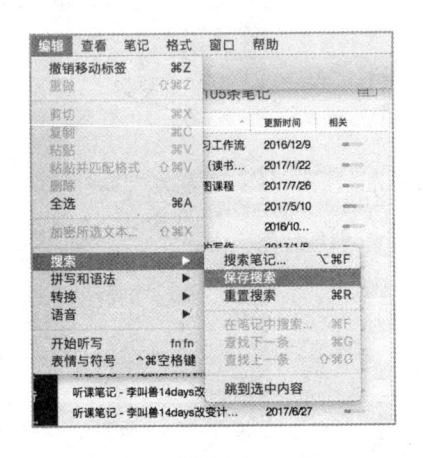

图 4-10

有人可能会觉得这不就是很多任务管理工具或数据库工具的筛选功能嘛，没什么大不了的。但千万别小看了这个功能，大多数筛选功能都是资深用户重点关注的高阶玩法，甚至是不少工具的核心竞争力，如 Excel 的透视图功能、OmniFocus 的透视功能、Todoist 的过滤器功能、电脑的智能文件夹功能（如图 4-11 所示）等，这些内容本质上都是"保存搜索"。

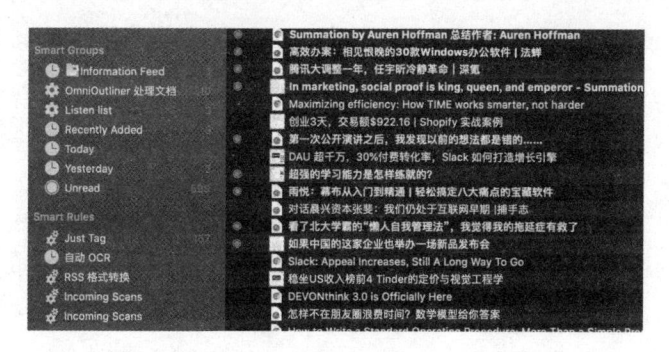

图 4-11

同步之后，还能随时随地在手机端的印象笔记中启动已保存的搜索（如图 4-12 所示），非常方便。

图 4-12

从快捷方式启动搜索

保存的搜索条件会在搜索框固定下来，在搜索的时候直接单击就可以使用。如果部分搜索条件会被频繁使用，最好将它设置为快捷方式。此外，不仅仅是笔记，笔记本和标签等也都可以被设置为快捷方式。

前面提到的"避免信息过载"的每日阅读清单，就被我保存为"🔗Infomation Feed"，并设置为快捷方式。这样，无论是使用手机还是电脑，都能一键快速打开内容，进入信息处理状态。

高级搜索语法表

这里给大家列出来印象笔记官方推出的高级搜索语法，并做了必要的补充，如图 4-13 所示。

操作符	描述	范例
Intitle:	在笔记标题中搜索。	输入关键词"Intitle:咖啡"可以搜索标题中含有"咖啡"的笔记。
notebook:	在指定的笔记本中搜索笔记。	输入关键词"notebook:财务"将只搜索"财务"笔记本中的笔记。
any:	将显示匹配任一搜索关键词的笔记。若不使用该操作符，印象笔记搜索将只显示匹配全部关键词的笔记。	输入关键词"any:披萨啤酒"将搜索所含"披萨"或"啤酒"的笔记（去除 any:将只显示同时包含"披萨"及"啤酒"的笔记）
tag:	搜索含有指定标签的笔记。	输入关键词"tag:医疗"将搜索含有标签"医疗"的笔记。 温馨提示：搜索- tag:*时，搜索结果会显示所有不带标签的笔记。
-tag:	搜索无指定标签的笔记。	输入关键词"Created:day"时显示今天创建的笔记 输入关键词"Created:day-365-created:day-364"时显示去年今日创建的笔记。 输入关键词"Creaded:month"时显示本月创建的笔记。 输入关键词"Created:day-2"时显示最近两天内创建的笔记。 输入关键词"Created:20151218"时将显示在 2015 年 12 月 18 日及之后创建的笔记。
Created:	搜索在特定日期或之后创建的笔记。请注意给定的日期格式必须是这样的：YYYYMMDD（YYYY 表示年，MM 表示月，DD 表示日）或者与当前日期相关的日期（例如 day-1 代表昨天，week-2 表示两周之前等）	输入关键词"Updated:day-2"将会搜索最近两天内修改过的笔记。
Updated:	搜索在特定日期或之后更新的笔记。如果某个笔记自创建之日起就未修改过，该日期将与创建日期相同。	输入关键词"resource:application/*"将搜索搜有格式的文档。 输入关键词"resource:application/pdf"将搜索所包含 PDF 文件的笔记。 输入关键词"resource:application/vnd.openxmlformats-officedocument.wordprocessingml.document"将搜索包含 word 文档的笔记。 输入关键词"resource:application/vnd.openxmlformats-officedocument.spreadsheetml.sheet"将搜索包含 Excel 文档笔记。

图 4-13

虽然前面介绍了在不同场景下我们可能需要的搜索语法，不过，正如本节开头提到的：在大多数时候，使用最基础的全文搜索就足够了，并不需要频繁使用复杂的搜索语法，也不用将这些语法都准确地记下来。

更好的状态是我们知道有高级搜索语法这个功能，且大概了解能够实现怎样的效果、在什么情况下用得到。然后将这个图 4-13 作为"词典"，如果有一天遇到了类似的情景，懂得使用高级搜索语法解决手头的问题。

小结

简单来说,高级搜索就是"多条件组合搜索",不管是通用搜索引擎还是专业搜索工具,一般都有这样专门的搜索页面,除了上面主要介绍的印象笔记,DEVONthink 和 Notion 等也都支持各种条件嵌套的使用,可以满足你的各种信息搜索需求。

随着自然语言处理技术越来越成熟,搜索方式会慢慢变得更简单、更自然,但在现阶段,善用高级搜索能在工作、生活中帮你省下不少时间。本章后面还会详细介绍搜索引擎的高级搜索功能,相信能让你对高级搜索语法有更深入的理解。

4.2 搜索引擎的高级搜索功能

你好,我是 Louiscard,这是你打造信息管理系统的第 16 天,今天我来跟你聊聊如何用好互联网搜索引擎。

这个世界最全面、最庞大的信息数据库就是"互联网",不管你需要什么信息,想要学什么知识,在互联网上通常能找到相关内容。这一部分分享几条使用搜索引擎的入门技巧和进阶技巧,从而帮助你以更低的成本在互联网世界获取想要的内容。

选择合适的搜索引擎

使用搜索引擎的第一个技巧是知道更多搜索引擎。除了 Google 和百度,还有 Bing、Yahoo、搜狗、ask.com、DuckDuckGo 等,不同的搜索引擎有各自的优势,即便你日常主要使用 Google,但在一些特殊领域,因为各个搜索引擎的排序算法不同,试试其他搜索引擎往往能给你带来惊喜。

同时,由于越来越多的互联网巨头将内容封闭在自己的生态内,想要用一个搜索引擎满足所有搜索需求已经不太现实，比如，如果想要获得微信公众号发布的内容，用搜狗显然比用百度、Google 的效率高很多。在很多时候，在淘宝、GitHub、知网、B 站、豆瓣、微博中进行搜索，效果可能好得超乎你的想象。

所以，用好搜索引擎的第一步就是知道除了 Google 和百度，还有哪些搜索引擎及各自在哪些场景下的使用效果最好。

优化搜索关键词

使用搜索引擎的第二个技巧是优化搜索关键词。相对于找到正确的答案，更难的是问出一个正确的问题。准确提炼搜索的关键词是提升搜索能力的核心技巧，其有几种方法。

第一种方法：使用关键词组合。通过使用多个关键词的组合进行搜索比提问式搜索能得到更好的结果。不过，随着自然语言处理技术和分词技术的日趋成熟，检索结果的差距越来越小。

举一个例子，当印象笔记支持 Markdown 格式以后，我想要看看少数派网站中有没有相关的文章，当使用关键词的组合进行搜索时，得到的结果如图 4-14 所示。

但当我搜索"少数派发布的关于印象笔记支持 Markdown 格式的内容"时，也能得到类似的答案。既然如此，为什么我们还要用关键词的组合进行搜索呢？主要原因是使用关键词的组合进行搜索的效率更高，这是由搜索引擎的检索机制决定的。事实上，当用户输入句子以后，搜索引擎会将句子拆成词组进行检索，虽然搜索引擎会屏蔽一些无意义的关键词，但还是会有很多关键词会干扰最终的检索结果。与此同时，用长句进行搜索无法灵活调整、修改搜索的关键词，完成复杂的搜索任务。

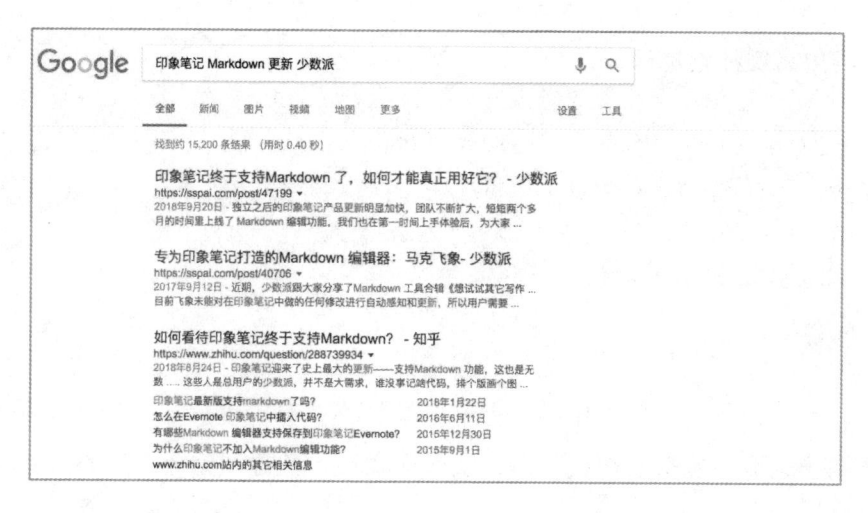

图 4-14

第二种方法：使用同义词。当我搜索"记忆宫殿"的相关知识时，在搜索结果中发现原来很多书籍、影视作品还将其称为"思维宫殿"，通过对"思维宫殿"这个关键词进行搜索，又得到了 200 多万条结果。在搜索专业领域的内容时，这个技巧更加重要，因为很多时候相同的内容在专业文件中的表述和在日常生活中的表述完全不同，要想搜索到有价值的信息，你需要积累最专业的表述方式。

这里举一个法律行业的例子来说明"法言法语"有多重要。如果想找关于盗刷银行卡犯罪的裁判规则，一般人可能会输入"银行卡""盗刷"等关键词，但是专业的法律从业者通常还会使用"伪卡""交易"这样的专业术语进行搜索，因此，采用更专业的关键词更容易得到有价值的信息。

第三种方法：用英文表述。在不少领域内，用英文撰写的内容在质量和数量都更胜一筹。因此，当你习惯用英文搜索后会打开一扇新世界的大门。如果英语不是很好，可以借助翻译工具（如 Google 翻译、百度翻译、彩云小译等）先翻译内容，再进行搜索。

随着 AI 技术的发展，翻译软件翻译出来的结果越来越好，有时候甚至让人看不出来这是一篇机器翻译的内容。

善用高级搜索语法

前面详细介绍了印象笔记的高级搜索语法，其中不少语法在搜索引擎中的作用是一样的，接下来主要介绍一些之前没有提到的语法。

搜索完全匹配的结果

语法：" "。

将关键词放置在引号中时，搜索引擎将不会对关键词进行分词处理，关键词的排列顺序也会被严格限定，从而搜索到与关键词完全匹配的结果。

搜索包含任意一个关键词的结果（组合检索）

语法：OR。

在各个搜索查询之间加上"OR"（如"印象笔记 OR 印象笔记"）在很多时候等于同时进行两次查询，效率很高。需要注意的是"OR"一定要大写，小写的"or"会被搜索引擎直接忽略。除此之外，使用 | 也有同样的效果，如搜索"Notion (wiki | coda)"等同于搜索"Notion (wiki OR coda)"，如图4-15所示。

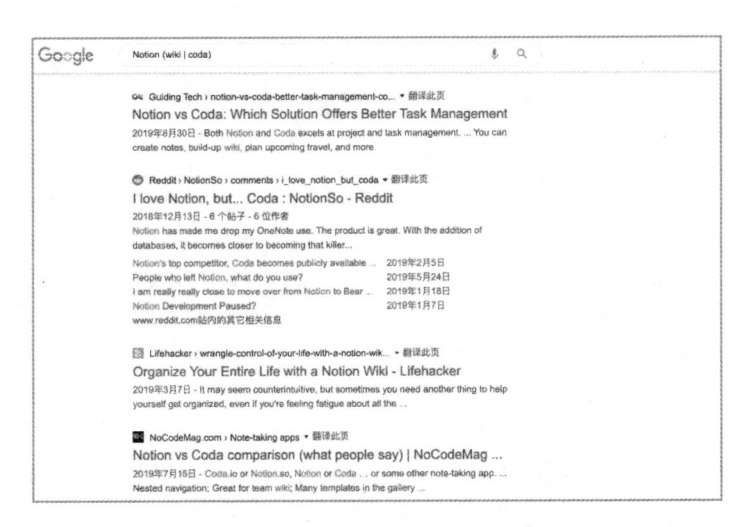

图 4-15

搜索特定网站

语法：site:。

在相应网站或域名前加上 site:，就可以让搜索引擎将搜索范围限定在特定范围内。这里有两种用法，一种是查询具体的网站，比如，如果我想看少数派网站中关于 Notion 的内容，可以输入"notion site:sspai.com"，注意，不要加上 https://www.，否则不会产生任何结果。如果不输入任何关键词，可以了解到这个网站有多少个页面被搜索引擎收录了，如图 4-16 所示。

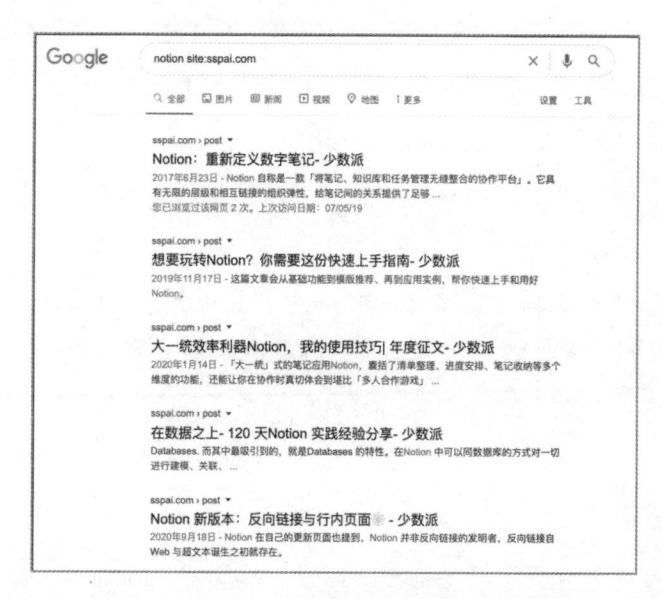

图 4-16

除了具体的网站，还可以将搜索范围限定在某一类网站上，如使用"site:.gov"作为关键词能搜到一些更权威的官方组织发布的内容。

搜索特定的文档类型

语法：filetype:。

要想快速找到 PDF、Word、PPT 等格式的文件，可以试试这种方式，具体支持的文件类型可以登录搜索引擎的相关页面查看。

补充语法

除了前面介绍的语法，还有一些不常见的语法，这里列举如下。

- inurl：搜索返回那些网址里面包含指定关键词的页面。
- intitle：搜索网页标题中包含指定关键词的页面，有点类似我们在第 5 章第 2 节中介绍的搜索笔记标题。
- 2009..2012：在某个数字范围内执行搜索。比如，如果想看某位作者于 2009 到 2012 年在某个网站发布的文章，而网站没有这种筛选功能，可以用这类搜索语法进行搜索，效率比逐年查找要高很多。
- *：在搜索中可以使用星号指代任意内容，在查找一个人的名字和搜索一首歌的歌词的时候它会非常有用。
- .：点在搜索引擎中的功能和星号类似，但匹配的是字符，而不是字、短语等内容。
- Cache：查看搜索引擎缓存的网页，可以使用这个功能查看一些在搜索时已经消失（死链网页）却被 Google 收录的网页的快照。
- related：搜索与某个网页相似的网站。
- ~：搜索近义词，如搜索"~college"时会在结果中同时搜索"university"对应的内容。

虽然我罗列了很多，但还是建议你花点时间自己在搜索引擎上动手试一试。在熟悉这些语法之前，可以进入百度的高级搜索页面进行查看、练习，如图 4-17 所示。

也可以 Google 的高级搜索页面进行查看、练习，如图 4-18 所示。

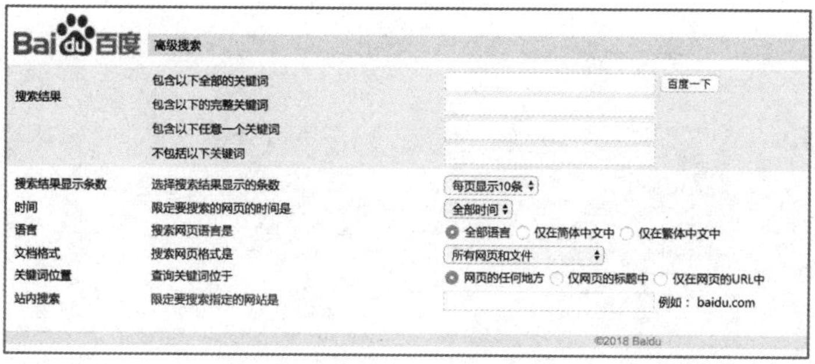

图 4-17

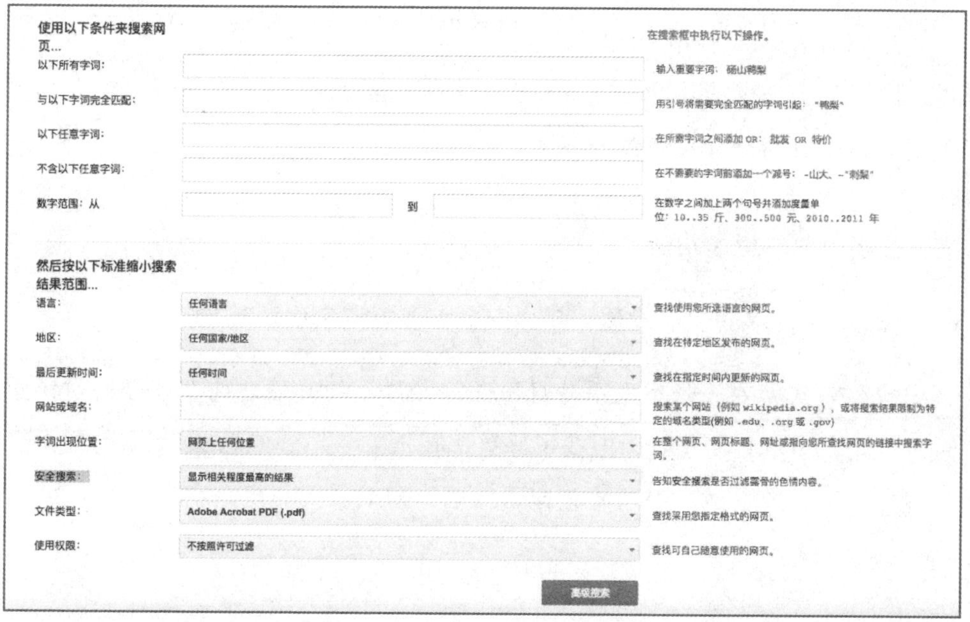

图 4-18

利用这两个页面可以实现前面提到的绝大多数搜索效果，Google 的高级搜索页面右侧还列出了搜索语法提示。不过，我依然建议你熟悉搜索语法，熟练之后直接使用搜索语法比进入高级搜索页面进行搜索要快很多。

如果要执行不是特别复杂的筛选，也可以直接在搜索结果页进行操作，如单击"工具"就可以对结果在语言、时间和搜索模式等维度上进行二次筛选，如图 4-19 所示。

图 4-19

用好二次筛选能让搜索变成一个层层深入的过程，而不是每次输入一个关键词，然后翻页寻找模糊的答案。

搜索引擎的更多功能

随着 AI 技术的快速发展，Google、百度等搜索引擎越来越好用。

我有一次需要一张本人手持身份证的照片，我确信之前在认证的时候照过，因此在手机相册里找，但找了好久都找不到。想到 Google 相册的搜索也很优秀，于是抱着试一试的心态搜了一下，结果让人非常满意，如图 4-20 所示。

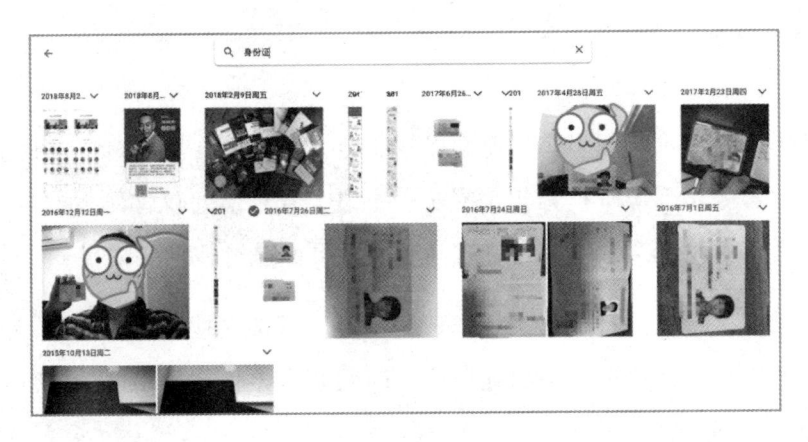

图 4-20

技术解放生产力。除了搜索照片，还可以用 Alerts 追踪感兴趣的话题，除了在页面中查看，当 Google 搜索结果中出现了与你关注的主题相关的新结果时，你还会收到邮件，如图 4-21 所示。

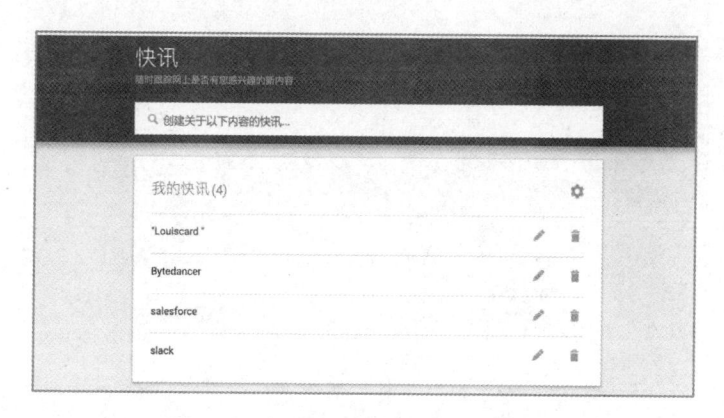

图 4-21

也可以用"weather / time / sunrise / sundown + 城市名"的方式快速查询天气等信息，如图 4-22 所示。

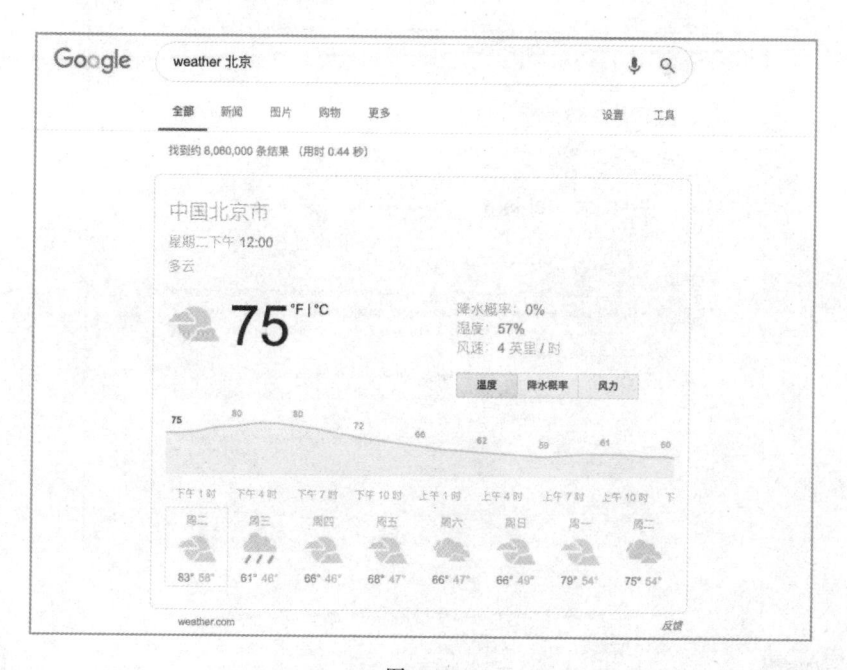

图 4-22

还可以把搜索引擎当作计算器，如图 4-23 所示。

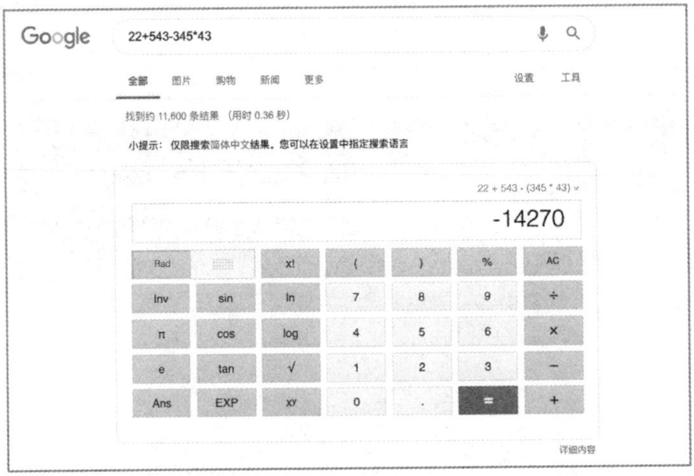

图 4-23

如果看到不认识的单词想查询含义或查看单词具体的词源信息，使用搜索引擎也可以实现，如图 4-24 所示。

图 4-24

使用 Google Trends 还可以查看数据趋势的变化，如图 4-25 所示。

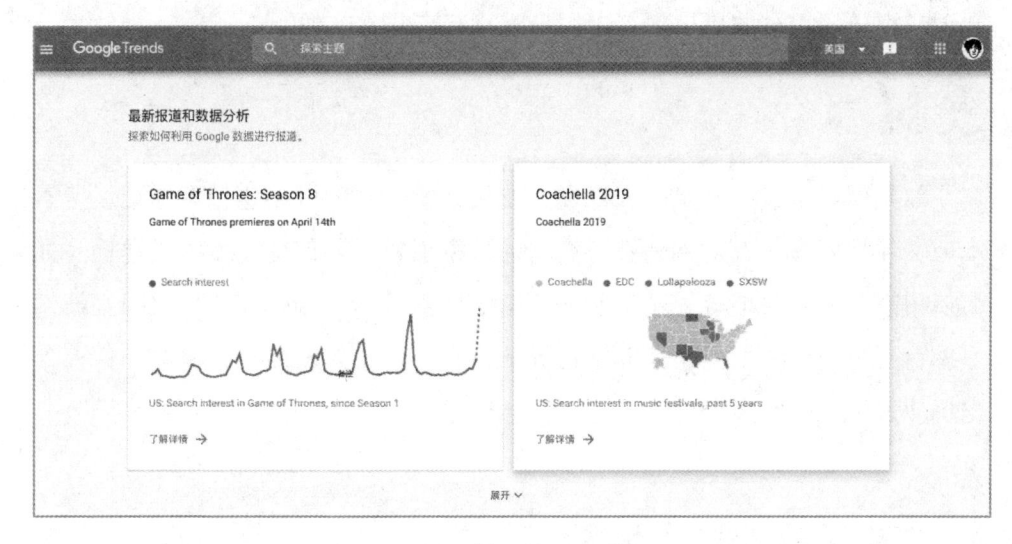

图 4-25

翻译功能在搜索引擎中当然也必不可少，如图 4-26 所示。

图 4-26

除了上面介绍的内容，这里要强调一下：浏览器的在地址栏进行搜索的功能也非常好用。在本书完稿时，我打开在线文档时已经很少去逐个寻找，绝大多数情况是直接在浏览器的地址栏进行搜索，地址栏中对应的搜索引擎和日常使用的搜索引擎是不同的，地址栏中的搜索引擎及飞书都非常聪明，会记忆用户使用过的历史内容，用户查找起来非常方便。

小结

如何用好搜索引擎是个大课题，使用搜索引擎的频率比搜索笔记、搜索本地文件都要高，针对如何选择合适的搜索引擎、如何优化搜索关键词、如何使用高级搜索功能等，本节都只介绍了最基础的内容，如果你想用好搜索引擎，更高效地调取整个互联网世界的信息，一定要抽出时间研究如何充分挖掘搜索引擎的巨大潜力。

4.3 本地文件的高级搜索

你好，我是 Louiscard，这是你打造信息管理系统的第 17 天，今天我来跟你聊聊如何做好本地文件的搜索。

虽然我建议你把印象笔记、OneNote、Notion 等工具作为信息管理的主要工具，但这类工具在本书完成的 2021 年并不适合存放太多 PDF、Doc、PPT、视频等格式的文件，而我们有很多信息都是以这些格式存储在计算机中的。所以，如何快速搜索这些文件也是要解决的难题之一。

系统内置的搜索功能和智能文件夹（Smart Folder）

我们在前面讲过了笔记工具的高级搜索和保存搜索功能，其实，使用计算机的智能文件夹功能就相当于对计算机中的文件进行高级搜索和保存搜索。简单来说，就是设置一个或几个搜索条件，精准筛选出满足条件的文件，并把这些搜索条件保存下来，以便今后重复调用，图 4-27 是在 macOS 中创建智能文件夹的方式。

图 4-27

比较常见的是使用时组合多个条件，如我放在个人收藏中的 WIP 文件夹，如图 4-28 所示。

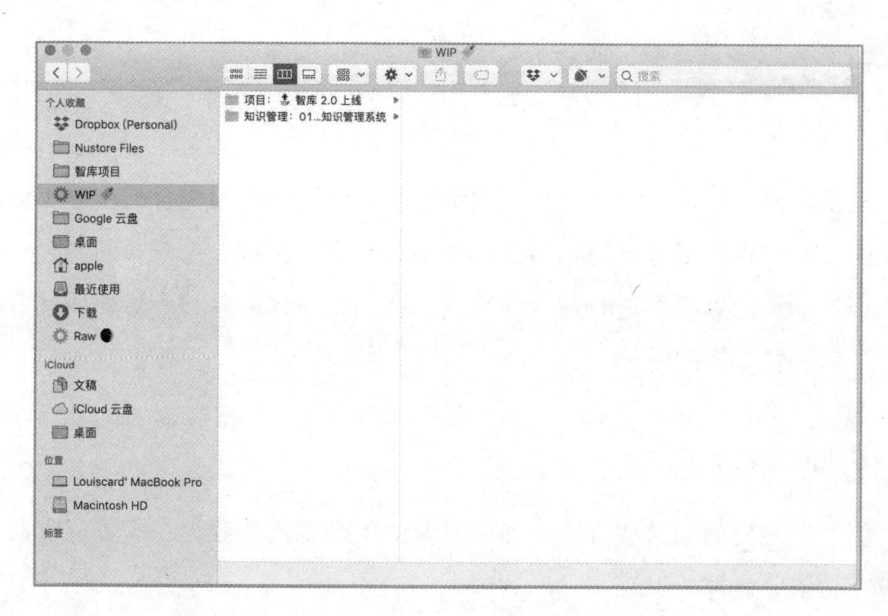

图 4-28

WIP 是 Work in Progress 的缩写，代表正在推进的项目，我会把所有正在推进的项目的相关文件夹贴上"Work in Progress"标签，这样，每次调取或保存相关文件时，单击收藏的 WIP 文件夹就能快速打开相应的文件夹。

具体的设置方法非常简单：首先单击加号（+）按钮，然后录入限制条件，如图 4-29 所示。可以分别从文件名称、种类、标记、文件标签、上次修改的日期这 5 个维度定位所需要的文件。

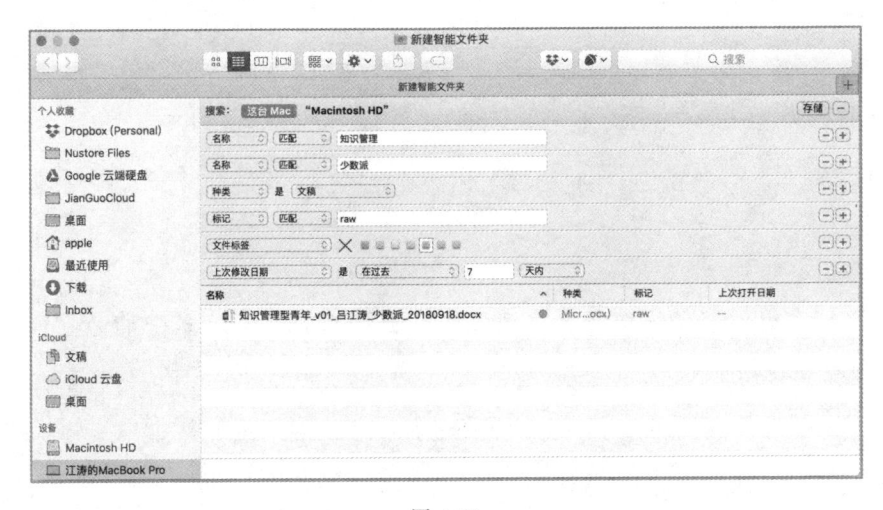

图 4-29

这里想要提醒你：虽然在大多数情况下仅仅搜索标题包含的多个关键词就足够了，但别忘了这个通过名字、类型、大小、位置、打开时间、创建时间、标签、标记等维度进行搜索的功能，特别是当你需要一个重要的文件但无论如何也找不到的时候。

专业的搜索工具

除了上面提到的这些方法，使用专业的工具也能让我们在搜索文件时实现事半功倍的效果。

我们先来说说 macOS 中的专业搜索工具，具体有以下几种。

Spotlight

"聚焦搜索"是 macOS 系统的内置功能，它能够快速启动，搜索文件、文件夹、单词，并且支持通过使用"⌘ Command + 空格键"组合键全局呼出，除了可以在 macOS 上使用，也可以在 iPhone 上使用 Spotlight 打开所有想要的 App。

Alfred

虽然用各种技巧从成千上万的文件中精准定位需要的那一个听起来很酷，但在实际的工作、生活中，更多是要频繁打开为数不多的几个文件，或者在一段时间内密集调用几个文件。在很多时候并不需要全文搜索，只搜索标题即可，当搜索全文时，搜索的效率反而更低一些。

针对搜索标题，已经有越来越多的工具提供了相关的功能，如任务管理工具 OmniFocus、写作工具 Ulysses、信息管理工具印象笔记都提供了帮助用户快速打开所需文件的功能，Alfred 就是其中的典型代表。Alfred 会让人产生一种"整个计算机的每一个文档都能被快速调取，迅速打开"的体验，这对信息管理来说是一种非常大的提升。

比如，每当我看到一个关于信息管理的经典案例或新方法时，就会迅速打开 Alfred，然后输入"大纲 知识管理"，展现在第一位的通常就是我想要打开的文档，只需要再敲击一下回车键就可以打开相应的文档，把增量信息输入进去，这种体验让信息的捕获成本变得非常低。

LaunchBar

LaunchBar 也是一款被"封神"的工具，它的功能和 Alfred 有一些重叠，更擅长快速启动，并且通过自适应算法让用户打开程序和文档的速度越来越快。你可以在它的官网下载、试用它，如图 4-30 所示，也可以在少数派阅读相关的文章和教程。

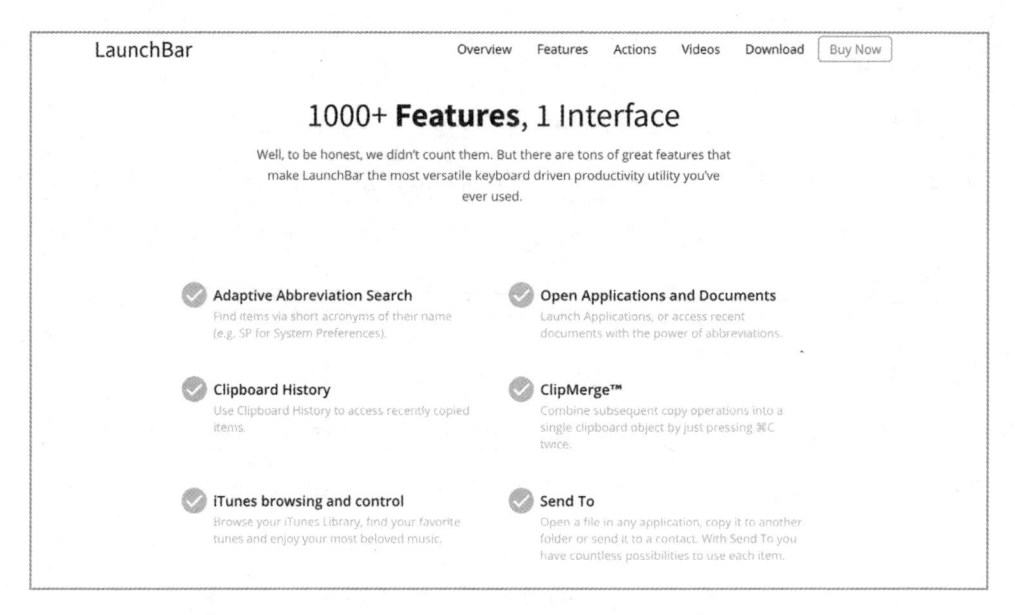

图 4-30

HoudahSpot

HoudahSpot 非常强大，可以被看作是 macOS 系统自带搜索功能的加强版。它支持更强大的组合搜索和按文件内容搜索。如果你是 DEVONthink 的用户，配合它基本可以解决 DEVONthink 存在的中对文分词的支持不够好的问题。

uTools

uTools 在官网将自己定位成一个极简、插件化、跨平台的桌面软件，允许用户通过自由选配丰富的插件，打造得心应手的工具集合。由于开发者是中国人，所以它对中文语义搜索的支持更加友好（如图 4-31 所示），且迭代速度也很快。

图 4-31

如果你是一名 Windows 的用户，可以试试下面几种搜索工具。

Everything

Everything 应该是针对 Windows 系统最负盛名的文件搜索工具之一，它会自动创建全盘索引，支持通过正则表达式对文件进行精准搜索，而且搜索速度非常快，几乎在按下回车键的瞬间就能让用户得到全部搜索结果。

Listary

Listary 的功能和 Alfred 类似，支持搜索文件和快速打开应用程序、通过双击 Ctrl 键呼出搜索框，且支持通过使用"folder:""pic:"等语法精准搜索想要的文件，如图 4-32 所示。用户的双手不需要离开键盘就能调取想要的信息，使用起来非常便捷，体验非常好。

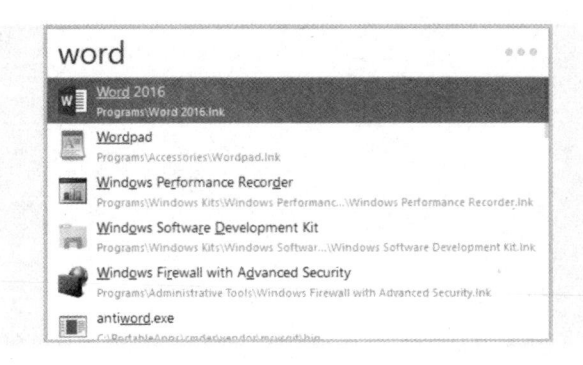

图 4-32

DocFetcher

如果你经常使用 Office、RTF、PDF、TXT 等类型的文件，相信你会需要能够对海量的本地文件进行全文检索的工具，这时，可以试试 DocFetcher 这款免费、开源的文档内容搜索工具。和前两款工具不同，它不仅仅能够搜索标题，还能搜索文档中的内容，如图 4-33 所示，从而大幅扩展你能够调取的信息的边界。

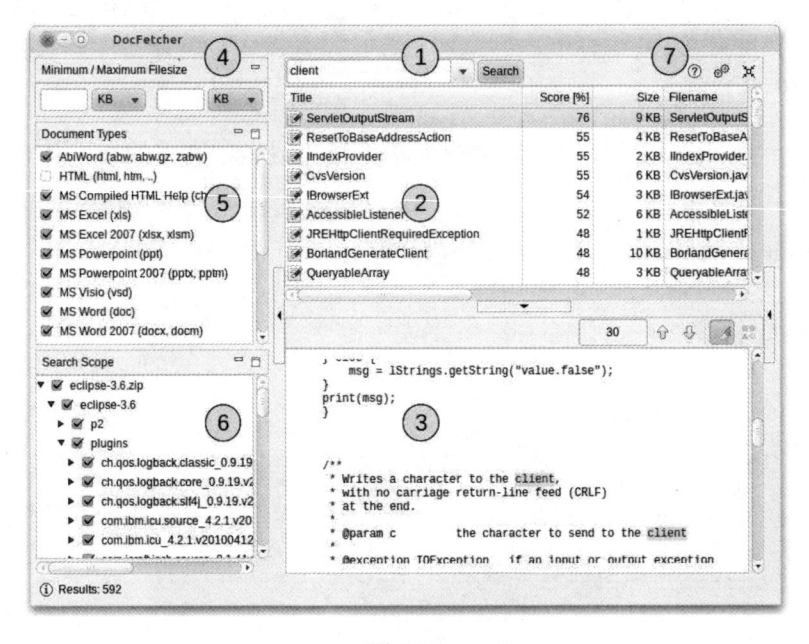

图 4-33

PowerToys

微软官方出品的工具箱 PowerToys 在新版本中也增加了快速启动应用程序的能力，并提供了批量重命名、修改按键功能等功能。虽然使用体验不如其他几款成熟的工具，但由于属于官方出品，稳定性更好，不想折腾的读者可以考虑一下。

小结

希望这些好用的搜索工具能让你管理本地文件更加高效，如果有其他推荐的工具，欢迎在读者群中和大家交流。

第 5 章
输出信息

5.1 定义"信息输出",减少写作痛苦

你好,我是 Louiscard,这是你打造信息管理系统的第 18 天,我来跟你聊聊该如何管理信息输出,减少写作的痛苦。

告别中学时代的写作

我相信没多少人喜欢写作,这种不喜欢往往从中学时代的作文课开始积累。审题,用 45 分钟在稿纸上写下 800 至 1000 字短文(或作文)……时至今日,你可能还记得在教室里抓耳挠腮、凑不够字数的绝望。

写作很难,基本成了大家的共识,特别是在习惯了碎片化阅读和表达,聊天也尽量使用表情包的时代,发个朋友圈都会觉得压力山大,写作技能愈发退化。可是仔细想想,我们每天都在说话、交流,隔三岔五总有些稀奇古怪的想法冒出来,想一想、聊一聊都很容易,为什么写出来就这么困难呢?

接下来,我来分享几条自己对"写作"这种信息输出方式的理解,也许能帮你减少一些写作时的痛苦。

不要"憋大招",要随时随地写作

第一个要分享的建议是:不要"憋大招",要在工作、生活中随时随地地写作。

离开校园后,写作不再是坐在教室里写够 800 或 1000 字的短文或完成作文考试。当你收集、处理、内化信息时,你可能会从一篇古代兵法文章中洞悉公司人力资源管理的破题之道,从一场热映的电影中悟到正在写的文章的框架,在洗澡的时候想明白一个困惑自己几个月的人生难题……这些发现漏洞、洞察联系、产生想法的"啊哈时刻"都是写作的触发条件。

从念头冒出来到完成一次"最小单位"的写作,也许只需要 10 秒。你可能会在睡觉前的朦胧时刻突发奇想,在早起洗漱时妙手偶得,如果能快速记下来,它可能就是你未来写一篇文章、一套数程甚至一本书的种子。

发到朋友圈的文案需要写作,发到微博的文字也需要写作,发邮件需要写作,给朋友推荐一款 App 也是一种写作,其实,每个人都是写手,写作和其他形式的输出表达没什么不同,写作没什么了不起,也没那么困难。

数字游民的倡导者 Jarod Zhang 在一篇文章中分享了阅读非小说类书籍的"3S 方法论"。方法非常简单:每读完一个章节,他都会标记一个最有趣的故事(Story)和一个最令人震惊的数据(Statistics),并进行关键的最后一个 S(Share),即每读完一章就会把这章的中心思想分享出去,输入和输出节奏非常紧凑。

永远在一个长期的写作项目中

高频深入思考是一种能力,也是一种习惯,但在工作节奏越来越快的时代背景下,有这样习惯的人越来越少。不思考还真不一定是没有需要思考的,恰恰相反,可能是想得太多,反而只能浮于表面,很难深入并有所积淀。如果在思考时不停地切换主题,那往往只是看起来在琢磨,其实分摊到每个主题的时间和精力远远不够,**思考远远达不到高频,更谈不上深入**。

解决这个问题的办法非常简单:**永远把自己放在一个中长期的写作项目中**。比如我最近的写作项目是《信息管理教程》,并且聚焦在"信息输出"部分,因此,在这段时间里我总会有意无意地思考与这个项目有关的各种问题。看到各种信息都会琢磨跟当前项目有无关系,发现有价值的的信息或思有所得也都会优先记录到文稿中。这个项目就像一块巨大的磁铁,吸附起各种信息,让我在其中创造出超出预期的美妙组合。

再举个例子:我习惯定期快速浏览印象笔记官方的博客,但以前就是随便看看,毫无目的。最近因为要写上述教程,再去浏览时发现阅读相关文章的感受完全不同,看到文章中的各种截图都忍不住认真研究一下。我在其中看到的一张介绍 Team Space 的截图(如图 5-1 所示),经过分析、转化,最终让它成了本书的一个生动例子。

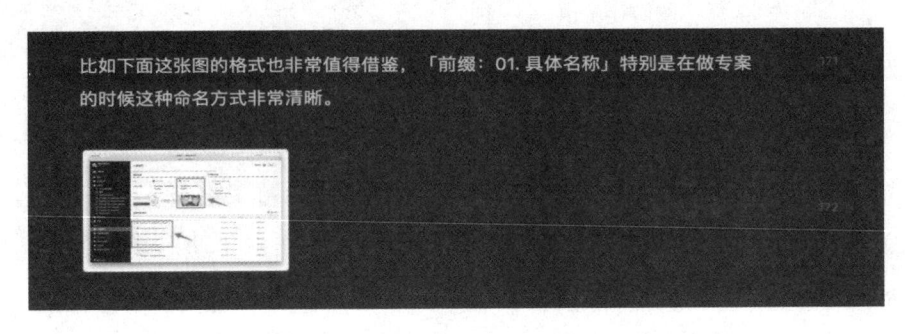

图 5-1

我之前读过的 Slack 的文章(如图 5-2 所示)也成了本书的灵感来源。

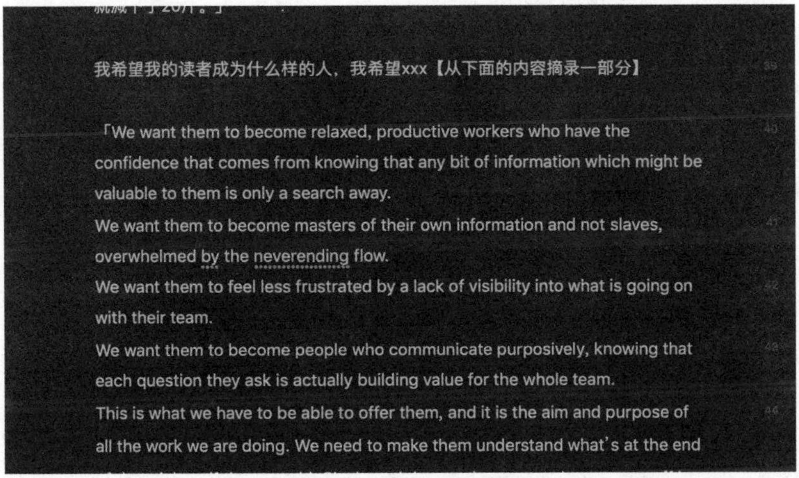

> 我希望我的读者成为什么样的人，我希望xxx【从下面的内容摘录一部分】
>
> 「We want them to become relaxed, productive workers who have the confidence that comes from knowing that any bit of information which might be valuable to them is only a search away.
> We want them to become masters of their own information and not slaves, overwhelmed by the neverending flow.
> We want them to feel less frustrated by a lack of visibility into what is going on with their team.
> We want them to become people who communicate purposively, knowing that each question they ask is actually building value for the whole team.
> This is what we have to be able to offer them, and it is the aim and purpose of all the work we are doing. We need to make them understand what's at the end

图 5-2

很多人一开始没多想，觉得坚持每日更新就可以培养自己的写作技能，等写作技能足够成熟之后再着手进行真正的创作。从我这几年的观察来看，抱着这种心态的朋友往往都坚持不到"足够成熟"的那一天，正如《华尔街日报是如何讲故事的》的序言里的一段话所述。

> 优秀的写作从来都是痛苦的产物。如果你没有受伤，你就没有尽力。不过这种痛苦应该是有回报的，这种回报就是创作完成后，从一篇成功作品中产生的满足感。令人遗憾的是，许多作者体会到了痛苦，却很少得到这种满足感。

所有的写作都应该有明确且强烈的目的，永远不要把"提升写作技能"当成一个目的，即便你最终实现了这个目的，中间也会走太多弯路。不要将流程设定为多阅读、多思考、定期总结并输出。这样的顺序是错的，输出的时间应该更早。

更稳定、更高频的输出能够带来最纯粹、最愉悦的成就感，这种成就感会推动你向前发展，而不仅仅是得到虚无缥缈的获得感或难以衡量的写作技能提升。

与前面提到的百科数据库类似，写作项目是一个目的更明确、性价比更高的数据库。从某种意义上讲，当我们创建并维护某个主题的数据库时，就应该抱着"一旦时机成熟，只需要把权限稍做调整，它便能够以作品的形态开放、分享给互联网上的每个人"的态度，如图 5-3 所示。

图 5-3

因此，建议你制定一个长期的目标，这个目标可以是写一本书、制作一套课程、准备一次演讲，最好是需要花费几周甚至数月时间才能完成。你可以在这个较长的时间阶段内围绕这个主题有意识地持续输出。

尝试更丰富的输出形式

在绝大多数时候，输出和输入很可能是一件事，因此，发表的作用往往被低估。史蒂夫·乔布斯说过一句经典的话，"Real Artists Ship"（真正的艺术家发布作品）。虽然我们不是艺术家，但是应该能从乔布斯的话中体会到：一旦内容被发表，首先，它被你记住的概率就会大幅提升；其次，你只有在内容被发表以后才能获得更多反馈，而这也会推动你进行更多的输出和表达，提升创造伟大作品的可能性。

亚当·格兰特（Adam Grant）在 *Originals: How Non-Conformists Move the World* 一书中写到"Quantity is the most likely path to quality. The more you produce, the more ideas you will have"（绝对的数量是获得更高质量的最佳途径，你产出的越多，你就会有更多的想法）。他还说过，在有史以来 50 首西方最伟大的音乐作品中，有 6 首属于莫扎特，5 首属于贝多芬，3 首属于巴赫，而为了创作这些作品，莫扎特创作了超过 600 首作品，贝多芬创作了超过 650 首作品，而巴赫创作了超过 1000 首作品。

要想做到这些并不容易，除了勤奋，还有一个很重要的技巧——把输出拉开层次。既不放弃日常的零碎输出，也不耽误阶段性的输出，除了撰写"大部头"的作品，还应该培养更丰富的输出方式，找到喜欢的风格和平台，例如微博、朋友圈、公众号、微课、播客、Vlog、线下培训、视频教程、书籍等）。拉开层次之后，所有的信息输入都能够转变为输出素材，这样就可以做到既不"憋大招"，也不白白努力，这些内容会进入你的"信息数据库"，让未来的输出过程更加轻松。

我除了写文章，也会在一些场合给一些朋友分享自己的时间管理技巧，其中有几次，在仓促的准备之后就完成了一个规模不小的主旨演讲幻灯片。这是因为我并不只是把要在成百上千人面前讲的幻灯片算作输出，而是在日常工作中收获心得、偶然听到关于任务管理的新理念时，都会打开幻灯片文件，"输出"到正文或者备注中，如图 5-4 所示。

我偏爱的更轻量级的输出方式是发微博，如图 5-5 所示。这样做的压力不大，收获却不小，不仅可以低表达成本，还能因此认识一些有意思的朋友，获得不少有价值的反馈（欢迎各位读者关注我）。

图 5-4

图 5-5

如果我一整天都没看到、想到或做过什么值得在饭否上说的事,那这一天就太浑浑噩噩了。

——王兴

根据我的经验,打磨 140 字的内容没什么压力,也花不了多少时间,但是会让你对文字越来越敏感,那些有着微妙差异的词汇和你会越来越亲近,时间久了,你对文字的简洁、趣味、风格会有不同的理解,有些时候,你还会花一些小心思在文字里，藏下一颗"彩蛋"。

当对撰写 140 字的内容毫无压力的时候，可以尝试把一件事用 500 多字的长微博说清楚。再往后，添加开头、结尾并补充几个例证就可以形成一篇质量较好的文章。

从输入信息到输出信息的路径长短反映一个人的信息管理风格，也体现其信息管理能力，如果写不了长文，不妨先从 1000 字的文章开始，如果还不行，也可以从坚持发微博或微头条开始。如果能找到一个可靠的小组或社群，利用同伴的压力和场域的力量，效果会更好。

当然，还有一种输出方式可能永远也不会被人看到，更不要提发表，而且有些老生常谈，但是对我的帮助真的非常大，这种方式就是记日记，如图 5-6 所示。

记日记的好处很多，如可以帮你梳理思路、保存记忆、缓解压力、培养节奏，更重要的是让你习惯输出、表达。

图 5-6

调整自己的写作节奏

写作节奏是一个颇有争议的话题，世间存在"灵感来了写上几天几夜，然后好几个月不动笔"的鬼才作家，不过我更建议你效仿稳扎稳打的村上春树，他在书里提道：我基本上凌晨四点左右起床，也常有两、三点起床就马上开始工作的情况，但无论如何也要每天写完十页。

要用输出倒逼输入。保持输入、输出的平衡是信息管理的关键，否则，看似大吞吐量的信息输入最后很可能剩不下什么。

保持输入、输出平衡的具体操作和前面提到的利用场景切换寻找更多阅读时间的方法一致，可以设定起床后、睡觉前和周六的一大段时间为写作时间，每次 30 分钟到 2 小时，坚持一段时间就能养成习惯。写作不仅仅包含日常的写作，如果工作中有比较多的文档撰写任务，也可以提前设定一个工作时间中的时间段作为"写作时间"，确保相关任务有充足的时间。

文章从撰写到发表需要多长时间？这个问题没有标准答案，根据我的观察和实践，一般的稿子用时一周，重要的稿子用时四周左右比较合适。投入更多时间当然会让你的内容更完善，但这也会有更大概率让你永远无法完稿、无法发表。

如果你在筹备专栏上线或书籍出版，由于这个长期项目可能需要你投入数月时间，因此你在相当长的阶段内可能无法实现每周更新，整个写作、发表的节奏会被拖得很慢。

我就经常会有一些突如其来的想法，如忽然想明白了"他人需求型任务的处理方法"这类小问题，然后直接写成时间管理教程的一个小节。这种写作方式的周期太长，下次再见到这个卡片或把它发表可能需要等到这个教程整体迭代、发表的时候，而这个时间可能是 1 到 2 年之后了。面对这种情况，可以结合使用前面提到的"更丰富的输出形式"，尝试在篇章发表前增加一次卡片素材的发表。如当你有了新的想法时（无论是关于什么主题的，只要不属于正在进行的项目就可以）先单独记录到一条笔记里，而不是直接放在文稿中。每天从这个笔记列表里随机挑选一条或几条稍加修改以后作为发微博的素材，相关内容随后再纳入不同的文稿中。这样，不仅能够保持稳定的日常更新，也增加了对这个想法的迭代轮次，通过社交媒体获得的反馈还能帮自己纠偏和获得更多增量信息。

小结

信息输出是一个有趣但困难的事，与其找借口抗拒，不如想办法转变思维方式、预设模板、用好工具，把它变得相对简单。

在这个时代，个人的价值能越来越充分地释放，无论是运营自媒体账号，还是出版图书、开展知识付费等形式，基础设施都已经被搭建完毕，如果能让自己的信息管理系统稳定运转，跑通自己的"输出闭环"，则无论是做一名自由职业者，还是成为一枚"斜杠青年"（指多职业、多身份生活的青年——编辑注），都能让你获得更丰富的人生体验。

《迟早更新》里提到一句话：让熟悉的事物变得新鲜，让新鲜的事物变得熟悉。

这句话说的是播客，其实写作及类似形式的信息输出都应该如此。除此之外，养成输出的习惯还有如下额外的好处：

- 帮助自己理解概念。
- 提升自己的时间使用效率。
- 帮助其他人获取信息。
- 打造自己的个人品牌。
- 获得报酬和收益。

希望各位读者能够坚持输出，形成自己的影响力。

5.2 卡片式写作的工作流

你好，我是 Louiscard，这是你打造信息管理系统的第 19 天，5.1 节讨论了如何打破对写作的惰性或畏难，算是输出部分的理论篇，这一部分我们更进一步，聊聊写作的基本流程，算是输出部分的实战篇。

本节要介绍的方法是以时下流行的"卡片式写作"理念为基础，结合我这些年总结的标准化工作流程，按照这几个步骤，我相信你也可以用最小的成本迈出稳定输出的第一步。

第 1 步：确定主题

前面多次提到"以输出为导向"的学习方式，这里要再次强调：无论是写一本书、打造一门课，还是设计一篇演讲稿，关键在于"要尽早确定主题"。

比如，我开始系统研究"个人信息管理"相关主题后，第一件事就是创建写作项目，首先用几天时间确定主题和大纲，如图 5-7 所示。

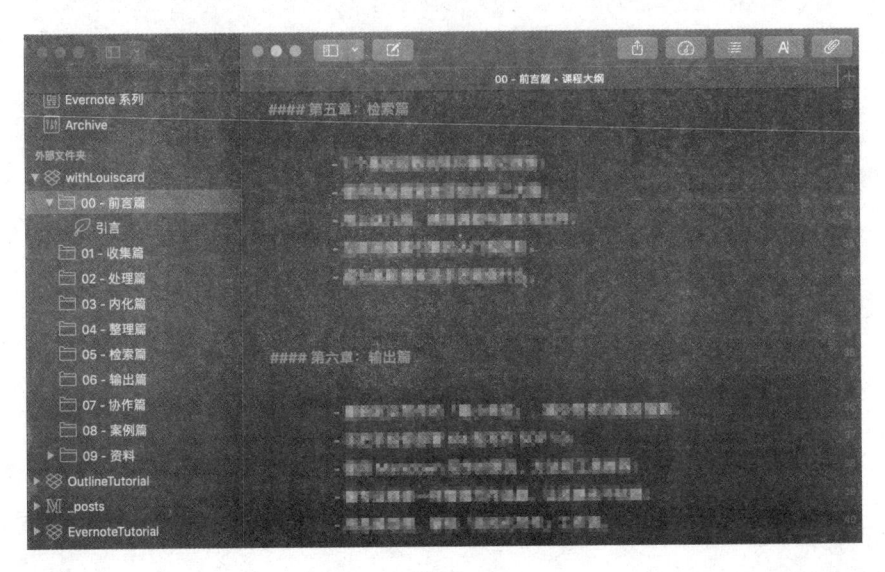

图 5-7

俗话说"万事开头难",只有舍得花几天时间把要写的主题和大纲确立好,即形成主题(和名称)、大纲(论题或称选题)、纲目(论点和资料)的层次式结构,后面的工作才会越来越轻松,让自己在不知不觉间就写完几万字。

除了确定一个项目主题,每周挑选并聚焦在一个具体选题上也非常重要,否则非常容易行动困难。我曾尝试过不确定具体选题,推崇"想到什么,随便写写"的灵感型策略,结果发现最终结果非常糟糕,根本原因就是我大大低估了"完成"的价值。

"完成"这件事不仅能让你获得一种正向反馈,更重要的是让你能够产生"放下"的感受。与 GTD 的底层逻辑相同,如果有 100 个不同选题的内容在齐头并进,有些才起好选题名,有些被暂时搁置,有些达到了 90% 的完成度……这听起来似乎还行,但实际上会让你产生一种强烈的"未完成感",几个月都未必能交付一篇 3000 字的文章。

为了不被这种负面感受拖垮,我建议你采取一种新的思路——多更新,多发表。

虽然近几年我很少在公众号中发表内容,但我投入到专栏中的时间并不少。我的策略是先每周聚焦于一篇文章,在一周以内完成内容的创作或修改并交付编辑,并把这当作是上线了一个新版本的产品。然后在下周开始推进新的内容或启动针对这篇文章的更新工作,用清晰的版本保持良好的节奏,不给自己增加额外的管理成本。

第 2 步:撰写卡片

这里首先介绍卡片式写作的创始人和"首席布道师"、大作家——纳博科夫,如图 5-8 所示。

图 5-8

作为20世纪伟大的作家之一，纳博科夫基于卡片的创作方式影响了非常广泛的创作者，他曾在接受 BBC 采访时分享自己的创作方法。

我发现索引卡片确实是我能找到的最好的写作纸张。我不再是从开头写到结尾，而只是填补"拼图"中的空白。这个"拼图"在我的脑海中非常清晰，我只需要从这里挑出一块填满一部分"天空"，从那里挑出来一块填满一部分"风景"……我忘记了写作，变成了单纯寻找快乐的"猎人"。

除了纳博科夫，钱钟书、李敖等也是卡片式写作的高手。不仅是作家，奥斯卡最佳原创剧本获得者达斯廷·兰斯·布莱克（Dustin Lance Black）这样的好莱坞编剧也将卡片用在影视作品的创作中。

落地卡片式写作

落地卡片式写作具体应该怎么做呢？

简单来说，就是先围绕主题展开写作，而不考虑逻辑结构，先把想到的内容以卡片的形式记录下来，零散、发散地形成一个个相对独立的信息模块（前面所说的"选题"或"论点"），如图 5-9 所示，最后将其拼接形成完整的作品。

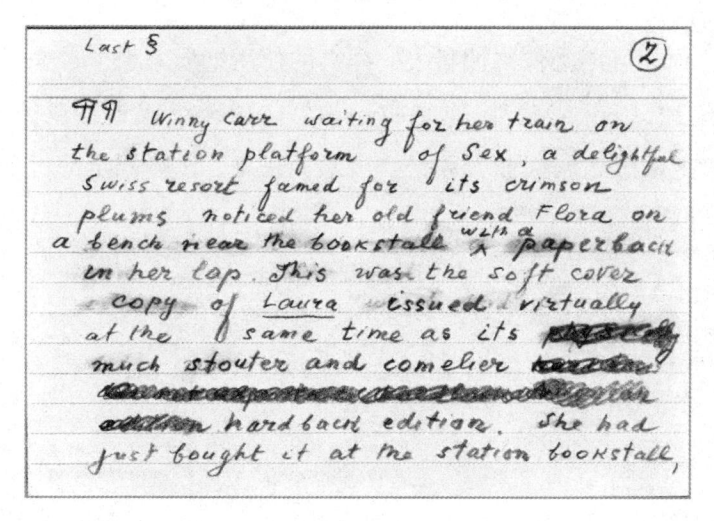

图 5-9

我在跟 Hum 交流时，他提到过一种很有意思的描述：喝醉时写作，清醒时修改。他想表达的意思是：确定一个主题后，要马上开始撰写卡片，不要在意所谓的条理、有序，先把想到的内容一股脑"倾泻"到卡片上（当然，纸、手机、电脑也是"卡片"），至于内容是否通顺、该安排在哪个段落，以及其他内容是否有重叠等问题统统不用考虑。

比如浏览短视频时看到一条视频对"专业"的理解可以用在专栏中，这时要马上记在一张卡片上，如图 5-10 所示。表述可以非常简单，完成度也可高可低，因为这在撰写卡片阶段来说已经足够了。

图 5-10

当然，你大可不必像纳博科夫一样真的使用纸质索引卡片来做这件事，选择一款笔记 App 或软件，如 Ulysses、印象笔记或更专业的 Gingko、Scrivener，把你想到的例证、数据、结论、观点、比喻等全部记下来就好，如图 5-11 所示。

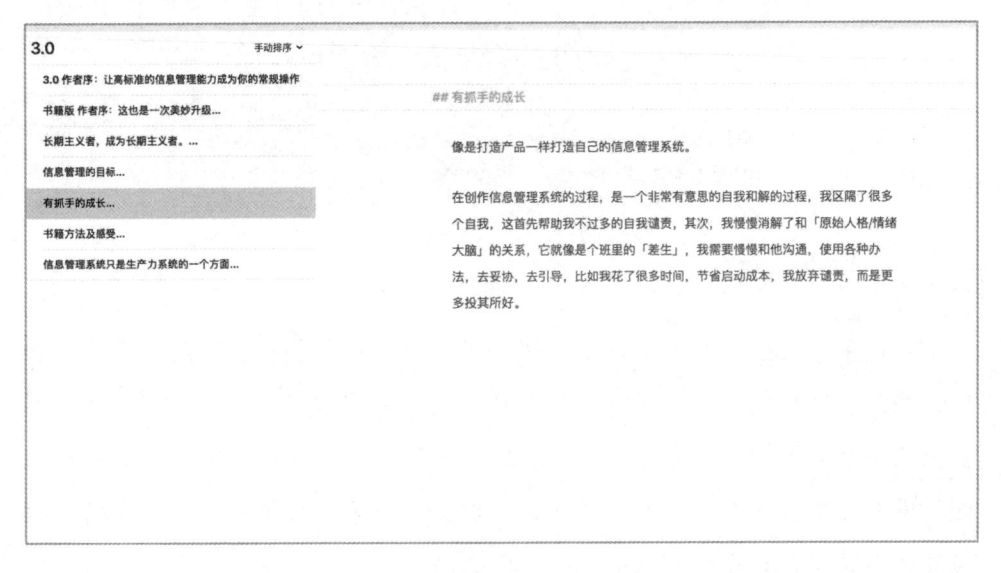

图 5-11

如果你看到这个教程写作过程中的稿件，会发现大多数内容在相当长的时间里都是乱七八糟的，一张张毫无关联的卡片"堆"在一起，这些卡片可能是：

- 卡片写作的节奏；
- 纳博科夫的采访；
- Hum 喝醉时写作；
- 找出一张卡片的重点；
- 每周不同的侧重点；
- 版本管理和 GTD；
- ……

有些是我在开始时就想到的，有些是我在坐地铁时补充的，还有些是我在睡觉之前的突发奇想，这是持续一段时间的"自我头脑风暴"。几乎没有任何限制的、无压力的输出方式能激发最大的创造力。

让卡片优先为写作服务

需要特别提醒的一点是：**要做好"写作素材卡片"和"知识卡片"的分隔**。我自己就在这方面吃了不少亏，起初有任何想法都会优先记录到笔记工具中，感觉这样就能在调取信息的时候更轻松，提高信息利用率，但在实践中发现：如果让卡片融入知识库中而使其失去写作素材的属性，会导致要写的作品迟迟达不到成稿状态，甚至发展成"为了信息管理而信息管理"，大大拖慢了写作进度。所以，建议各位读者将写作素材卡片直接记录到写作工具的文稿中，相对于知识卡片，让卡片成为文章的直接素材、优先为写作服务显然更为高效。

虽说要适度区分"以学习为目的"形成的知识卡片和"专门为信息输出"积累的写作素材卡片，但在实践中很难将其完全分开，特别是随着双向链接技术的成熟，这两者之间的转化和互动非常常见。比如，当在文章中引用了一张"知识卡片"的内容时，无论是在作品中修改字词，还是在百科数据库中增删内容，都能够实现内容的双向同步更新。

我们期待相关产品的后续发展，不过，在当下可以先试着模仿论文注释或索引的方式，建立写作素材卡片和知识卡片的关联关系。这依赖所用写作工具的注释功能，因为注释中的信息只有在写作编辑器中显示，导出和发表的版本并不会显示。例如，在文章中提到社会基线模型（Social Baseline Model）时，如果你之前在自己的笔记系统中撰写过关于这个概念的知识卡片，那么将相关内容粘贴到写作编辑器的同时，可以添加一条注释，在里面记录卡片在百科数据库中的链接，如图 5-12 所示。

```
++参考 wikicard 波利亚罐 https://www.notion.so/
03e66e1342bd44498fba43db95bc50ee ++
```

图 5-12

如果能双向自动同步当然完美，不过，截至本书完稿的 2021 年，双向同步还存在以下问题：（1）多数工具尚不支持；（2）在不同文章中插入注释的方式存在差别，"100% 自动同步、保持两者的完全一致"的需求并不强烈。面对这种情况，我们只要维护好笔记系统中的卡片即可，在更新这篇文章的内容时，从注释中单击链接打开知识卡片并做相应的"增量修改"（即只修改变化的部分）就好。

第 3 步：搜集资料

我习惯在积累了一定数量的卡片之后再补充完成相应的收集资料工作，这个工作有下面三个注意事项。

补充、确认信息

写作是一个需要不断补充和确认信息的过程。大脑不能记住所有内容，如果需要精确数值和准确表达时，往往需要进一步搜索、核查。在写作的过程中遇到不确定的内容时，不要中止写作去搜索，可以先用【】标记（类似【图片：xxxx】【纳博科夫说过的一段关于灵感的话】），然后在资料搜集环节再统一补充。

在这个过程中要特别注意及时添加脚注，补充信息的来源或具体出处，尽可能找到信息的最原始出处，确保信息真实、准确。除了脚注，也可以直接在文章中添加超链接，如果发表的内容的数量足够多或相关性足够强，可以直接引用自己已发表的文章来提高信息传递效率，这还能给其他文章导流，形成"文章矩阵"。

在个人数据库和互联网中搜索增量信息

由于个人数据库中存储着大量高质量信息，且这些信息很多跟写作的主题高度契合，因此，在笔记工具中进行搜索通常都能找到有价值的资料，这也是对信息收集管理系统的一种"回报"。

搜索也是整理个人信息数据库的一个契机，第 3 章提到的对印象笔记、DEVONthink 等工具的整理要尽量克制，接受部分信息以无序甚至混乱状态存放的原因也正是源于此。

平时只需要用最低成本维护信息的基本秩序即可，因为一些文章即便没被读完便被直接归档、存储，也有机会在这种时候被调取使用，如图 5-13 所示。

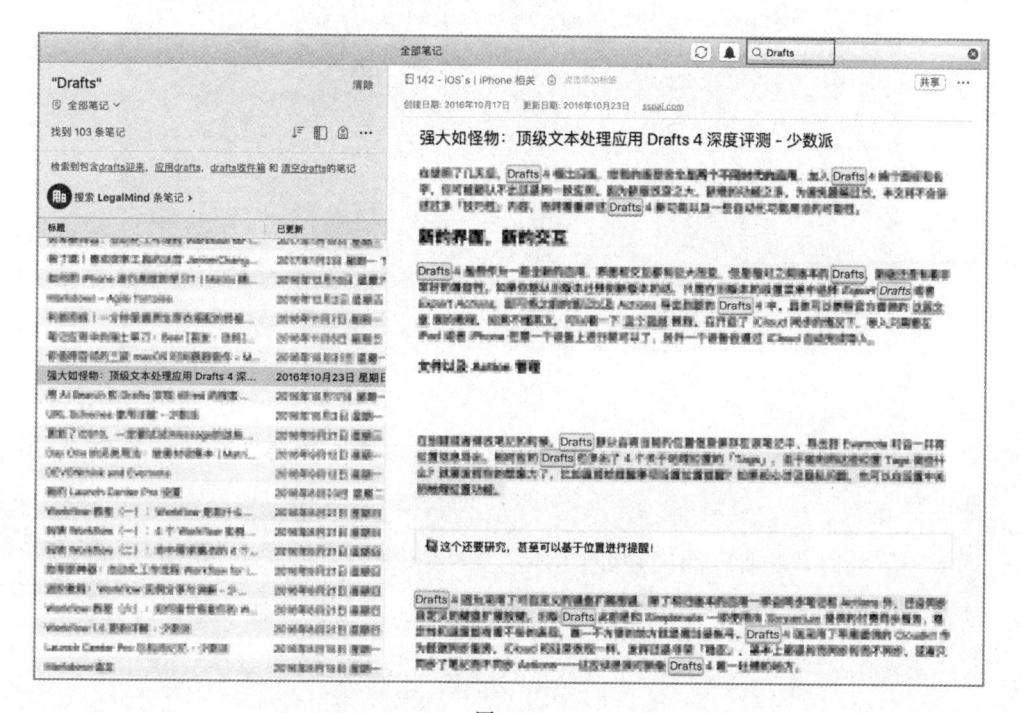

图 5-13

从图 5-13 可以看出来，在真正使用信息的时候，先前的分类往往发挥不了太大的作用。所以，别再纠结分类和秩序了，"读不完、先归档"也没什么大不了，它们在输出环节还有很多再次被利用的机会。

如何保存搜索素材

对于小型的写作项目，我的习惯是，先把素材直接"堆"在正文中，对一些实在不知道如何安放的内容，也会将其先放到备注位置暂时存放起来，如图 5-14 所示。

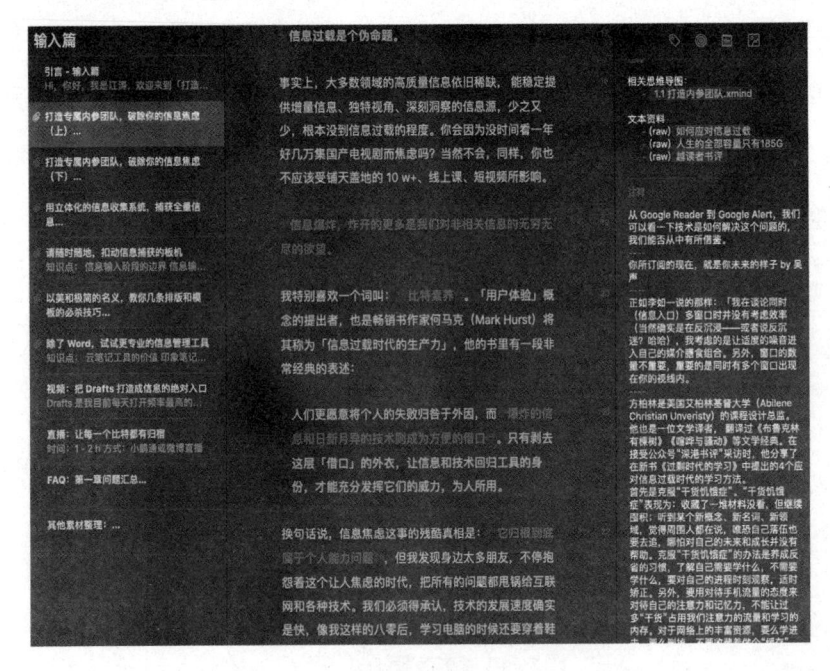

图 5-14

对于大型的写作项目，我会建立专门的资料库。你可能会担心如果给每个项目都建立一个资料库，会不会导致一些资料要复制很多份？如果是在使用纸和笔的时代，情况的确如此，但是在数字化时代，有了超链接和 Replicate 功能（类似于建立多个分身，本体只有一个）以后，我们就不需要这么做了，只需要做好链接或索引就好，所有资料的原始版本只需要保存一份。

和前面提到的写作素材和知识卡片的互动方式类似，只需要维护一个版本的资料，所有索引位置的文件会同步更新到最新版本，而不会出现版本错乱的现象。

第 4 步：撰写初稿

在卡片积累到一定程度之后，就可以开始撰写初稿了。

撰写初稿和创作卡片不同，虽然已经明确了要表达的观点，也已经准备好了相关素材和案例，但要把这些零散的内容真正串联起来依然充满挑战，需要投入更多的专注和耐心。

首先，要注意把握这一步的开始时机。一方面，写卡片和查资料自然越扎实越好，但要提前设置"截止时间"（Deadline），否则永远都会处于"准备还不充分"的状态。另一方面，如果这两步的准备不够扎实，撰写初稿的前提就不存在，硬着头皮写会令人颇为痛苦。

其次，找好"大块"时间。我一般是在周六下午跑到咖啡馆，让写作工具霸屏，一边听古典音乐，一边把零散的段落"拼"成完整的文章。这样形成的文章会更完整、更通顺，风格趋于一致，读者读起来会更流畅。

最后，不要边写边改，要注意避免回头看或试图修改刚写下的东西。一旦你启动了"编辑"模式，便一直会有一个声音说"这段很无聊、这糟透了、这段好像没有价值"，而这些除了给写作造成干扰，其实没有太大的帮助。为了避免边写边改，有些作者甚至用毛巾盖住电脑屏幕，以抵抗这个写作的"头号坏习惯"。美国著名编辑格兰特（Grant）描述这个过程时曾说"边写边改和试图在吃饭时收拾桌子一样不合理"，所以请务必把写作和修改分开。

第 5 步：修改

好文章都是改出来的，在写作上花的时间越长，对这句话的感受就越深，正如纳博科夫所说的下面这句话一样。

> 风格和结构是一篇文章的精华，而伟大的思想不过是空洞的废话。
> ——纳博科夫

要想获得独特的风格和精妙的结构，别无他法，只有一次次修改、萃取。学习专业的写作方法，阅读优秀的作品，慢慢积累方法、形成意识、摸清规律，形成更敏锐的文化自觉，然后在每一次写作中实践，抓住修改的机会，获得有价值的反馈，不要担心修改，要多次修改，一遍一遍地修改直到截止时间。

注意一定要有截止时间。根据帕金森定律（Parkinson's Law），只要还有时间，工作就会不断扩展，直到把所有时间用完。如果没有截止时间，修改很快就会沦为一种拖延的手段。

修改的具体方法可以借鉴现在特别流行的一个概念——品控手册。其很像我们上学时用的错题本——把写作中犯过的所有错误记录下来，每次修改的时候对照着这个错题本有针对性地进行调整，而不是凭感觉。比如，分析一篇文章的开头有没有开门见山，有没有生动的案例，有没有口语化表达，是不是可以把"大家"都改成"你"，被动语态是否可以调整为主动句式等。这不能保证你创造出旷世之作，但能帮助你高效、稳定地提升作品水平。

第 6 步：排版、校对

排版也是信息输出非常重要的部分，好的排版可以让读者的阅读成本变低，让文章的阅读体验更好，让大家更愿意阅读你的文字，了解你的思想。

现在，排版的成本越来越低。我自己在用 Ulysses 写作，写完之后用 HTML 格式预览，然后全选内容，进行复制，完成后直接粘贴到微信后台。这样，格式、图片都能完美继承，如图 5-15 所示，使用这种方式不需要为排版付出任何额外的成本。

如果你使用的 Markdown 工具没有导出 HTML 格式的文件的功能，强烈建议你试试阿禅提供的自动排版服务，只要把 Markdown 格式的内容粘贴进去，就能获得非常精美的排版结果。

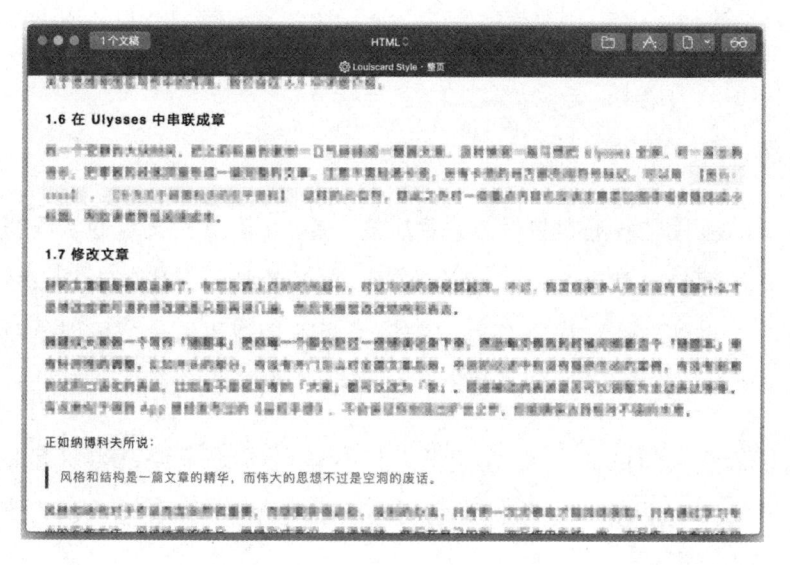

图 5-15

如果你用的是火狐浏览器，也可以使用 Markdown Here 这款插件在微信后台"一键"排版，如图 5-16 所示。

图 5-16

如果你实在不愿意折腾，其实还有一种简单的方式：保存一篇公众号中排版精美的文章，每次排版之前先将其复制到后台，再把自己写的内容粘贴进去，再用格式刷统一格式。整个过程简单、快捷。

小结

本节的流程是我通过撰写 10 多万字、近 30 篇专栏文章的实践得到的总结，但并不意味这就是唯一正确的流程，大名鼎鼎的《华尔街日报教你如何讲故事》一书就建议，先充分占有资料，而不是积累卡片。所以，没有一成不变的最佳写作流程，关键是适合自己的情况。

销售行业有句俗语："站在屋子里打不着鹿。"意思是，得拿起装备走出门去。胡适先生说过："这个世界聪明人太多，肯下'笨'功夫的人太少，所以成功者只是少数人。"

再好的方法也不如拿起笔来从今天开始写，一边写一边优化自己的信息输出流程。

5.3 如何在写作中用好思维导图

你好，我是 Louiscard，这是你打造信息管理系统的第 20 天，今天我来跟你聊聊如何在写作中用好思维导图。

在所有的工具中，思维导图可能是最受欢迎的一个，它可视化的收集和展示信息的方式能帮助我们梳理思路，理清逻辑，洞察信息间的关联。

思维导图的使用场景很多，如整理笔记、管理项目、分解任务等，然而，在这些场景中，我认为思维导图的优势并不明显，只有在一些特定的使用场景中，思维导图才具有其他工具无可比拟的强大优势。这一节将以写作中的一些具体需求为例，详细介绍思维导图的强大之处。

空间表征和发散思维

我们都知道思维导图被誉为"神器",但是为什么它会这么厉害,很多人并不知道。我一直以来也没想清楚这件事,直到有一天看到"空间表征"这个概念。

空间表征是指将问题图像化,将其画出来或在心里形成表象,然后人们便可以利用较少的资源为推理提供支持,从而有助于记忆与思考。如果将数学公式、符号标记、摘要排列、示意图等都放在一个空间里集中展示,相互关联,便形成了空间表征,可以帮助人们更快、更直接地找到问题的解决方法。

在空间表征的帮助下,人们可以在一个视图里同时浏览更多信息,并有机会对这些信息进行不同的排列组合,产生新的思路。在破案题材的影视作品中,侦探们总喜欢把全部的线索贴在墙上(如图 5-17 所示)正是出于这个原因。从这个角度来看,思维导图就是空间表征的现实应用。

图 5-17

除此之外,思维导图还能激发发散思维。芭芭拉·奥克利(Barbara

Oakley）在 Coursera 课程《学习如何学习》(*Learning How to Learn*)中提到，我们大脑的思维模式有两种，一种是专注模式，另一种是发散模式，如图 5-18 所示。这两种模式不能够并存，当你处在专注模式下时，只会专注当下的问题，很难扩展到其他的主题，反之亦然。

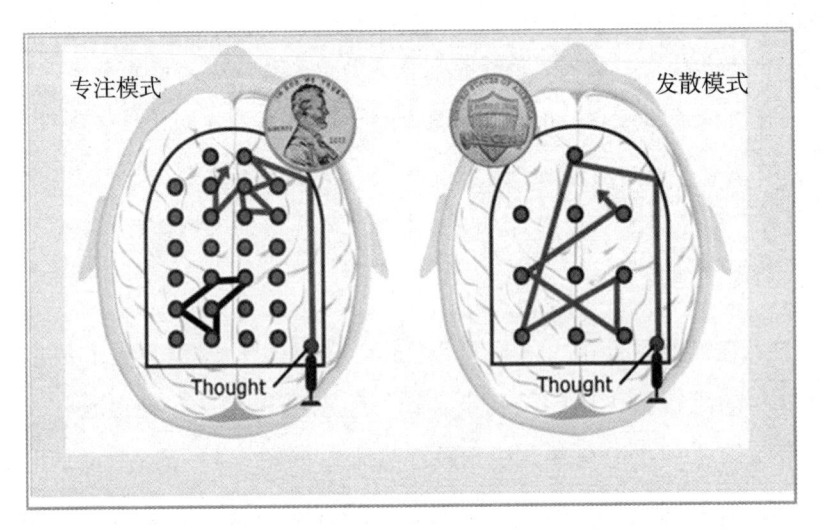

图 5-18

为什么思维导图对我们发散思维有帮助呢？原因很简单，因为它能大幅降低启用发散思维的门槛。人类的脑力有限，通常只能存放 12（3×4）个概念，如果需要记忆的内容太多，就会出现"还没想明白后面的内容，就忘了前面的内容"的情况，概念之间也就很难在大脑中建立有效联系，进而将思考引向深处。

思维导图恰好可以近乎完美地解决了这个问题。所以，很多人喜欢使用白板，因为在白板面前，思维不仅能自由驰骋，还会始终围绕一个确定的主题，不至于太过"跑偏"。

基于思维导图的特性，我们应该把它用在写作的哪些环节呢？

研究你的写作主题

从上面的内容可以看出来,思维导图最重要的作用之一是梳理思路。

如果你说不清楚或写不清楚一件事情,通常是因为你根本就没有想清楚,而思维导图可以成为一个能帮你把问题想清楚、研究明白的工具。你可以在一开始用思维导图设置围栏,明确写作边界。如新建一个思维导图,罗列下列问题,如图 5-19 所示。

- 写作目标是什么?
- 要传达的核心观点是什么?
- 文章里的故事与观点和别人的有什么不一样?
- 能提供什么独特的信息和价值?读者为什么要看?
- 文章能调动谁的情绪?什么情绪?谁的痛点?什么痛点?

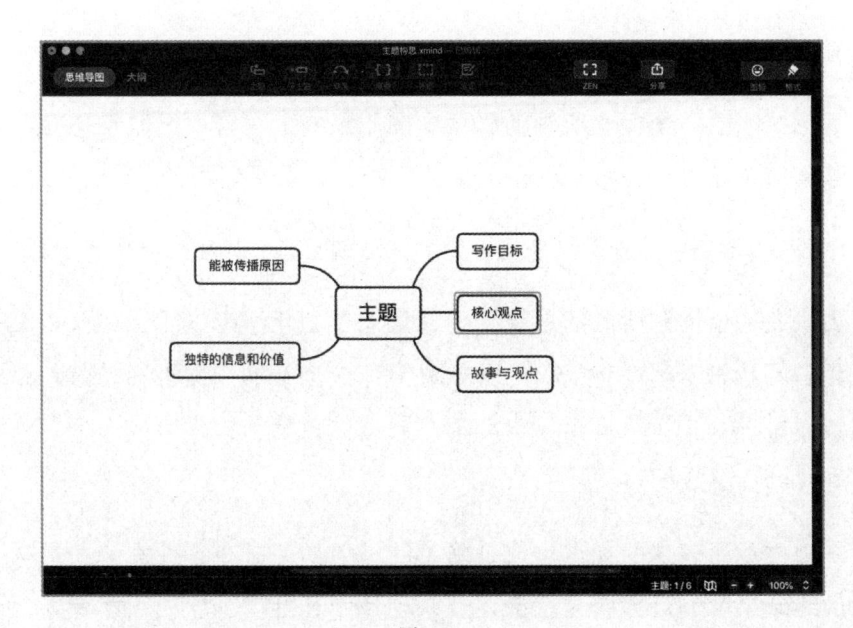

……

图 5-19

在开始撰写一篇文章之前如果能把相关问题想清楚,这篇文章自然会有更大概率获得广泛的传播。在这个过程中，你也会产生很多有趣的观点和角度，发现自己没琢磨明白的问题，而这些问题的答案大概率也是很多读者想知道的关键点。

思维导图也是头脑风暴的标配工具。打开思维导图，让大脑切换到发散模式，想到什么都先敲出来（即画出来），哪怕它们乍看起来十分荒谬，也不要随便丢弃，这些神奇的内容往往会成为文章中的神来之笔。

很多人形容创作就像走迷宫，有时候卡在一个地方好几天出不来，如果想明白了，却很快就可以畅通无阻。与其看着空白的页面发呆，不如试着画一画思维导图，苦思冥想、念念有词的时候，往往会突然迎来"啊哈"时刻。很多时候，如果已经确定了一个选题，但对相关的内容并无太多了解，也确实写不出什么卡片时，可以先画一张思维导图，在上面写一写往往会有意料之外的收获。

梳理写作框架

为了搞明白一个概念所画的思维导图跟最终的写作大纲通常还有一段遥远的距离。正如史蒂芬·平克在《心智探奇》一书中所说的：

> 写作之难，在于把网状思考用树状结构体现在线性展开的语句里。

为研究一个问题所画的思维导图，如果被固化下来以后往往就是关于这个主题的网状思考，在将复杂的网状思考变成流畅的线性语句之前，思维导图能帮你更进一步，梳理出一个清晰、明确的树状结构，形成一个对读者更加友好的阅读路线图。

一篇文章要表述的观点也许是确定的，但如何排布各种例证和素材对作品的最终效果影响巨大。这就像在音乐创作中，旋律、歌词固然重要，但优秀的编曲也是不容忽视的关键因素。

正如音乐拥有不同的类型和风格，作品往往也有自己的经典范式。害怕写东西，不知道写什么，往往是因为没有储备足够多的范式，不知道可以关注哪些点，不知道如何把混乱的素材更加有序地组织起来。

其实操作起来非常简单，提前积累一些框架（如经典的"黄金圈"模型，WHY：介绍背景和原因；HOW：如何做；WHAT：具体概念），需要的时候逐步套用，会发现这些模型既简单又好用。

除此之外，还可以从一些自己喜爱的优质文章中提炼框架，颗粒度可以参考图 5-20 所示的效果。

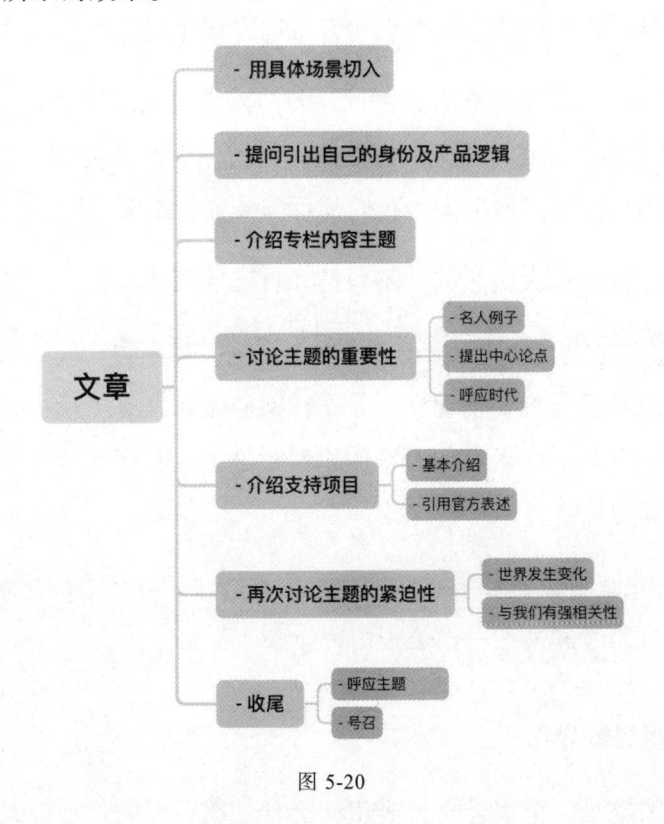

文章
- 用具体场景切入
- 提问引出自己的身份及产品逻辑
- 介绍专栏内容主题
- 讨论主题的重要性
  - 名人例子
  - 提出中心论点
  - 呼应时代
- 介绍支持项目
  - 基本介绍
  - 引用官方表述
- 再次讨论主题的紧迫性
  - 世界发生变化
  - 与我们有强相关性
- 收尾
  - 呼应主题
  - 号召

图 5-20

除了经典模型，有不少高手也开源了自己的框架，如刘润就曾经介绍过自己最常用的写作套路，具体如下。

场景代入：通过场景代入，请求读者 30 秒的关注，从而让读者继续读下去。

打破认知：通过否定某种传统认知，引发读者的好奇心，请求读者再阅读 2 分钟。

核心逻辑：用具有说服力的案例引出逻辑。

举一反三：把 WHY 和 WHAT 讲完之后，开始介绍 HOW，这一步要注意用好有序列表。

回顾总结：强化概念，提炼金句，帮读者深化概念。

国外有一个名叫 TV Tropes 的网站专门用来记录编剧的套路，帮助新手寻找灵感。《一本小小的红色写作书》这样的指导手册也提供了不少诸如英雄之旅、航海路线图等经典框架，我们都可以借鉴、参考。

每次在梳理写作大纲之前，不妨打开自己的写作模板库，选择一个适合的模板后再做适度调整，在一个被验证过的写作框架上输出，效率会大幅提升。

我经常跟学员分享一个观点：写作特别像做题，有了模板，写作就从论述题变成了填空题，如果有你大量的积累和思考，甚至还能把填空题变成了更简单的选择题。

使用 XMind 可以将思维导图转化为大纲样式，或者直接导出 Markdown 格式的文件，无缝嵌入到写作流程中，体验非常好。

不要滥用思维导图

思维导图也是一个很容易被滥用的工具，在写作的过程中尤其如此，这里要提醒各位读者：不是所有的写作都需要用到思维导图。

一方面，思维导图虽是一把"利器"，但更是一把"重器"，使用成本颇高,特别是在准备阶段,使用思维导图很容易激发一个人无穷无尽的收集欲望,没有尽头地增加观点、积攒论据,但却迟迟不能拿出成果。

另一方面,一旦制作了一个宏大、精致的思维导图,会产生一种已经完成创造的错觉,这种虚假的自我满足感也会大幅度推迟完成写作任务的时间,不如简单构思之后先开始积累写作卡片。

有两种情况我比较推荐使用思维导图:一种情况是准备演讲稿,因为演讲本身不需要逐字、逐句地写稿,思维导图的形式恰到好处,投入产出比很高;另一种情况是写一篇学术论文级别的稿子,此时,思维导图往往能让工作事半功倍。除这些之外的大部分文章,随手在纸上或会议室里的白板上梳理出思路就够了,千万别把画思维导图当作必要的步骤。

最后,使用思维导图有如下几个注意事项。

(1)**不要在主题上写大段文字**:如果要直接在思维导图的主题上写大段文字的话,使用大纲工具就好,完全不必使用思维导图,因为这样会丧失思维导图最强大的优势。

(2)**控制思维导图的完成度**:刚开始使用思维导图写作,特别容易把写作框架的颗粒度设置得过细,层级可以达到7层甚至8层,这自然给写作带来了心理上的"安全感",但投入产出比很低。

(3)**不要浪费时间去优化格式**:可以适当使用一些颜色和图标激发灵感,但要始终清楚:思维导图只是写作过程中的"辅助线",完全没必要过多考虑美观这件事,够用就成。

小结

使用思维导图最大的价值是:"让你的思考在纵向不断延伸,同时也能在横向覆盖得更全面。"因此,让你生产的内容和平庸的文字拉开差距,我相信那些流传很广的深度报告和高质量评测肯定都经过了这样耗时耗力的过程。

这就是本节的内容，希望你能通过这部分内容对思维导图有更深入的认识，避免误入"雷区"，更充分地发挥这个"神器"的价值。

5.4 像专业媒体一样管理选题

你好，我是 Louiscard，这是你打造信息管理系统的第 21 天，今天我来跟你聊聊如何管理写作选题。出版界一本书称为一个选题，新闻界一个报道方向称为一个选题。本书讲的选项是微观性的，指一个写作项目下，若干细分的话题或方向。

有人想写的内容太多，不知从何开始，有人灵感太少，觉得无从下笔，这两种情况归根到底都是缺乏选题管理能力。我自己先后尝试过很多种方法来管理写作的选题，比如曾经使用任务管理工具来做这件事，如图 5-21 所示。

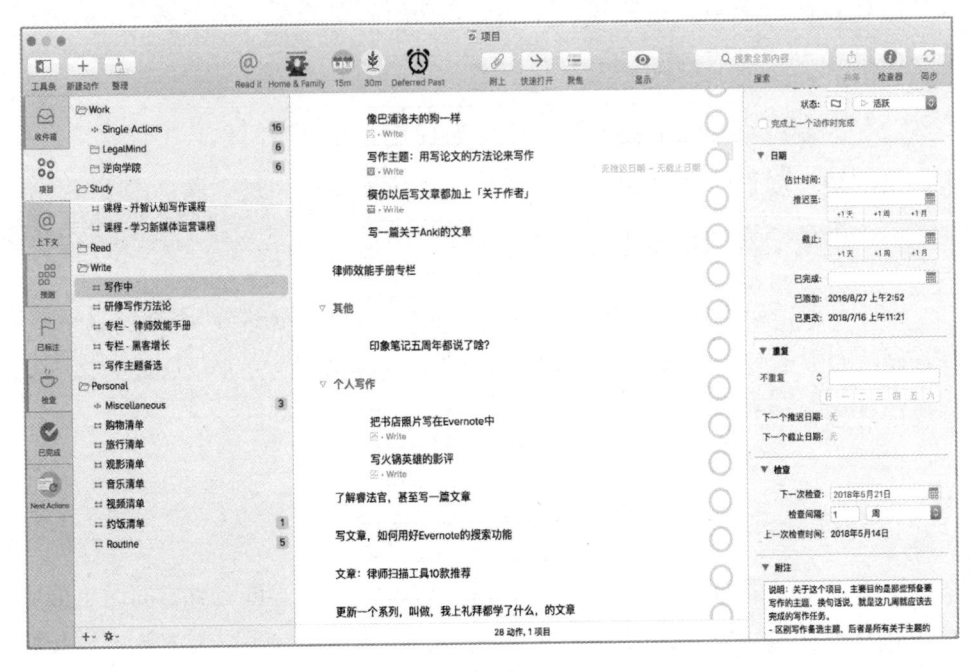

图 5-21

在选题数量比较少的情况下，使用任务管理工具管理选题效果还不错，但是当选题数量增多以后，单一的信息展示方式或复杂的信息筛选设置会让管理选题的体验变得糟糕。后续我又尝试了不少其他选题管理工具，但效果都不理想。直到 2017 年底，我有幸成为少数派的签约作者，被邀请到少数派在 Trello 上搭建的选题看板（如图 5-22 所示）上操作，情况才得到了改变。少数派的选题看板给了我巨大的启发，让我下定决心建立自己的选题管理系统。

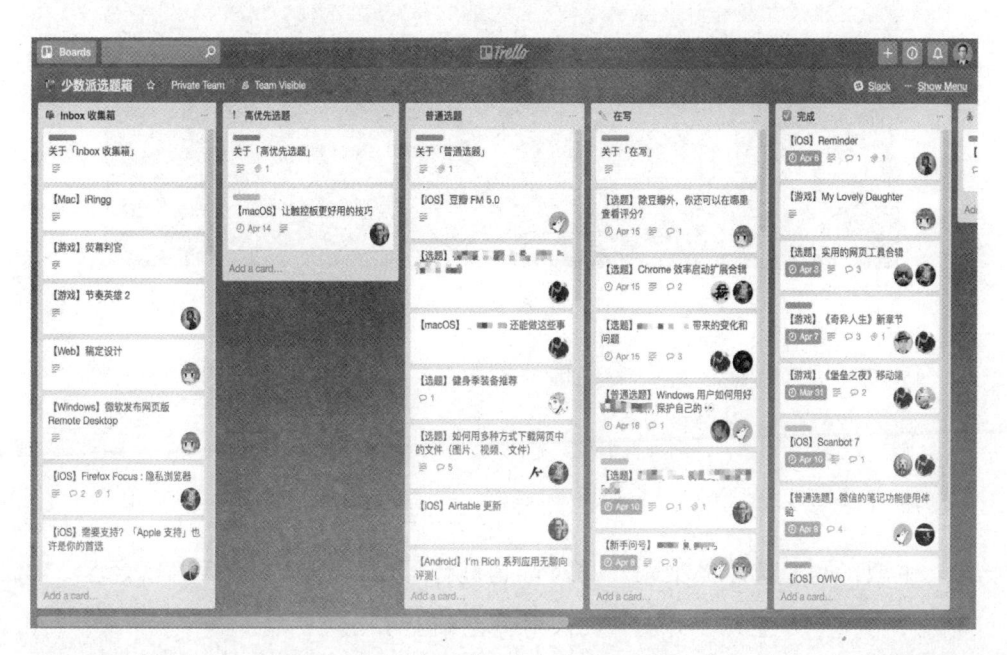

图 5-22

如何搭建选题数据库

下面，我来简单介绍下自己是如何模仿专业团队管理自己的写作选题的。

选题数据库的基础设置

在尝试了多种工具之后，我最终选择了使用 Notion 来做这件事，图 5-23 就是选题库的基本样式。

图 5-23

因为一条选题往往包含多个维度的信息,因此我选择使用数据表格来承载信息,设置的具体栏目如下。

题目:写明选题的标题。

主题:写明选题的主题。我对选题进行了简单分类,包括信息管理、团队协作、生产力工具等类别,类似给笔记贴上了分类标签。

状态:写明选题所处阶段。我给选题设置了如下 6 种状态。

- Backlog(备选)。
- Research(信息收集)。
- Writing(写作)。
- Publishing(发表)。
- Complete(完成)。
- Drop(放弃)。

分配：指明将选题分配给哪些成员。因为我还没有团队，因此尚未启用这个功能。

日期：记录作品的预计发布时间，也就是截止时间。

类型：如果除了文章，你还有播客、视频课程、线下演讲等表达形式，添加类型信息会对你有所帮助。

需要特别说明的是：如果你的成本有限，经常需要将同一主题的内容以文章、播客、视频等不同的形式输出，不建议你通过给一张卡片添加多个标签来实现。首先，不同形式的输出对内容的要求有所不同，底层内容相差较大，放到一起会互相影响。其次，因为制作成本不同，不同形式的输出的更新周期往往也不同步，放到一起反而会影响进度。因此，即便是对同样的选题撰写文章、制作视频，还是建议分开制作两张卡片，并在题目上做好区分。

在实际操作的过程中，我在努力"模仿"真实世界的创作规律，很少在一开始就确定播客、视频的选题。在大多数情况下，我都是先撰写文章，在文章完成之后，如果感觉质量还不错，再从播客、视频的角度考虑是否需要"购买"改编版权，并着手进行删减、调整，进而衍生出更多媒介形式，这会让整个创作流程更加流畅、自然，效率倍增。

通过新建视图筛选信息

新增一个选题时填写这么多信息不是为了好看，而是便于在后期筛选信息。Notion 提供了看板、日历、表格、画廊等不同的信息展示形式，筛选和样式的搭配使用可以满足绝大多数的选题管理需求。

例如，将状态作为筛选条件建立看板视图，就能得到选题看板效果，如图 5-24 所示。

图 5-24

通过日历视图能清晰了解未来一段时间发布选题的准确排期，如图 5-25 所示。

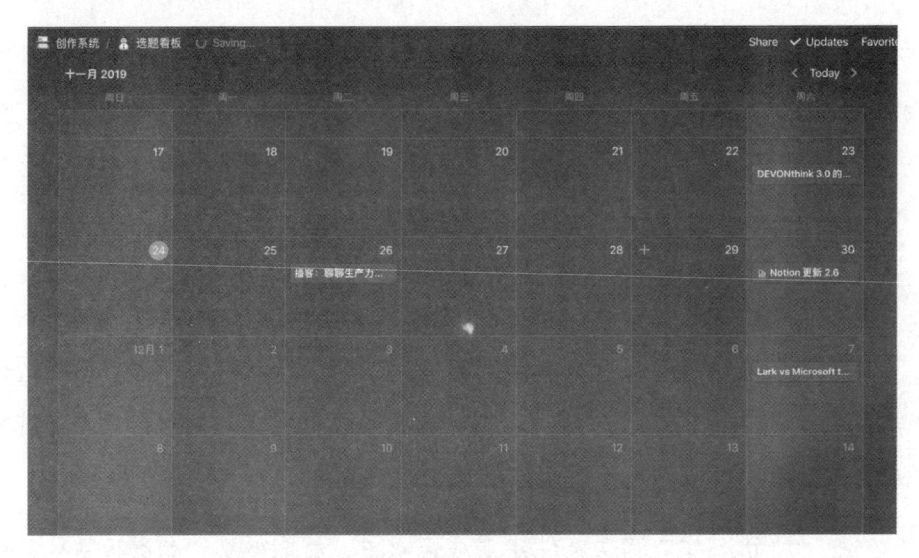

图 5-25

除此之外，还能通过组合各种条件设定更复杂的筛选样式，满足更个性化的需求。

创建模板，提升完成选题的效率

完成上面的设置以后，我们就算是进入了选题管理的初级阶段，在看到托马斯·弗兰克（Thomas Frank）分享自己如何使用 Notion 的影片后，我决定更进一步，将"选题数据库"变成"创作项目管理数据库"。

我按照托马斯·弗兰克的思路设置了一个配套模板（如图 5-26 所示），以便更系统地管理与选题相关的全部信息。

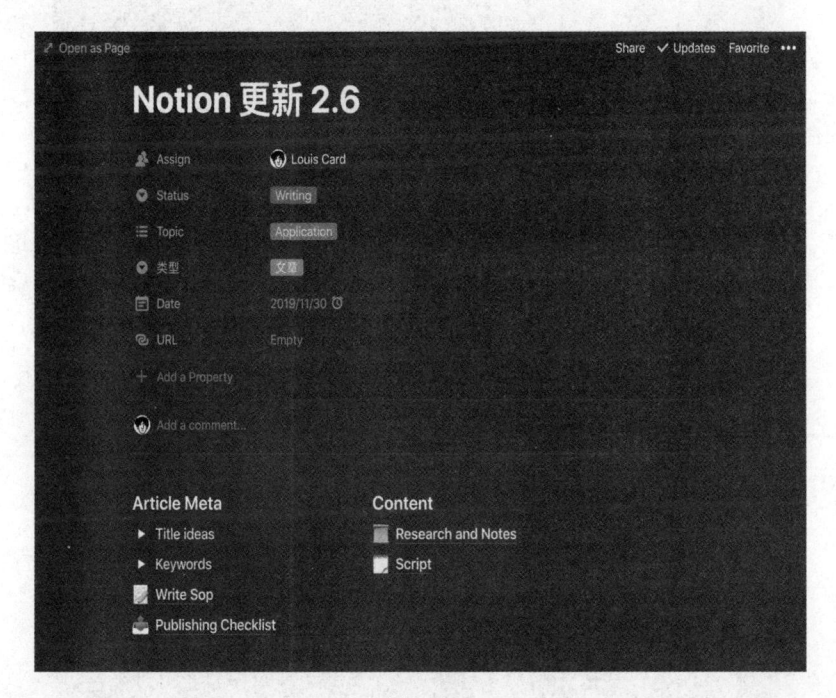

图 5-26

该模板具体包含以下内容。

- **Title ideas**：关于选题的一些关键点。除了可以指导写作，还可以为确定作品的关键词提供帮助。
- **Write Sop**：一个固定的检查清单，如图 5-27 所示。每次创作时参照这个清单逐一勾选即可，它可以让信息输出尽可能流程化、标准化。

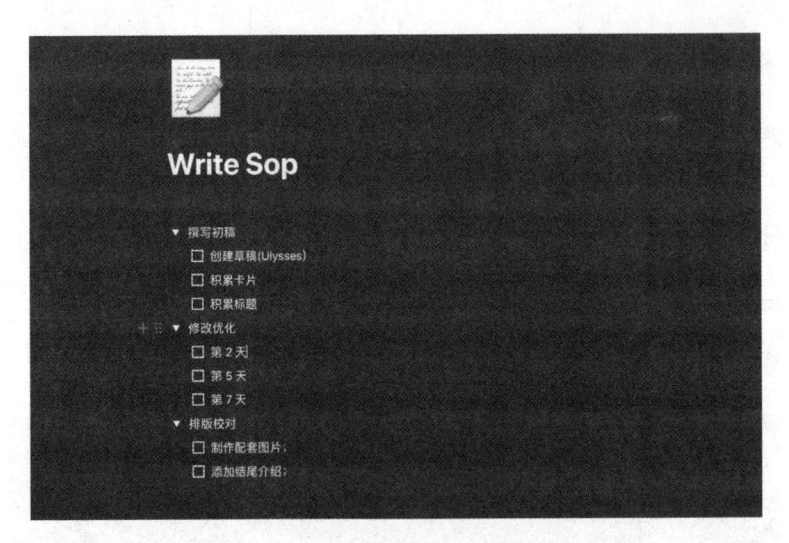

图 5-27

- **Publishing Checklist**：确保所有发表动作顺利完成的清单，如图 5-28 所示。

图 5-28

- **Research and Notes**：记录研究的结果与笔记内容。我个人习惯直接将内容放在写作编辑器 Ulysses 中，如果你不想同时使用太多工具，可以直接把 Notion 作为自己的写作编辑器。

管理选题模板的基本思路和方法如上。除了 Notion，也可以用 Excel、飞书文档、石墨文档、Air Table 等线上表格，配合链接、索引实现类似的效果。

如何找选题

首先，找到自己的"赛道"和"人设"，将这些内容作为寻找选题的指导，我建议先创建一条笔记，尽早想清楚下面这些问题。

- 关注什么主题。
- 关注哪个行业。
- 持有什么核心价值主张。
- 目标用户画像。

……

在完成"定位"之后，可以更进一步，确定整体规划，找到选题主线。举个例子，如果确定的选题是"知识工作者的信息管理"，那么，信息的收集、处理、输出的流程就是选题主线，相关的问题、工具、方法、成功实践都可以成为选题。

除此之外，还可以尝试绑定某个"稳定主题"，和这个主题同步更新，如下面这样。

- 绑定一种工具，如"印象笔记"，一旦印象笔记更新版本，就写一篇介绍文章。
- 绑定一类书籍，如"冥想"类书籍，只要市面上出版了一本关于冥想的书籍，就围绕相关主题撰写文章。
- 绑定一个节目，如《奇葩说》，然后围绕节目的更新来制作视频。

这种方式比仅仅围绕具体知识点更新，可以确保更新周期更稳定，角度更灵活。

当然，要想获得比较可观的影响力，适度追求热点也很有必要。第 1 章介绍了如何优化自己的信息筛选系统，这些被筛选、设置过的信源，例如订阅消息、Quora、Medium、Blog、Twitter、微博、知乎、得到、今日头条、豆瓣等，都可以是选题的灵感来源。

还有人专门做了各种媒体、社区的今日热榜，为你聚合了几十个热门话题，如图 5-29 所示。灵感枯竭的时候可以出去逛逛。

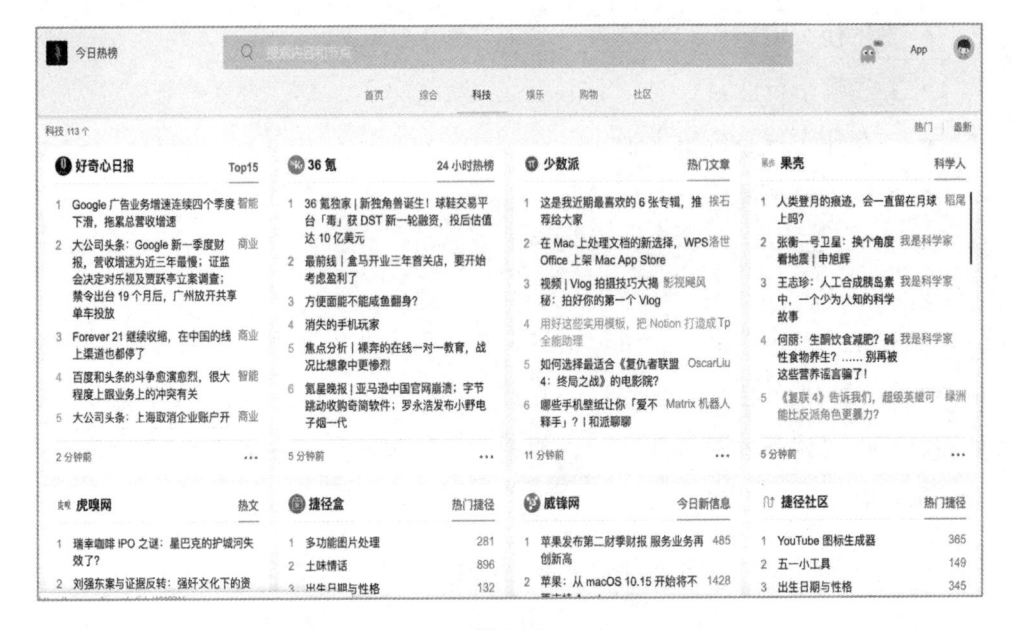

图 5-29

不能一味地追逐热点，但也没必要排斥热点，把热点和自己专注的领域结合起来，用一个有趣的角度写作并提高高质量内容，这一般很非常困难，需要很高的水平，但却是锻炼自己的好机会。

整体来说，选题主要有下面四类。

- **教程类文章（Guides）**。指导其他人如何做的文章，如"如何在网上赚钱""如何组织会议""如何远程协作"等，这类内容属于大家最熟悉的"干货"。

- 清单类文章（Lists）。如"5种简单的燃烧脂肪的方法""7种有效沟通的技巧""10大笔记工具"等，这种文章非常有吸引力，属于流量的"压舱石"。
- 新闻类文章（News）。总有一些事情发生，总有热点可以追，如果能用好今日头条的"扶持策略"、微信订阅号的评论功能、B站的Vlog专区等功能，这种文章可能会大规模传播。
- 评论类文章（Reviews）。每当流行的产品出现在市场时，你可以撰写关于它的评论，如果你关注手机测评，那么，苹果、华为、小米、一加等品牌有新品上市时，可以写一些评论，这也是在后期进行商业化变现的重要途径。

除了输出价值，别忘了根据读者的提问和反馈，积极做出调整。此外，还需要利用好内容分发平台提供的数据分析后台，更清晰地了解文章的阅读、转发、收藏、点赞、评论、吸引粉丝等情况，更清晰地理解读者真正的内容需求。

小结

其实，写作从来不只是单方面的信息输出和价值传递，它更是我们认识这个世界、了解自己的重要方式。

> 相比找到答案，更重要的是如何提出一个好问题。

这个教程中的绝大多数内容都是我自己遇到的现实问题，在学习、思考、实践的过程中逐渐找到答案后，再将其变成文章。如果没有在当初意识到问题，如果没有在写了几百字之后发现自己其实根本就没想明白，根本不知道自己不知道，事到如今可能还误以为自己是个"明白人"呢。

所以，选题管理是我们发现问题，解决问题，提升认知能力的重要途径之一，无论是偶然写几篇微信公众号文章，还是想逐渐成为一位专业的专栏作者，把管理选题这件事做好都能让你事半功倍，成为一位更厉害的创作者。

5.5 学点排版技巧，提升输出品质

你好，我是 Louiscard，这是你打造信息管理系统的第 22 天，今天我来跟你聊聊如何使用排版技巧，提升输出品质。

不知从什么时候开始，美这件事越来越重要，除了功能本身，好看成为人们选择产品和服务的重要考量因素。

我们在前面介绍了如何给微信公众号等内容平台的文章快速排版，提升读者的阅读体验，其实在日常工作中还有很多需要排版的场景，比如下面这些。

- 参加完会议，整理一份会议纪要。
- 讨论完选题，整理一份选题沟通记录。
- 讨论完方案，整理一篇方案提纲。
- 完成绩效评估，整理一份总结报告。

……

大多数朋友可能并不觉得这些文档需要排版、美化。事实上，你生产的内容对于其他人的最终价值，是内容本身和阅读成本的综合，内容很好但读起来太辛苦也会降低其整体的价值。

相对于提升内容质量，优化格式要简单得多。因为在实际生活中（如开会、讨论、头脑风暴活动之后）交付给同事、领导、客户的文档很容易出现句子长短交错、图片有大有小、内容排列混乱的情况，而这些不美观的文档会让领导、同事及自己提取有效信息的成本大幅增加。

接下来，本节分享几个让我受益匪浅的排版技巧，希望能让各位读者少走些弯路。

方法 1：简单可依赖

虽然可以从前一节介绍的排版公众号文章的方式借鉴一些思路和方法，但没必要追求报纸、杂志那种专业级的排版，因为投入产出比不高。

工作场景中的排版最重要的原则是，**不要追求华丽复杂，而要保持专业和简洁。**

为了做到这一点，希望你牢记这几个"不要"。

- 不要使用过多的字体。
- 不要使用过多的字号。
- 不要使用过多的颜色。

除了上述几个"不要"，还有以下几个需要遵循的设计原则。

- 注意次序合理。
- 注意对齐。
- 注意风格一致。

在实践中还要注意持续积累更多的原则、技巧。

方法 2：提前设置文本的格式

不同种类的信息对排版的要求完全不同，如国家就制定了严格的公文格式标准，对字体、行间距、页码等做了明确规定，如图 5-30 所示。

党政机关公文格式

GB/T 9704—2012

目　次

前言
1　范围
2　规范性引用文件
3　术语和定义
4　公文用纸主要技术指标
5　公文用纸幅面尺寸及版面要求
　5.1　幅面尺寸
　5.2　版面
　　5.2.1　页边与版心尺寸
　　5.2.2　字体和字号
　　5.2.3　行数和字数
　　5.2.4　文字的颜色
6　印制装订要求
　6.1　制版要求
　6.2　印刷要求
　6.3　装订要求
7　公文格式各要素编排规则
　7.1　公文格式各要素的划分
　7.2　版头
　　7.2.1　份号
　　7.2.2　密级和保密期限
　　7.2.3　紧急程度
　　7.2.4　发文机关标志
　　7.2.5　发文字号

— 1 —

图 5-30

顶级律师事务所也会安排专人严格把控所有对外文稿的格式，要求标志的位置、页码的格式、字母的大小写等都必须完全符合标准化要求。很多公司还会专门请人设计完整的视觉识别系统，并在所有的对外物料上都严格遵循相关要求，如图 5-31 所示。

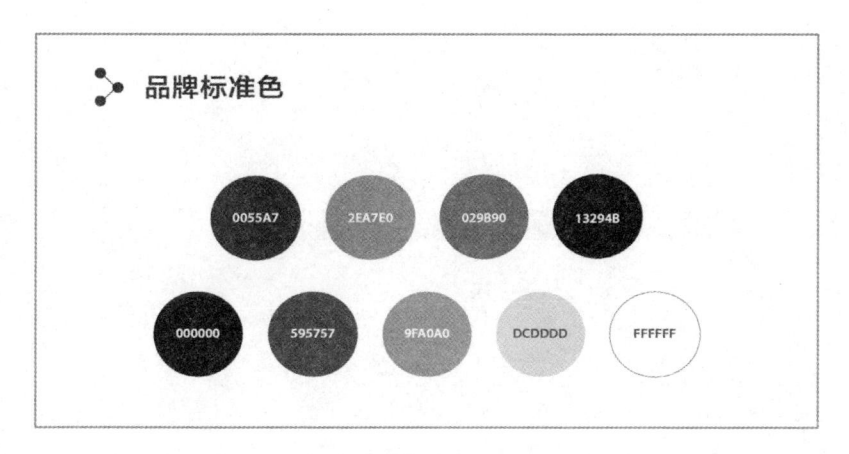

```
品牌标准色

0055A7    2EA7E0    029B90    13294B

000000   595757   9FA0A0   DCDDDD   FFFFFF
```

图 5-31

我们没必要设置过于苛刻的标准，但可以提前设置文本格式等基础格式，并制作成模板，这样不仅不需要频繁调整，还可以在使用的时候直接调取、粘贴。

比如，我之前每次参会时都新建一个空白文档，随手记录会议中的内容，听到什么就记录什么，并没什么体系，开完会再去整理、补充信息，整个过程不仅效果不好，还会耗费大量时间，一度让我特别不愿意做会议纪要。有一次非常偶然的机会，我不得不对"高效会议"进行了一次专题研究，在参考了大量资料后，顺手整理了一个会议纪要模板（如图 5-32 所示），并保存到了我的笔记模板库中。

自从有了这个模板的支持，不仅整理会议纪要的时间变少了，我参加会议的收获也比以前提高了不少。除了会议，我还整理了每周总结模板、每日作息模板、旅行准备模板、晨间日记模板等。不仅保证了自己完成各项任务的效率，还大大提高了准确率。截至 2021 年，很多笔记工具、文档工具都提供了官方模板库，如 Notion、Airtable、印象笔记等提供的模板质量都很不错，如图 5-33 所示，感兴趣的读者可以自己去浏览、研究、应用。

虽然打造一款成熟的模板需要耗费一些时间，但是一个成熟的模板往往可以用上几年甚至更久，所以，这类投入还是很值得的。

会议目标：

参与会议者：

参会人员	参会理由	推荐人	参会形式
			现场 / 线上

会议时间与地点：
地点：
时间：

会议议程：

主持人	讨论主题	限时

会议记录：

任务分配：

任务	负责人	期限	附件
☐			
☐			
☐			

参考资料：

暂时记录：

图 5-32

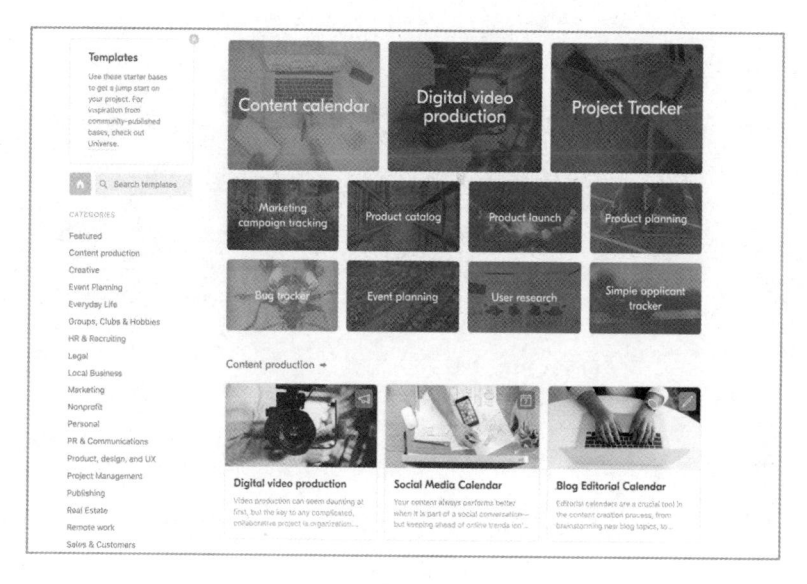

图 5-33

如果能利用好官方模板，并有意识地收集一些网上的优质文档，然后将其转化成自己的模板，相信用不了多长时间你就能建立自己的模板库了。除了笔记工具，如果你的工作需要经常写文档，尽早创建自己专属的 Word、Pages、Keynote、PPT 模板也会很有帮助，如图 5-34 所示。

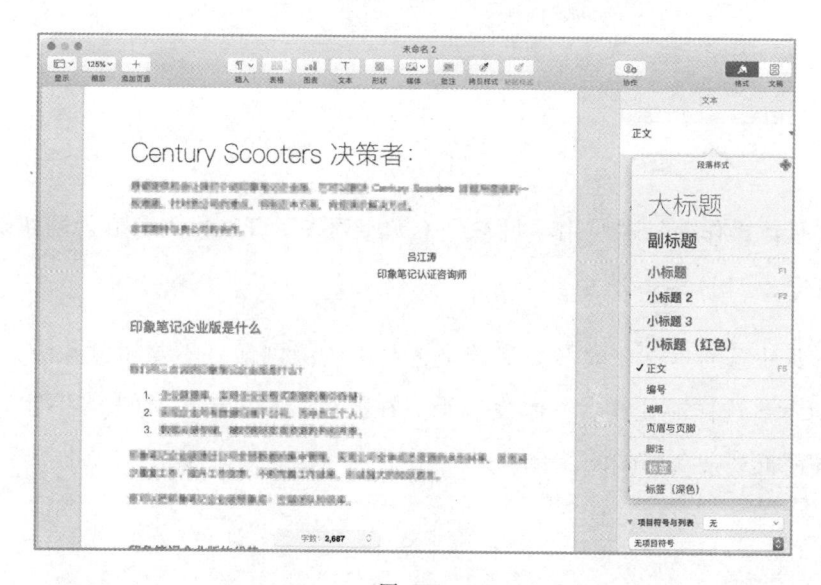

图 5-34

方法 3：善用层级结构

为了让读者更轻松地获取信息，建议在排版中多尝试使用层级结构，如图 5-35 所示。树状结构能让信息条理清晰。

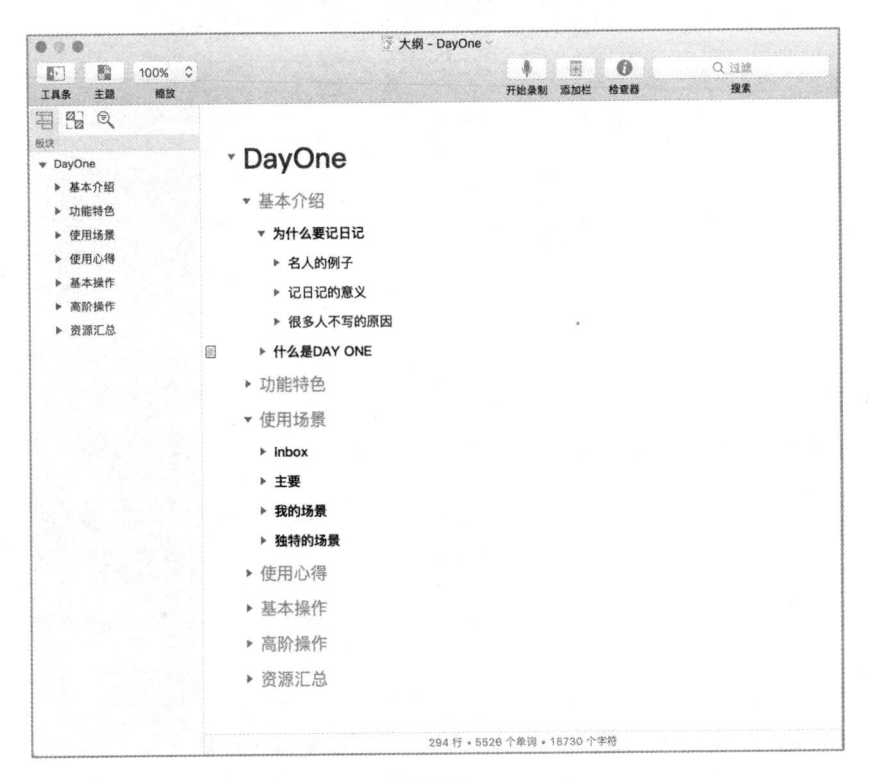

图 5-35

在具体操作上，多使用项目符号（无序列表）可以让内容显得层级分明、更加有序，如图 5-36 所示。

需要注意的是，在大多数文档中，文本的级别最好不要超过两级，如图 5-37 所示。这样能让读者一眼发现重点在哪里，大大节省时间。否则，内容会显得过于复杂，影响阅读体验。

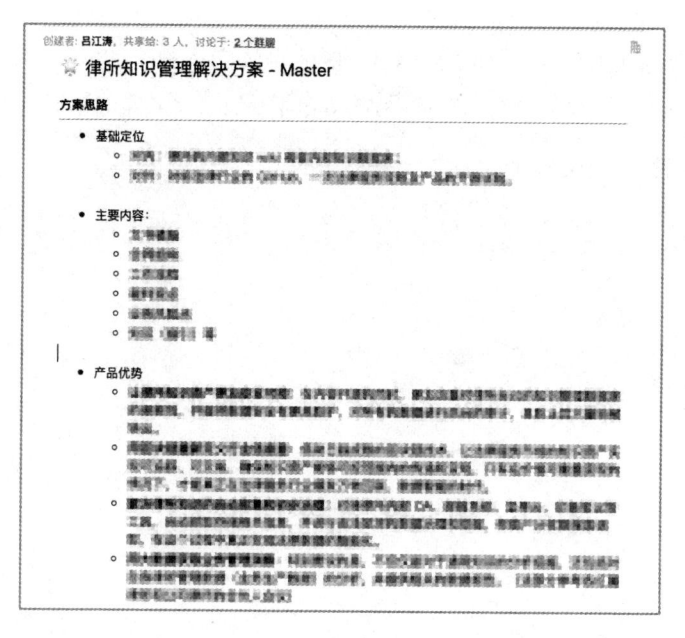

图 5-36

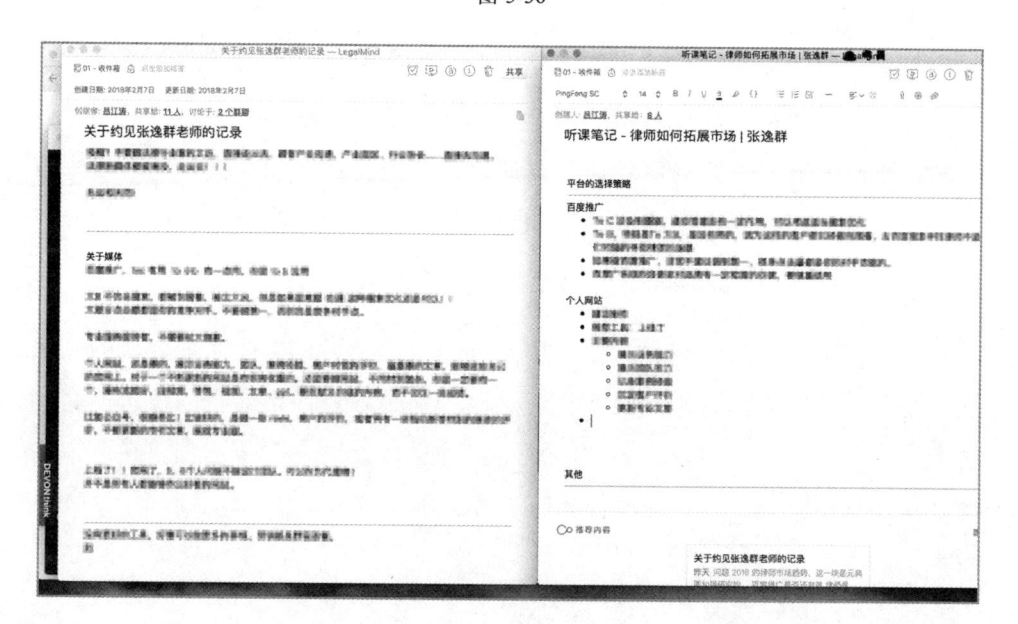

图 5-37

如果面对的是特别重要或信息量非常大的内容，也可以使用大纲工具（如幕布、OmniOutliner）或思维导图工具（如 XMind、Mindmanager）。

现在主流的在线文档都已经支持不同的文档级别，可以使用 Markdown 语法设置不同级别的标题，比如，在飞书文档中可以通过单击将某些级别下不重要的内容暂时收起来（如图 5-38 所示），体验非常棒。

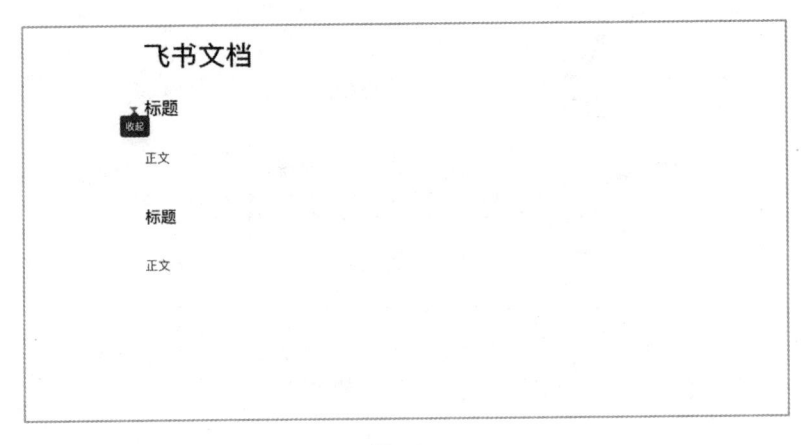

图 5-38

交付结构清晰的文档看起来轻松，但每次都做好并不容易。我曾经和负责产品研究的同事一起做客户调研，活动结束之后，他分享了会议纪要。他并没有使用大纲或思维导图，而仅仅通过调整项目符号的级别就把会议内容进行了精准、实时的记录，更关键的是，他可以在沟通间隙和其他人提问时迅速整理先前内容的逻辑，在沟通结束的时候就完成了会议纪要。

而我在绝大多数时间都需要会后整理沟通记录，比上面这种方式的效率低了太多。这一方面是因为没意识，另一方面是缺乏严格的自我要求、高度集中的注意力、对会议内容的充分准备。如果你对自己有更高的要求，不妨试试这种困难模式。

方法 4：编码系统

优秀的编码能让读者知道阅读进度和每部分内容的关系，就好像写论文时候的"1、1.1、1.2.3"，或者公文当中的标题"一、1、（1）"，如图 5-39 所示。

图 5-39

在尝试了很多不同的编码体系后，我比较偏好的编码体系是 1、1.1、1.1.1 这种，如图 5-40 所示。

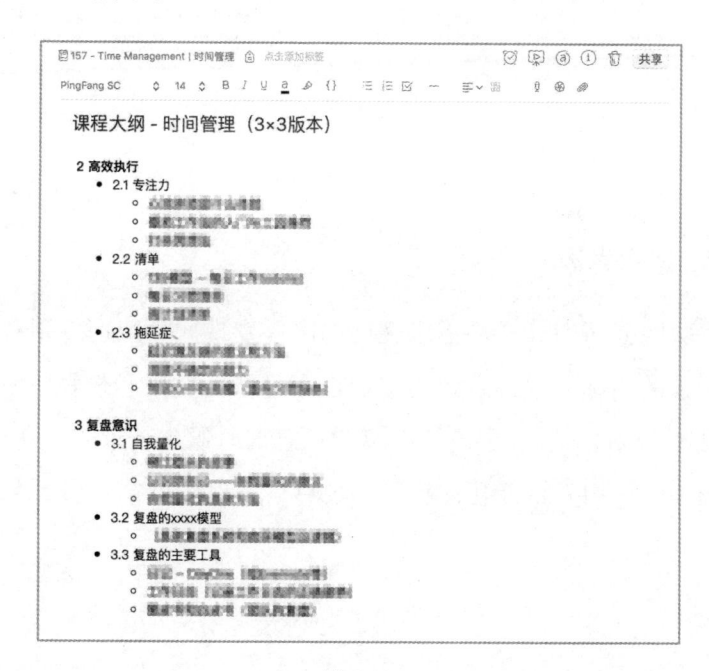

图 5-40

这种编码体系结构清晰，但调整的成本比较高。如果记录的笔记不重要的话，可以使用这种编码体系简化后的版本，如只对一级标题使用 1、2、3，对更低层级的内容不再额外编码，只使用项目符号，如图 5-41 所示。这样不仅会节省成本，也会让内容看起来更加简洁。

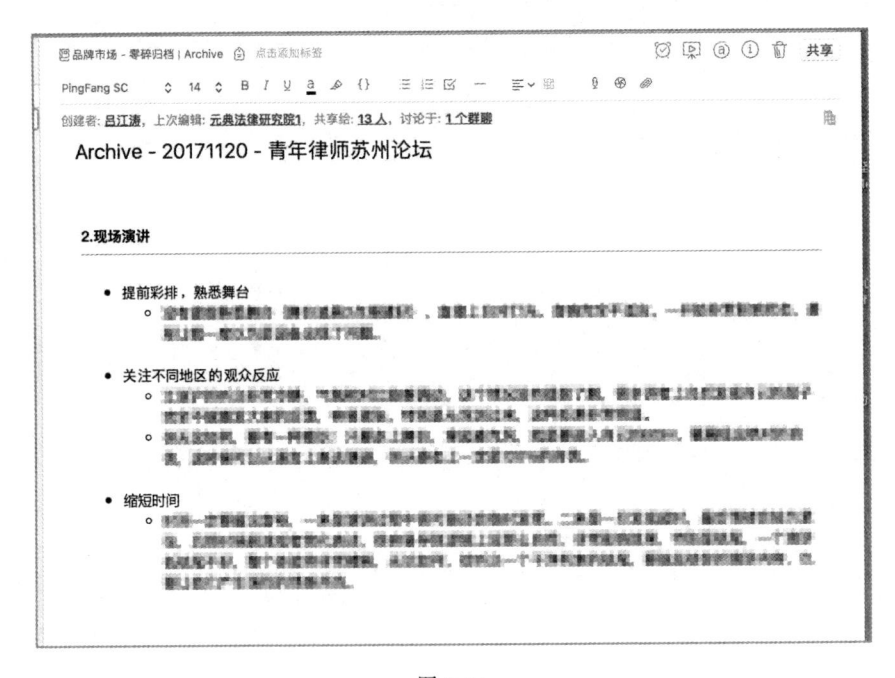

图 5-41

方法 5：善用表格

我在互联网公司阅读产品需求文档的时候发现产品经理特别喜欢使用表格，每个需求的名称、描述、评价、线框图等都可以在一张表格中优雅地呈现，优势明显。因此，我在整理一些复杂信息的时候也越来越喜欢使用表格，在合适的场景中使用表格能让内容赏心悦目，条理清晰，如图 5-42 所示。

验证目标	验证方式	验证的数据指标
(不清)	(不清) a. 目标群 b. (不清) c. 口碑 (不清)	1. (不清) 2. (不清)
初步 PMF (Product-market fit) (不清)	上线后可以参考这几个图来验证 PMF： 1. PMF speeds 曲线 2. Superhuman 借鉴了 Sean Ellis 的测试方法，向老用户问："How would you feel if you could no longer use the product?" 回答"非常失望"的占比＞40% 表示"very disappointed." 同时 Ellis 发现： Ellis found that the magic number was 40%. Companies that struggled to find growth almost always had less than 40% of users respond "very disappointed," whereas companies with strong traction exceeded that threshold.	1. Aquisition 量 ≥ (不清) 2. 向高活跃用户 发问 data, 看看是否达到 40% ——这是 PMF 的一个标志。Very disappointed 的占比 ≥ 40% 数据参考： 1. Hiten Shah 在 2018 年的 Slack 调查了近 (不清) 用户，得到了 37% 的 data，接近 40%。 2. Superhuman 在 2017 年年初调查数据为 22%。

图 5-42

方法 6：持续打磨

确定了一种标准以后，应尽量保持格式的稳定，不要频繁变化。不过，设计趋势每年都在变，今天可能流行小标题加粗，过段时间可能流行给标题添加品牌色，可以多关注博客、论坛、网站、公众号中的优秀排版风格。这里介绍几个不错的排版样式。

"浮沉之主"的排版样式，如图 5-43 所示。

印象笔记官方博客的排版样式，如图 5-44 所示。

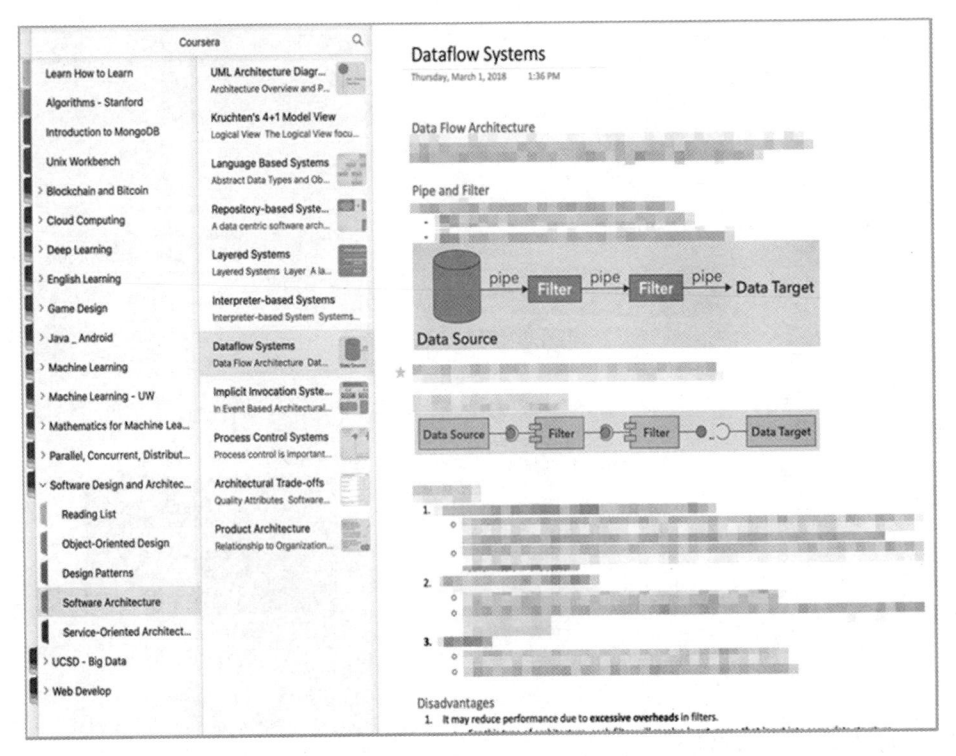

图 5-43

图 5-44

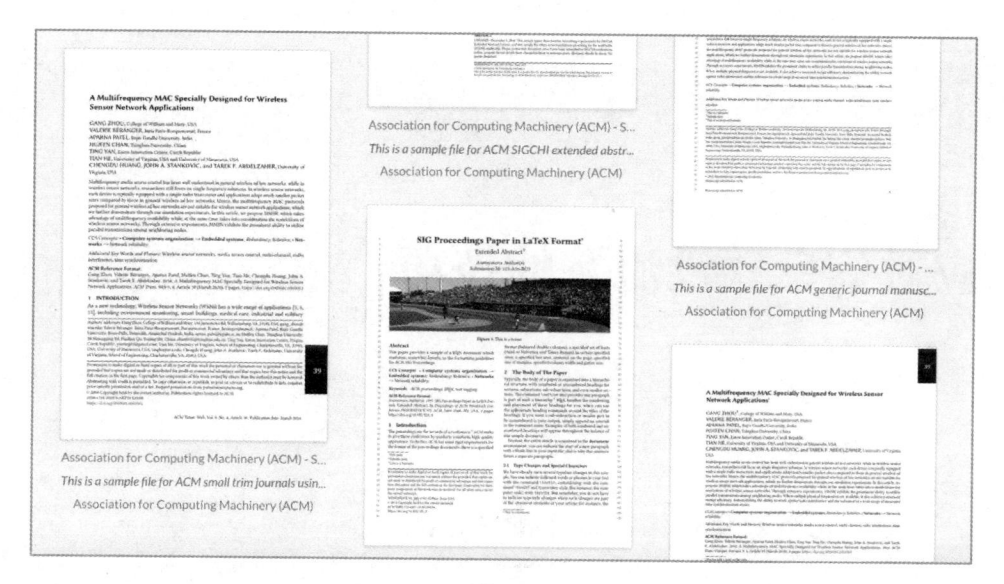

Overleaf 提供的简历模板，如图 5-45 所示。

图 5-45

看到了你喜欢的排版，别忘了更新笔记、Word、Pages、Keynote 模板，这个习惯不仅能提升你输出的文档的品质，还能提升你的审美水平。

小结

如果你有时间，强烈推荐你去学习一些 PPT、Keynote 或平面设计之类的课程，这不是让你做出特别绚丽的幻灯片和海报，而是让你尽可能掌握一些基础的设计理念。你会发现 Word、PPT、Sketch、OmniGraffle 这些设计、排版工具的底层理念都是一样的，只需要投入非常少的成本，就能提升领导、客户、读者的阅读体验，让文件、方案、作品显得更有品质，换来的也许就是认可、晋升和高昂的服务费，性价比颇高。

最后想说的是：赏心悦目是一种力量，看着井井有条的文档，相信你的心情也会更好，所以，赶快行动起来吧，下次写文档时别忘了使用这些排版技巧。

第 6 章
应对信息"洪流"的技巧

6.1 必要难度理论和 3 个配套方法

你好，我是 Louiscard，这是你打造信息管理系统的第 23 天，今天我来跟你介绍一个关于记忆内化的重要理论和配套方法。

我们花了很多时间构建系统，提高获取信息的效率，构建自己的知识管理体系。然而，这其实还不够。在手机备忘录里保存再多信息都不会让你变得更聪明，如同埃斯库罗斯在《被缚的普罗米修斯》所说的那句话：万千智慧始于记忆。

要想真正做到学以致用，能够对知识灵活应用，就必须先做好记忆内化，让学到的知识在自己的大脑而不是"第二大脑"（各种笔记工具）中"随时待命"，以便在需要的时候可以瞬间"召回"，甚至形成条件反射。

通过前面介绍的工具和方法，你可以将更多有价值的信息输入你的信息管理系统中，但是要想再进一步，需要将知识内化到大脑里。

因此，这一节的内容是讨论如何做好记忆内化。首先，介绍一个理论——必要难度理论（Desirable difficulty theory），它最早是由加州大学洛杉矶分校的罗伯特·比约克（Robert Bjork）和伊丽莎白·比约克（Elizabeth Bjork）在1994年提出。

这个理论简单来说就是始终保持所学内容记忆起来的难度系数在一定范围内，这种难度虽然在最初会减慢学习速度，但长期来看对知识的内化更加有利。必要难度理论指出：人的记忆其实有两个不同的强度：存储强度（Storage Strength），提取强度（Retrieval Strength）。两者存在密切的联系，主要表现在以下三个方面。

1. 记忆所学内容时，信息的存储强度和提取强度同步提升。

2. 学习过程结束时，存储强度越高，提取强度越高，两者呈正相关关系。

3. 再次记忆所学内容时，提取强度越低，存储强度越高，两者呈负相关关系。

这个过程听起来有点复杂，简单来说就是：如果记忆的过程越容易，那么遗忘的速度就越快。反之，如果记忆起来很辛苦，那么，也不会轻易忘掉。

根据这个理论，在工作、学习中可以依靠以下3个简单实用的配套方法提升记忆的效果。

方法1：建立复述意识

我身边有一名超级"学霸"，用两个月时间以专业课第一名的成绩考上了中国顶级法学院的研究生，工作后又利用业余时间拿下了博士学位，学习能力非常强。她的独门秘诀特别简单，就两个字——复述（Retrieve）。

从她上幼儿园开始，每天放学回家后她母亲都会问她当天的学习内容，看书、看动画片、参加活动后也都免不了要跟母亲分享，于是她从4、5岁开始就建立了一个非常朴素的意识：**无论做什么事，总得记住点东西**。

别小看了这个无比简单的意识，它会辅助甚至迫使你更高效地存储信息。

你可能最近在学习一些新知识或新技能，报了很多课，买了很多书，订阅了一大堆公众号，但当你花了十几分钟、几个小时读完一篇文章，听完一节课以后可能连最基本的观点和例证都忘得一干二净，像神话中一次次把巨石推上山顶，再看它滚落山崖的西西弗斯一样。这时，你会觉得学习怎么这么难！

出现这种情况很重要的原因是缺乏必要的复述意识。要强迫自己不管看什么、学什么，总应该记住点什么。很多优秀的学习方法都有类似的理念，比如大名鼎鼎的"康奈尔笔记法"就建议听课后和再次复习时对重点内容进行总结和回顾，如图 6-1 所示。

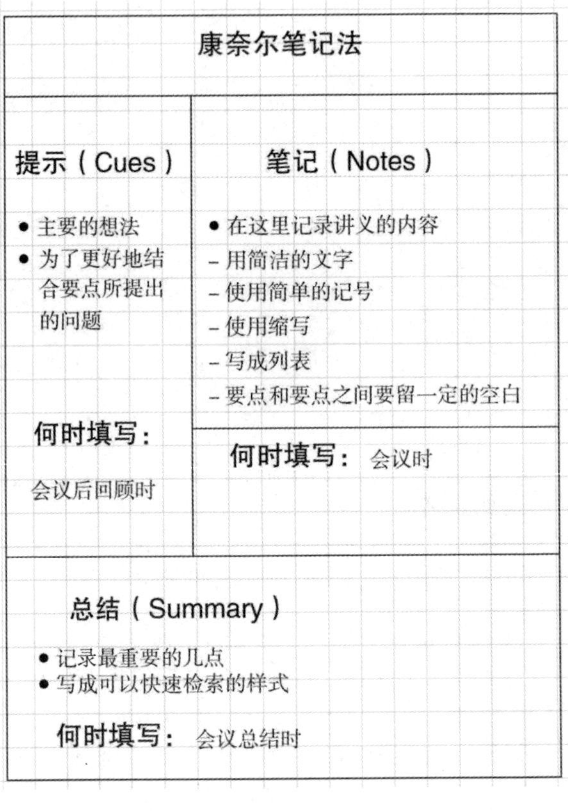

康奈尔笔记法

提示（Cues）
- 主要的想法
- 为了更好地结合要点所提出的问题

何时填写：
会议后回顾时

笔记（Notes）
在这里记录讲义的内容
- 用简洁的文字
- 使用简单的记号
- 使用缩写
- 写成列表
- 要点和要点之间要留一定的空白

何时填写：会议时

总结（Summary）
- 记录最重要的几点
- 写成可以快速检索的样式

何时填写：会议总结时

图 6-1

与康奈尔笔记法类似，我们在网页、微信中阅读完一篇文章之后，也应该试着压缩信息，提炼重点，不一定非要把页面分成 3 栏，但要把这些都复述、总结到文章的开头或结尾，如果愿意，也可以把文章分享到微信群或朋友圈并配上自己的总结，这样做效果会更好。这也正是第 2 章提到的 HCSTM 模型中的总结（Summary）。

这个微小的调整会迫使你更专注地存储信息，为了避免在结束之后大脑一片空白，你大脑的前额叶会不断提醒你"不要像跟朋友漫不经心地聊天一样，那样什么都记不住，而是要**集中注意力，识别出框架，总结出要点，用心记忆**。

除了复述，还有很多类似的方法，它们都可以被称为检索式练习，比如，可以定期给自己安排小测试来增加检索式练习的机会，这样做的效果也很不错。很多人会把重复带来的流利当作精通，而检索式练习能帮你打破这种幻觉，及时校准掌握程度，提前暴露学习中的漏洞，避免在考试或实战中被错误的主观判断影响。

方法 2：间隔学习

间隔学习是不要一口气学习同一个知识点太长时间，中间要有策略地进行调整，如更换其他内容或稍微休息一段时间后再学习。这么做的本质是刻意增加记忆难度。

当你一直学习同样的知识时，这些信息会存储在工作记忆中，让你处在一种"我已经掌握得很好了"的美妙错觉中。这时候你的提取强度处在峰值，而根据必要难度理论，在这个时候反复输入的效果并不好。因为工作记忆是短期记忆，只能保留一两天的时间，没有实质意义，只有真正把相关内容转化为长期记忆，让内容在未来需要时能被调取出来才有更大的价值。

所以，工作之后遇到一些专题学习任务时，我都会选择在早上上班前、中午吃饭后及晚上睡觉前进行学习，每学完一部分，及时整理完笔记，然后去处理工作任务，等发现"哎，怎么忘得差不多了"时再阅读，这样，记忆的"性价比"就高多了。

同样的道理，在阅读书籍的时候最好也不要立即做笔记，建议各位读者在阅读完一个章节之后集中进行整理。此时，各级标题和标记过的内容能够提供有效的提示。格式上也不需要太多的要求，比如，托马斯·弗兰克在视频里分享的阅读笔记的样式就是用项目符号，如图 6-2 所示。这样的笔记简洁、直观，可以成为我们参考的对象。

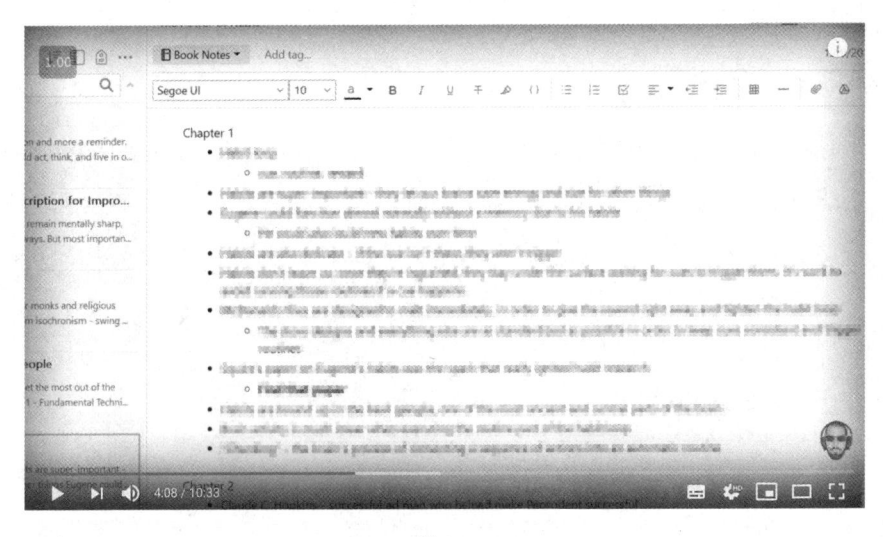

图 6-2

间隔学习的方式有很多种，除了睡个好觉以后再学，还可以利用不同的学习速度进行间隔。我当年在复习司法考试的时候，看书特别细致，每一部分都反复阅读到熟记以后才看后面的内容，代价就是速度不快，临考试时也只是勉强阅读了两遍教材。而我身边一些同学则采取了完全不同的策略，他们用不同的速度把书看几遍，虽然最初对知识的掌握不如我扎实，但是能把教材阅读五到六遍，最后取得的分数也不差。如今回过头来看，其他同学的这种策略就是间隔学习的一种实践，如果各位读者最近在准备一门考试不妨一试。

方法 3：多样化练习

除了时间间隔，练习的内容最好也有所不同，尽可能做到穿插练习。认知科学家对多样化穿插练习做了一组相关的实验，在体育课上，老师要求孩子练习将沙包投进篮子。要求第一组孩子站在距离篮子 1 米远的地方练习，第二组则交替站在距离篮子 0.5 米到 1.5 米远的地方练习。三个月后，当孩子站在距离篮子 1 米远的位置进行投篮测试时，投篮最准的孩子出现在第二组，即便他们从没练习过站在 1 米远的地方投篮。当年我在什刹海体校上羽毛球课时，教练也是把步伐、高远球、吊球穿插安排在两小时的训练中，这样一来可以让训练不会过于枯燥，二来使得我对每个技术要领的掌握更好。

大多数人的经验是：书要一本本读，知识点要学完一个再学下一个。这看起来稳扎稳打，实际上并不符合必要难度理论的要求。更好的方法是设计多样化的练习内容，穿插进行练习，没必要完成一个项目的练习后再开始下一项练习。完成之前就切换，不仅能提升学习效果，更重要的是可以提升辨识能力，提升在实战中应对复杂局势的能力。

当穿插的频率快到一定程度时，练习基本上变成了一种组合练习。以学习羽毛球为例，如果你尝试练习在球场不同的角收球、发球，就会知道多样化练习的难度系数有多高，对能力的提升有多明显。

小结

这一节介绍了必要难度理论及配套的几种方法，核心思想是"给自己找麻烦，让学习更困难"，这听起来有点荒谬，不过，有时候看起来最远的路才是最近的那一条，希望对你有启发。

6.2 巧用费曼技巧，学习如何学以致用

你好，我是 Louiscard，这是你打造信息管理系统的第 24 天，今天我来跟你聊聊复杂概念"终结者"——费曼技巧。

在正式开始介绍之前，先来讲一个普朗克与司机的故事。伟大的物理学家普朗克在获得诺贝尔奖后，每天奔波在各种演讲现场，讲了一段时间后，给他开车的司机都把演讲内容背得滚瓜烂熟了，他就跟普朗克说，你讲的这些我也能讲，不信咱们试一次。普朗克听完觉得有意思，就让司机在下次演讲中代替自己，自己则当司机。于是，下一次演讲时普朗克的司机登上了演讲台，洋洋洒洒地讲了一晚上，内容和普朗克讲的一模一样。但演讲完要和观众互动，台下一位教授举手，请教了一个非常专业的问题，司机当然答不上来，于是抖了个机灵说："这个问题太简单了，让我的司机回答吧。"然后，真正的普朗克上台回答了问题。

虽然真实性有待考证，但这个故事流传很广。背后的道理也很简单：死记硬背得到的知识是虚假的，它和真正的学会相去甚远。

"学渣"的自我剖析

可能很多人觉得普朗克的司机的想法很天真，然而，事实上有不少人的学习模式跟他类似：记住一些重点知识，在考试中勉强达到及格线，搞不好还不如普朗克的司机记得扎实、熟练。

我从小就不擅长学习和考试，这让我在学生时代过得异常辛苦。我在相当长的时间里将自己学习不好的原因归结为不够聪明，离开校园多年之后自己才慢慢意识到，更重要的原因是**没掌握有效的学习策略。**

学习是一项复杂的工程，影响因素有很多，每个国家、每所学校、每位

学生都有自己独特的条件，进而形成了不同的理念和范式。然而，不同的方法的效率是存在差别的。

例如，传统的教学主要包括课堂授课和期末考试，这种应试教育体制的知识传递效率虽高，但问题也不少，甚至摧毁了很多孩子对应试科目的兴趣和学习的热情。而可汗学院将学科知识切割为更小的知识单元，让学生通过观看视频完成学习，并且针对自己的掌握情况可以反复观看，直到真正理解。与此同时，学生必须在完成每个知识点的学习后连续答对 10 道题目才能解锁下一单元，这个策略显然更容易让学生真正掌握所学的知识。这个简单的策略让无数放弃数学的学生重拾信心，让可汗学院获得了比尔·盖茨的资助，其理念深刻影响了全世界。

可汗学院的成功反映了学习策略的价值。我们在 6.1 节介绍的检索式练习、间隔练习、多样化练习也都是学习策略，它们很简单，但是很有效。

本节将介绍一种新的学习策略——费曼技巧（Feynman Technique），希望可以帮助那些和我经历同样痛苦的读者。

为什么应该学会"费曼技巧"

费曼技巧是诺贝尔物理学奖获得者理查德·费曼（Richard Feynman）提出的学习、研究方法，整个过程非常简单，只有四个步骤。

1. 选择一个概念。
2. 假装把它讲给小孩子听。
3. 如果发现自己有理解不到位的地方，返回原始材料继续学习。
4. 回顾和简化信息。

整个环节最重要的一点就是讲给小孩子听，费曼曾经说过下面这样一句话。

如果不能把一个科学概念讲得让一名大学新生都能听懂，说明你并没有真正理解。

有些人说，费曼技巧简单来说不就是"以教促学"吗？这么说完全正确，然而这句话本身恰恰生动地暴露出费曼技巧要解决的核心问题：我们太习惯在学习中使用一知半解的知识去假装学会了。

费曼在一次采访中举了一个生动的例子：

> 看到那只鸟了吗？这是一种黑喉鸫，在英语中它被称为 Turdus atrogularis，在汉语中人们称它为黑喉鸫，即使你知道所有这些名字，你仍然对这种鸟一无所知。

在我们实际的学习、工作中也常有类似的错误。比如，当产品新增用户的数据表现不好时，给出结论说是因为没有挖掘私域流量；当产品的留存数据表现不好时，给出结论说是因为产品的用户引导环节不够好；当产品的口碑推荐数据表现差时，给出结论说是因为产品的市场匹配度太低。使用错误的学习策略，非但不会发现自己的知识盲区，反而会误以为自己学得还不错。

造成这个问题的主要原因是现实世界的有效反馈实在是太少了。

知识最大的价值在于应用，掌握一类知识后要在实践中检验，并从中得到更多信息来提升对知识的理解或优化、补充知识本身。然而，对相当一部分的人来说，学习到的很多知识未必有机会立即去应用，因此也就没机会获得反馈，进而验证掌握情况，更不要提优化、改造了。

费曼技巧作为一种学习策略，在学习的过程中增加了一个环节——解释。并且是用小孩子、大学生能够理解的语言，而不是专业词汇去解释。让人们在这个过程中修正自己的认知，最终真正理解这个概念，而不是仅仅知道了几个专业术语而已。

使用费曼技巧的注意事项

第 1 步：选择一个你要学习的概念

找一张白纸或使用 XMind 等思维导图工具，将概念的主题写出来。这里需要提醒大家：首先，在使用费曼技巧前应该已经阅读过相关资料或学习了相关课程，费曼技巧不是从 0 到 1 学习新概念的方法，它是一种在学习的中后期验证及支持后续学习任务的策略。其次，要量力而行，不要在初期就挑战过于宏大的概念或学说，应该从一个小点切入，这样的投入产出比更高。

第 2 步：假装把概念讲给其他人听

为了深入理解某个概念，你可以假设自己在第二天真的要在讲台上给五十多名小学生讲课。因为是给没什么基础的小学生讲，因此一定要注意不能使用专业词汇，不能使用投资回报率、下沉市场、机器学习、标准差这样的术语，而必须使用最简单的描述和例子。

术语是一种高度压缩的信息模块，每个术语都包含大量的信息，如果不能"将这个压缩包解压缩"，那么你很可能和普朗克的司机一样，只是知道这个概念的名字而已。因此，不要自欺欺人，不要用复杂的词汇和概念来假装自己是行家。

例如，你不应该和一个完全不会打游戏的小朋友说"用一套技能实现最大伤害"，你必须用具体的例子解释使用哪些技能，以及如何组合、衔接使用这些技能，从而让攻击目标停止行动，并受到最大的伤害。

第 3 步：发现"卡壳"的地方，回到书本和搜索引擎

如果发现解释不清楚或理解起来有些吃力的地方，不要轻易跳过，而是回到书本去把这部分知识弄明白。遇到"盲区"和"卡壳"是好事，这些含混不清的地方就是你之前不理解的地方，是一个启动专题学习的契机。为找到一个问题的答案而学习会带来更理想的状态，这时候使用搜索引擎、看书的效率格外高。我在准备这部分的过程中，也在用费曼技巧学习费曼技巧，如图 6-3 所示。

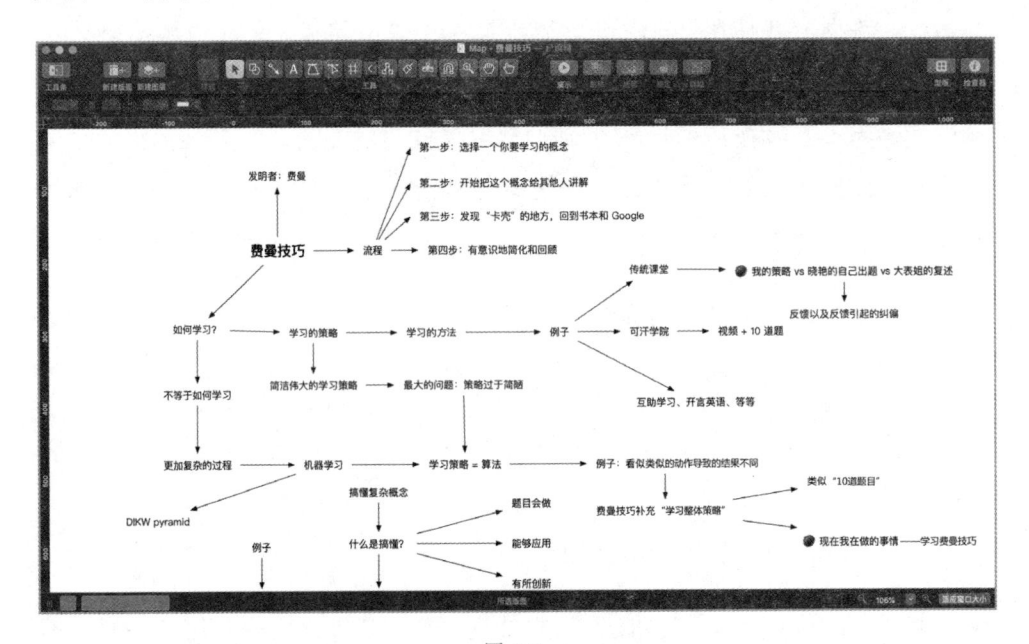

图 6-3

从图 6-3 能够看出来，我对很多概念的解释还远远不够简洁，达不到费曼技巧要求的标准，如费曼技巧和学习的关系，维纳提出的控制论与有效反馈的关系等。

第 4 步：有意识地简化和回顾

认知心理学里面有一个概念——加工水平模型。它告诉我们决定信息储存和提取效率的正是"对信息本身的加工水平"。使用费曼技巧的过程就是对信息进行一次高水平加工的过程。对于重要的概念和知识，你应该每年都有意识地简化和回顾，确保自己对相关知识建立更加深入的认知和理解。具体可以从以下两方面进行尝试。

1. 足够简洁：尽量回归基础，费曼曾经说："假如由于某种大灾难，所有的科学知识都丢失了，只有一句话可以传给下一代，应该用最少的词汇来传达最多的信息。"一定有一些最简单、像原子一样基础的知识最终构成复杂的知识。伊隆·马斯克推崇的"第一性原理"也提出过类似的方法，回归基础、从知识的"原子"出发才能推演得到有价值的知识和正确的结论。

2. 能够类比：很多概念过于复杂，对于没有任何专业基础的人而言认知门槛非常高，如果仅仅是用逻辑和基础概念的组合很难让对方快速建立基本认知，这时不得不用一些类比或比喻。但是，找到合适的类比并不容易，介绍者必须对知识具有足够深入的理解才行。例如，物理学家将光比作射出的箭，将引力波类比成扔到湖里一块石头引起的涟漪，我在介绍GTD的检查环节时也用了周例会进行类比，以帮助大家理解。

费曼技巧的学以致用

看到这里，你也许觉得费曼技巧只是一种学习技巧。没错，它首先是一个学习的好方法，但当你真正理解费曼技巧之后，会发现它的应用场景绝不只学习这一个场景。

例如，程序员经常需要测试程序、寻找 bug，这是个颇为困难的工作。而《程序员修炼之道》一书介绍了一种行之有效的方法——小黄鸭调试法，就是对代码进行逐行检查，不跳过任何细节，解释每一行代码的功能或目的。你需要假设这只小黄鸭是个对编程一无所知的普通鸭子，而这利用的正是费曼技巧。

相对于学习一个概念，验证思路和方案是否可行也可以使用费曼技巧。比如，当面对"当前付费广告的投放效果不佳"这个问题时，借助费曼技巧解决这个问题应该列举之前的投放活动、实现效果、存在的问题、哪些是关键问题、采取怎样的措施才能解决问题等一系列信息。在这个过程中，你会遇到困难，需要通过进一步的收集资料和调研、分析来解决，你可能觉得烦琐，但费曼技巧验证过的结论一定比拍脑袋想到的结论可靠。

我的一个同事在做一些重要汇报之前，一定会在会议室的白板上用费曼技巧整理思路和整个方案。这样，每次开会的时候它不仅讲得条理清晰，而且回答任何问题都有理有据。

可以看出来，**费曼技巧是一个学习方法，也是一种工作交付标准。**

前面的章节曾经提到写作等输出方式，其实，无论是写作还是制作播客节目、视频，优秀的作品都应该是在遵循费曼技巧的基础上诞生的，而不应该是为了输出而输出。就像琼·狄迪恩（Joan Didion）所说的：直到我写下来，我才知道我的想法（I don't know what I think until I write it down）。把学习一个概念和创作结合起来是使费曼技巧落地的最佳实践。

小结

以上就是关于费曼技巧的全部内容。相信费曼技巧的力量，认真对待每个重要的概念，坚持不自欺欺人，也不停留在误以为了解的错觉里，让知识经过费曼标准的检验，你一定能扎扎实实地掌握所学的知识，逐渐成为所在领域的专家。

6.3　记忆大师的"黑魔法"——"记忆宫殿"

你好，我是 Louiscard，这是你打造信息管理系统的第 26 天，今天我来跟你聊聊记忆大师的那些专业技巧。

你如果看过前几年大火的英剧《神探夏洛克》，你可能还记得第三季第三集中大反派麦格纳森拥有的神秘的"记忆宫殿"，里面保存着海量的机密信息，利用这些信息，他能够要挟福尔摩斯、华生甚至是英国政府。

麦格纳森拥有的"记忆宫殿"并不是毫无根据的想象，在学术上这种记忆方法被称为"位置记忆法（Loci Method）"，起源于希腊。

公元前447年，西摩尼得斯（Simonides）在参加一次宫廷宴会时，因为有人找他，于是走出宴会厅。这时候宴会厅突然坍塌，砸死了厅内所有的人。由于尸体血肉模糊、无法辨认，他只能通过回忆宴会的场景准确回忆出不同位置的客人。这个经历也让西摩尼得斯意外地发现带有位置的信息更容易被记忆。

当我们看到一些记忆高手在几分钟之内完整记住一副打乱的扑克牌的顺序，记住上百人的长相和名字，准确背出圆周率后两万位时，估计你和我一样，也非常好奇这些记忆力超群的大师是天生如此还是有什么独门秘诀。

本节就来聊聊这些专业选手的记忆方法，即便我们不需要具备这种水平的记忆能力，也可以用这些方法开发大脑的记忆潜力。

方法1：提升你的"成像"能力

我身边有不少聪明的人，比如，某次和一位法学博士后交流，我提到了用App记录重要日程这件事，他听完跟我说他从来不需要记到日历中，因为他总会记住。这让我非常震惊，聊完我发现，他的秘诀应该来自强烈的记忆偏好或记忆习惯，我将其称为"成像能力"，几乎所有的信息在他那里都习惯性地转化为图像被存储。比如，如果10月24日有一场考试需要他监考，他会调取可视化的日历（注意，这些都是靠想象），然后把这一天标记为监考的场景。爱因斯坦也曾经说过在思考问题的时候，他习惯先用图像把抽象的概念变成非常生动的画面，在得出结果后再把这个过程用语言描述出来。

> 抽象实体似乎是思想中的元素，是符号或清晰的图像，可以自由地复制或组合
>
> ——爱因斯坦

爱因斯坦极为擅长思想实验——图像化。他在16岁时就想象与一束光并

列骑行会是什么感觉,如果骑行的速度超过光速,这束光对自己而言意味着什么。在接下来的十年里,他一直在努力进行这一思想实验,直到他提出狭义相对论。

所以,当你需要记住什么的时候,不妨尝试着把信息尽量转化为图像,如图 6-4 所示。

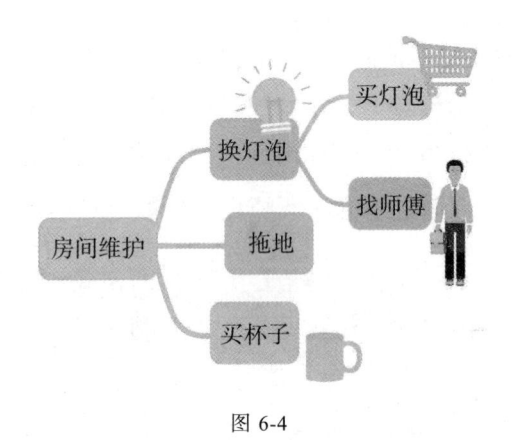

图 6-4

在消费不同内容时应该也有所差别,比如,读小说时应该产生类似电影的画面,看社科文章时大脑应该同步生成概念图、树状图等。思维导图的创始人托尼·博赞(Tony Buzan)就曾提出:能用图片就不要用文字,而且应该尽量用鲜艳的颜色,这可以帮助你提升"即视感",让大脑更容易记住。

如果一开始直接把信息都转化为图像比较困难,不妨尝试先从画思维导图开始,到后期"段位"提升之后,甚至应该做到不借助纸、笔等工具就能在大脑中绘制思维导图,逐渐提升自己的"成象能力"。

方法 2:调取更多的感官参与

当你把信息转化为图片之后,实际上是激活了大脑的视觉区域,也就是说,给单纯的文字信息增加了一个视觉维度。除了视觉,人类还有很多其他感觉区域,如听觉、嗅觉、触觉、情绪等区域。在理论上,某个信息激发你大脑的区域越多,这个信息被记住的可能性越大。

我在上大学的时候,经常为背单词痛苦,一个英语成绩很好的同学实在看不过去,便跟我分享了她的独到经验,其中有一个方法让我印象极为深刻。她说每个单词都是有感觉、有情绪的,并举了几个例子,读 Happy 时嘴角应该有笑意,感觉开心;读 Objection 时就会感觉义正词严……当你记忆这些单词的时候如果没有这样的感觉,那只是在记忆最枯燥、最单调的字母排列顺序和发音,自然非常困难。

人类的长期记忆可以分成外显性记忆和内隐性记忆两个记忆子系统,如图 6-5 所示。而情绪性记忆属于内隐记忆的重要组成部分,更擅长在大脑中建立更强大的突触连接,帮你记得更牢固。

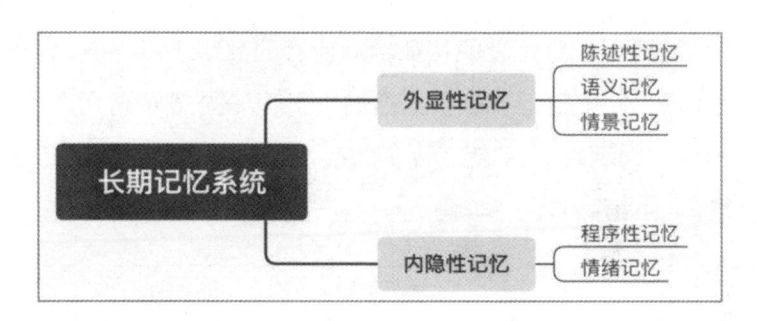

图 6-5

《英语学习漫谈》的作者陆人曾提到"一个词看过 50 遍后,它的字面意思可能会消失得干干净净,只剩下它的真实意思带给你的感觉",这也是在说这个道理。你需要刻意寻找信息带给你的那种感觉。当然,每个人都有自己偏爱的输入方式,比如有些人喜欢阅读文字,具有这种偏好的人往往是主流教育中的好学生。我们要善于利用自己的信息输入偏好,然后尽可能将主要的信息输入方式调整为自己偏爱的方式,配合其他辅助形式,全方位调用各种感官找到感觉,以便更容易记住,而且存储的线索越多,就构建了更多通往目的地的道路,回忆、调取也更容易。

方法3：用联想解除记忆的"封印"

联想是记忆最好的朋友，所以，很多记忆力超群的人都是拥有超凡想象力的人，平常人看到的一串无意义的数字在他们的体系里可能就是一幅跌宕起伏、场景宏大的场面。

这么说虽然显得非常夸张，但事实上那些最顶级的记忆高手真的就是如此。乔舒亚·福尔（Joshua Foer）在一次 TED 演讲中分享了自己是如何使用这些技巧一步一步成为记忆大师的。他的演讲主题是《每个人都能掌握的记忆技巧》。这个方法非常简单，几乎只需要两三分钟就能讲清楚，推荐各位读者看一看。这里简单做一个介绍：假设我们要记忆没有规律的 100 个数字，整个记忆过程分为 3 个步骤。

第一步：根据音、形、义的特征，对所有的数字进行编码，也就是我们前面说的变成图片，市面上有很多成熟的方案，如图 6-6 所示。此时，原来的 15、25、50、14、13、19 就变成了鹦鹉、二胡、奥运五环、钥匙、医生、药酒，这就完成了第一步——编码。

图 6-6

第二步：让图片两两组合并生成一个生动、完整的故事。如上面这个数字就变成：一只鹦鹉很擅长拉二胡，拉得非常好，以至于被邀请到了奥运会开幕式进行表演，结果在表演当天出现了太多失误导致很多观众喝倒彩，向它扔东西，其中一个人居然把自己家的钥匙扔了过来，而且扔得如此远以至于砸伤了鹦鹉，于是鹦鹉去找了医生，医生给它开了一大桶药酒让它泡在里面。

第三步：在脑海里复述一遍这个故事，然后逆向回忆这几个数字。

此时，是不是觉得记忆内容变得非常简单。当然，还可以让这个故事比较保守，但如果仅仅是为了便于自己记忆，完全可以编得更加光怪陆离。

遗忘是人类的一项重要且奇怪的能力，我们会优先选择忘记那些痛苦、无聊、枯燥的内容，而记住一些有趣、荒诞、奇特、令人兴奋的事情。所以，那些能记住圆周率后几千上万位的人，他们在背诵的时候脑海中很可能在播放一部长达几小时的电影。

方法 4：在记忆宫殿里讲故事

与其说记忆是一种能力，不如说它是一系列技巧。因为在古代，记录、传播信息的成本极高，想要达成目的，需要强大的辩论、演讲能力，在没有纸笔和云笔记的情况下，只能把这些内容全部记下来，而为了记住如此大量的知识，古希腊的先哲们摸索出了很多辅助记忆的技巧，其中流传最广的莫过于记忆宫殿了。正如我们先前描述的一样，《利玛窦的记忆宫殿》将其称为"场景式记忆挂钩"，即人的记忆像一个又一个"盒子"，信息形成了"记忆挂钩"，借助"场景"就可以有序地归类这些"挂钩"，对场景越熟悉，越容易回想起这些"挂钩"。

举个最简单的例子。我们平常可能总是听到一些缩写，如 SMART 原则、5W2H、SWOT 矩阵等，其实这些都在利用"挂钩"来辅助记忆。你记住了 SMART 就记住了 5 个"挂钩"——Specific（明确）、Measurable（可衡量）、Attainable（可达成）、Relevant（相关性）、Time-bound（截止期限）。这跟我们在应对考试时背诵顺口溜的道理是一样的，用好的话，几个字能带出一大串知识点，极大地节省记忆成本。

再举一个利用位置当"挂钩"的小例子。我周末的时候会在漫咖啡给一些在行的学员提供咨询服务,有一次我们谈到记忆,于是随机说出了五样东西,在两年后,我依然清楚记得,五样东西分别是小甜甜布兰尼、电脑、眼镜、爱因斯坦和乒乓球,为什么我能记到现在呢?

特别简单,第一步,我根据在漫咖啡行走遇到的标志创建了一座迷你的记忆宫殿,这些标志分别是大门、前台、服务员、楼梯、咖啡杯,如图 6-7 所示,这是我每次来漫咖啡的标准路径,因此记得非常清楚。第二步,我把上述五样东西放在这个路径的"挂钩"上:进门的时候我看到一张破旧的小甜甜布兰尼的海报,虽然是黑白色的,但是人物依然很性感。我看了一眼,进门之后开始点餐,结果发现漫咖啡居然换了一台硕大无比的旧电脑,显示器还是那种后面凸出来很多的老式机器,看完电脑,抬头发现服务员戴着一副很厚的眼镜,拿着咖啡上楼的时候,书架上掉下来一本书砸到了我的头,低头一看,封面上是爱因斯坦吐着舌头的照片,揉着脑袋坐下要喝咖啡的时候突然发现杯子里居然有个乒乓球,我特别生气,大声喊服务员。

图 6-7

你看,构建记忆宫殿其实也没那么难。我构建的这个比较小,只有五个"挂钩",记忆大师可能会有十几个、几十座记忆宫殿,每座宫殿里面都有成百上千个"挂钩",因此,不论需要记忆什么,只要把需要记忆的内容按照顺序放到"挂钩"里,然后再编造一个生动的故事就完成了。在讨论、考试、演讲、辩论等场合,都可以试试这种方法。

小结

以上就是这节的全部内容,如果你想要看完马上变成记忆力超群的高手,大事小事都记住,那你可能要失望了。以上各种方法都需要投入必要的时间去尝试和练习。不过,它能给你的也一定不会让你失望,经过练习你会发现不仅是记忆力,自己的专注力、理解力、创造力在这个过程中也都提升了不少。最后,希望各位读者能通过这节内容对记忆内化产生兴趣,并培养足够的自信心。